MONDES CRÉOLES ET FRANCOPHONES
Mélanges offerts à Robert Chaudenson

Sous la direction de
Patrice BRASSEUR et Georges Daniel VÉRONIQUE

MONDES CRÉOLES ET FRANCOPHONES
Mélanges offerts à Robert Chaudenson

L'Harmattan

© L'Harmattan, 2007
5-7, rue de l'Ecole polytechnique ; 75005 Paris

http://www.librairieharmattan.com
diffusion.harmattan@wanadoo.fr
harmattan1@wanadoo.fr

ISBN : 978-2-296-02855-5
EAN : 9782296028555

Sommaire

PATRICE BRASSEUR/GEORGES DANIEL VÉRONIQUE
    Avant-propos..9

Cultures plurielles

ANDRÉ-MARCEL D'ANS
    C'était en Haïti, au temps de Baby Doc...15

DANIÈLE BÉGOT
    L'histoire, l'anthropologie et les mondes créoles antillais.......................19

JEAN-PIERRE JARDEL
    De l'étude comparée des textes anciens créoles de R. Chaudenson à la problématique de l'intertextualité masquée : le cas de Cl. Lévi-Strauss dans *Tristes Tropiques*..31

CÉCILE VAN DEN AVENNE
    « Donner en français l'illusion du créole » : Mélanges de langues et frontières linguistiques – Positions de linguistes sur l'écriture littéraire.........41

Créolisation et langues créoles

MARLYSE BAPTISTA
    On the Three *–ist* Theories of Creolistics and Why They Should Be Put to Rest : the Case of Réunionnais Creole..53

ANNEGRET BOLLÉE
    Le concept de « génération » de créoles et le mauricien..........................61

SIBYLLE KRIEGEL
    Qui a dit « simple » ? Organisation informative et interaction entre rôles sémantiques et syntaxiques 73

SALIKOKO S. MUFWENE
    Y a-t-il une hypothèse superstratique ?...85

INGRID NEUMANN-HOLZSCHUH
    À propos du *patois* de Güiria (Venezuela)..101

DIDIER DE ROBILLARD
    Une lecture du grand Robert en deux volumes : de la créolistique à l'alterlinguistique ? Pour désenclaver les études créoles, une approche « créole » des sciences humaines ?...117

PETER STEIN
    Le créole sechellois en 1882 : les textes récoltés par Hugo Schuchardt.........129

GEORGES DANIEL VÉRONIQUE
    La genèse des créoles : au-delà de la question du « superstrat » et du « substrat »..141

Variations du français et francophonie

CRISTINA BRANCAGLION
 « Français zéro » et variation phonétique du français québécois.................155

PATRICE BRASSEUR
 Formes verbales du franco-terre-neuvien : quelques cas singuliers.................163

ARNAUD CARPOORAN
 La « demande sociale » en matière de langues à Maurice : un concept
 à interroger..173

JEAN-PAUL CHAUVEAU
 Grâce à l'apport des créoles à l'histoire du français, *trève de balivernes* 189

RAYMOND MOUGEON/SANDRINE HALLION-BRES
 Variantes morphologiques du verbe et de l'auxiliaire *aller*
 en franco-ontarien et en franco-manitobain..201

Lexique et lexicographie

MÉDÉRIC GASQUET-CYRUS
 La lexicographie identitaire : analyse sociolinguistique de lexiques,
 glossaires et dictionnaires « marseillais »..217

GILLETTE STAUDACHER-VALLIAMEE
 Sémantique et reconstruction : le lexique du parler créole de la Réunion.......229

Bibliographie de Robert Chaudenson (jusqu'en 2006)............................239

Avant-propos

Résumer en quelques lignes l'activité multiforme de Robert Chaudenson jusqu'à ce jour est une gageure. Nous évoquerons seulement quelques jalons qui permettent de mettre en relation sa riche bibliographie et son activité de gestion administrative et scientifique.

Agrégé de lettres, notre ami a commencé sa carrière universitaire au Centre Universitaire de la Réunion où, sans jamais interrompre son travail scientifique, il a assumé la lourde charge de la Présidence du Centre Universitaire de la Réunion qui deviendra par la suite l'université de la Réunion, de 1972 à 1977. Il a largement mis à profit sa présence à la Réunion pour soutenir, sous la direction de Raymond Arveiller, sa thèse d'état sur le créole réunionnais (1974), qui reste un ouvrage de référence incontournable dans le domaine lexical et pour l'histoire de la langue en général. Il a su alors imposer au CNRS le projet de l'*Atlas linguistique et ethnographique de la Réunion*, à une époque où la néo-romania n'était pas une préoccupation majeure pour les dialectologues français. La dimension ethnographique, corollaire nécessaire de toutes les études de terrain, tient alors une place importante et accompagne son intérêt de linguiste. Sa connaissance du terrain l'a également conduit à Maurice, à Rodrigues et aux Seychelles, dont il connaît les subtilités dialectales. Certains d'entre nous ont eu plaisir à l'entendre raconter les anecdotes qui ont parsemé cette activité de jeunesse particulièrement dense. Profitons de cette occasion pour lui rappeler notre intérêt à le voir publier la suite de l'*Atlas de Rodrigues*.

Président fondateur du Comité international des études créoles, il organise les colloques internationaux d'études créoles, dont le premier s'est tenu à Nice, du 14 au 18 novembre 1976, et crée la revue *Études créoles* en 1978. De retour dans l'Hexagone, il étend à partir de 1979, l'ERA 583, créée à la Réunion, à l'Université de Provence. En 1981, il fonde, à Aix-en-Provence, l'*Institut d'études créoles*, qui deviendra *créoles et francophones* ultérieurement (partie aixoise intégrante de l'ERA 583), lieu de passage incontournable pendant deux décennies, d'une pléiade de chercheurs, jeunes ou chevronnés. Dans cette unité de recherche associée, devenue UMR (UMR 6058), en liaison avec la Réunion, Robert Chaudenson a réuni, depuis 1981, une riche documentation, dont on peut déplorer qu'elle soit malheureusement devenue moins accessible aujourd'hui.

Son activité d'enseignement à Maurice et à la Réunion a suscité plusieurs vocations de créolistes et on peut affirmer sans exagération qu'il est à l'origine de l'essor des recherches sur les créoles des Mascareignes, en suscitant, par exemple, l'idée, mise en œuvre avec ténacité par Annegret Bollée, du *Dictionnaire étymologique des créoles de l'océan Indien*. Sa connaissance de la créolophonie l'a également amené dans la Caraïbe, notamment à Haïti, où il a contribué à mettre sur pied le projet de l'atlas linguistique, réalisé par Dominique Fattier. Plus tard, une courte pause dans son activité d'enseignement lui a aussi permis de tester quelques hypothèses sur le parler de Saint-Barthélemy.

Cette même audace l'a conduit à prendre à bras le corps au Conseil International de Recherche et d'Étude en linguistique fondamentale et appliquée (CIRELFA), dont il fut longtemps le secrétaire, les questions de la francophonie, des langues et du développement. L'intérêt que Robert Chaudenson a toujours témoigné pour les questions éducatives l'a amené à s'intéresser à l'audiovisuel dans les politiques éducatives en francophonie et aux interrelations entre le développement économique et l'aménagement des langues, à élaborer un test d'évaluation des compétences linguistiques en français dans l'espace francophone et une grille d'analyse des situations linguistiques dans le même espace linguistique (2000). C'est une démarche similaire qui l'a conduit à fonder le réseau de chercheurs « Observation du français et des langues nationales » à l'AUF, dont il fut membre du conseil d'administration de 1975 à 1981.

Une si riche activité ne va pas sans une dépense considérable d'énergie consacrée à persuader les pouvoirs publics de la nécessité d'y apporter leur contribution financière. Nous l'avons souvent entendu vitupérer contre les exigences paperassières de l'administration ou le retard de tel ou tel organisme à verser les fonds promis. Chercheur infatigable, Robert Chaudenson est aussi un irremplaçable gestionnaire, convaincu de l'importance du service public. Une telle personnalité, illustrée aussi par des talents de polémiste redoutable, attire quelques agacements, quelques inimitiés ici ou là. Nous sommes heureux, contributeurs et éditeurs, de compter au nombre de ses amis et de pouvoir le remercier à travers ce modeste ouvrage de sa précieuse contribution à la recherche.

*
* *

Il n'est pas question de synthétiser en quelques lignes l'apport scientifique de R. Chaudenson aux études créoles et francophones, ce d'autant plus qu'il est encore au travail comme le montre sa bibliographie en fin d'ouvrage, arrêtée à septembre 2006. Il n'est pas non plus dans notre esprit de résumer cette pensée foisonnante selon l'ordre des raisons. On pourrait cependant, dans ces périodes de frilosité et d'hyper-spécialisation, rappeler la perspective anthropologique qui anime les recherches de Robert Chaudenson. Que ce soit à propos de la créolisation et de la vie des mondes créoles ou dans le secteur de l'action francophone, il est allé largement au-delà du linguistique et du langagier. Ainsi, a-t-il su traiter de la créolisation culturelle et de la créolisation linguistique, entreprise périlleuse s'il en fût. Nos connaissances en sortent grandies. Il a ainsi établi des homologies mais surtout des dissemblances entre la genèse des cultures créoles et celle des langues. Ses ouvrages ont non seulement conforté la thèse d'une polygenèse des créoles français mais établi la singularité des évolutions culturelles et linguistiques, tout en ne négligeant nullement les entrecroisements, les circulations et les conservations.

Il apparaîtra également à la lecture des textes réunis ici en amical hommage l'un des traits remarquables du mode de travail de Robert Chaudenson, pétri, d'une part, d'une tradition érudite et classique où la maîtrise des langues classiques voisine avec celle de la grammaire normative et descriptive et une connaissance, sinon une pratique de la grammaire comparée, et empruntant, d'autre part, à l'analyse systémique et à Bateson, la notion d'autorégulation, voire la notion même de système. C'est ainsi que l'on peut être conduit à lire l'œuvre multiforme de Robert Chaudenson, comme annonçant une « alterlinguistique » selon la formule de Didier de Robillard.

Chacune des contributions réunies dans cet ouvrage est en liaison avec un aspect de son travail, dans le domaine de la culture, de l'étude des textes anciens, des diglossies créoles, de la lexicologie et de la lexicographie, de la variation du français et de la théorie de la créolisation. On retrouvera, donc, par un effet de miroir et suite à d'inévitables diffractions, un rappel des principales thèses de Robert Chaudenson dans les nombreux secteurs qu'il a prospectés, de la lexicographie aux pratiques culturelles créoles, de la variation des français à la genèse des langues créoles. On y observera des accords et des désaccords, ce qui montre si besoin en était, la source d'inspiration que représente le travail incessant de Robert. L'espace de liberté qu'il a ouvert permet de nouvelles interprétations que l'on lira avec intérêt ici et là. Et soyons certains que les débats, voire les polémiques, sources d'enrichissement mutuel, que suscite son œuvre ne cesseront pas avec la publication de ces pages.

*
* *

Il y a dix ans, M.-C. Hazaël-Massieux et D. de Robillard qui avaient coordonné des mélanges offerts à Robert Chaudenson, *Contacts de langues, contacts de cultures, créolisation*, publiés aux éditions L'Harmattan, souhaitaient une suite à l'ouvrage qu'ils avaient colligé. Ce dialogue festif et amical se poursuit dans ces pages, où sont réunies des contributions d'élèves, d'amis ou de collègues qui ont souhaité récidiver dans l'hommage à l'œuvre de Robert Chaudenson et à son apport à la connaissance des mondes créoles et francophones.

Le projet de ce volume est né pendant le dernier Congrès international des études créoles qui s'est tenu au Cap-Vert en novembre 2005. Les délais fixés aux contributeurs étaient courts et nous remercions tous les collègues qui se sont pliés de bonne grâce à ces exigences. Nos remerciements vont aussi aux éditions L'Harmattan qui accueillent ces nouveaux mélanges ainsi qu'à Médéric Gasquet-Cyrus pour sa relecture du prêt-à-clicher.

Patrice Brasseur
Georges Daniel Véronique

CULTURES PLURIELLES

C'était en Haïti, au temps de Baby Doc

André-Marcel d'Ans
Université Paris 7 – Denis Diderot

Le ministre alors en charge de l'Éducation nationale, le bon Joseph Bernard (*Miniss' Bèna*), faisait de son mieux pour inscrire son action dans le sens des idées les mieux à même de lui valoir l'attribution de l'aide étrangère, principalement française. En l'occurrence, outre l'incontournable option en faveur de l'éducation bilingue, la mode était en train de tourner aux pédagogies « participatives et auto-valorisantes », que l'on disait alors « d'éveil ».

Dans les bureaux de l'Institut Pédagogique National de Port-au-Prince (IPN), la conception de cette nouvelle ligne d'action mobilisait pas mal d'experts et de chercheurs. Certains parmi ceux-ci avaient cru bon de faire appel à moi pour les aider à mettre au point un protocole d'enquête pour une recherche-action censée relever tout à la fois de la pédagogie et de l'anthropologie, et dont l'objectif assigné était de mettre en évidence les représentations qu'éveille chez l'enfant haïtien le fait de recourir soit au français soit au créole dans telle ou telle situation de la vie courante.

La méthode choisie pour révéler ces représentations était de susciter parmi les écoliers d'une tranche d'âge déterminée l'élaboration de saynètes qu'on enregistrerait par vidéo, pour ensuite en faire commenter la projection par les participants eux-mêmes, puis par d'autres publics de spectateurs enfants. À des fins d'analyse contrastive, les endroits où cette expérience serait menée devaient se situer en zone urbaine aussi bien que rurale, et en discriminant autant que possible milieux aisés et non aisés. Une distinction toutefois seulement opératoire en zone urbaine puisque, comme chacun sait, à la campagne tous les milieux sont malaisés. Voilà pourquoi au bout du compte, les lieux emblématiques sélectionnés pour y réaliser une pré-enquête ne furent au nombre que de trois : deux à la ville et un seul à la campagne.

Le premier site qu'on alla visiter fut l'École Anglade, un cours privé situé non loin de l'IPN. Les enfants qu'on y rencontra y étaient fort proprement mis : les filles avaient de grands nœuds dans les cheveux, et les garçons portaient cravate (et même certains d'entre eux arboraient un nœud papillon). Tous ces bambins *pa'laient fwançais* comme il sied de le faire dans les meilleurs salons de *Po'tauprince*, et usaient du créole avec la tranquille assurance de ceux qui ont pour habitude de commander aux bonnes.

Loin de les intimider, l'œil de la caméra, pour eux objet déjà tout à fait familier, les poussait à jouer devant celle-ci avec les apparences d'un parfait naturel. De leur côté, visiblement heureux d'échapper un moment aux routines de leurs tâches, les enseignants de cette école se montraient empressés de prêter leur concours à l'expérience. Dans de telles conditions, celle-ci ne pouvait manquer de livrer sans tarder les résultats que l'on attendait d'elle.

*
* *

À la campagne, on se doutait bien que le déroulement de l'opération allait se révéler plus ardu. L'école-témoin qui avait été choisie pour mener l'expérience se trouvait en un endroit appelé Cornillon, vague lieu-dit perché dans les montagnes, au nord-est de Port-au-Prince, tout contre la frontière dominicaine.

On s'y rendit un jour de bon matin. Équipés de bottines de campagne et d'anoraks – il peut faire froid, là-haut, me prévint-on – les pédagogues de l'IPN avaient bourré notre 4x4 de paniers de victuailles, de boissons chaudes contenues dans des thermos, et de bouteilles de cola gardées au frais dans des glacières.

Vers le milieu de la matinée, le chauffeur déclara qu'on était arrivé. L'endroit n'avait rien de riant : au milieu d'un vallon verdâtre ponctué de rochers gris, une cinquantaine d'enfants dépenaillés – en majorité des garçons – s'ébattaient mollement autour d'une étrange construction à couverture de chaume et dépourvue de murs, dont la frêle charpente reposait tant bien que mal sur trois paires de poteaux tordus.

Dans la largeur de cette sorte de hangar, on voyait s'aligner quelques rangées de perches horizontales de huit à dix centimètres de diamètre, légèrement aplaties sur leur face supérieure, et s'étageant parallèlement sur deux niveaux : l'une à quelque quarante centimètres du sol en terre battue, la suivante à une hauteur à peu près double, et ainsi de suite...

On en était encore à s'interroger sur l'utilisation possible de ce curieux édifice – un poulailler peut-être ? ou alors un séchoir ? – quand vint se présenter à nous un homme entre deux âges qui après s'être identifié comme étant le maître d'école, confirma le soupçon qui sans qu'on n'ose y croire nous avait traversé l'esprit : hélas oui, cette énigmatique construction, c'était ni plus ni moins que la salle de l'école dont il avait la charge ! Nous étions arrivés, nous dit-il, à l'heure de la récré, et justement il était temps que celle-ci prenne fin.

Obéissant à l'énergique coup de sifflet de leur instituteur, les enfants convergèrent aussitôt vers cette étroite paillote ouverte à tous les vents. Ils étaient si nombreux qu'il paraissait certain qu'ils n'arriveraient pas tous à s'y caser. Et pourtant, en deux temps trois mouvements, on les vit s'encastrer là-dedans avec une dextérité témoignant du rodage d'une longue habitude.

C'est alors qu'on saisit la vraie utilité de ce que nous avions pris pour des perchoirs : si ceux du bas faisaient effectivement fonction de sièges, les plus hauts en revanche, figurant d'improbables pupitres, permettaient qu'un élève sur deux vienne s'y accouder, obligeant de ce fait ses deux voisins à demeurer dressés, n'ayant pour reposer leurs bras que les échines de leurs camarades inclinés vers l'avant !

Pas peu fier de la réussite de ce remarquable exercice d'emboîtement qu'imposaient l'exiguïté du local et le fait que les corps à hauteur des épaules sont nettement plus larges qu'au niveau du bassin, l'instituteur tint ensuite à nous faire la démonstration de l'efficacité de ses méthodes d'enseignement. Comme de toute évidence il ne pouvait être question de livres et de cahiers dans ce genre d'environnement, à ses élèves répartis en trois groupes de niveau (petits, moyens et grands), il entreprit de faire réciter la leçon du jour, inculquée oralement, consciencieusement apprise par cœur, et débitée à pleins poumons par le groupe tout entier, en défi aux échos de la vallée.

Ceci fait, il donna sur-le-champ congé à ses ouailles, que l'on vit s'égailler en direction des quatre coins de l'horizon, chacun reprenant à travers la montagne le chemin du foyer dont il était parti le matin même, souvent le ventre creux, et pour certains d'entre eux au prix d'une très longue marche. Raison pour laquelle il convenait de renvoyer les enfants dès la demi-journée, afin qu'ils puissent être rentrés chez eux avant la tombée de la nuit...

Le départ précoce des élèves nous laissait tout le temps pour informer l'instituteur des raisons de notre visite. Mais à vrai dire, après ce que nous venions de voir, le cœur n'y était plus. Je ne suis donc pas sûr que nous ayons vraiment fait le nécessaire pour qu'il saisisse toutes les subtilités de l'expérience envisagée ; mais en revanche j'ai la certitude qu'il n'y a rien compris. Visiblement, le *code switching* du français au créole et vice-versa constituait pour lui le dernier des soucis. D'ailleurs il faut bien dire que pour une oreille moyennement avertie, le français dont cet instituteur faisait usage aurait facilement pu passer... pour du créole ! Et c'est ce jargon-là évidemment qu'il s'efforçait d'inculquer à ses élèves...

Bref, on n'insista pas. Notre retour à Port-au-Prince fut assez largement méditatif. Et le pique-nique solitaire que nous avons pris dans la montagne, un peu honteux et décontenancé.

*
* *

Restait à visiter l'école représentative du milieu urbain pauvre. Celle-ci avait été choisie au cœur du bidonville alors nommé Cité Simone, depuis lors rebaptisé Cité Soleil, *Manman Simone* épouse de Papa Doc et mère de Baby Doc n'ayant pas été jugée digne de continuer à prêter son nom à cet endroit, pourtant abominable.

Le jour de notre visite, la chaleur y était comme à l'accoutumée parfaitement étouffante. Et comme il avait plu la veille abondamment, les rues non pavées étaient un vrai cloaque. En passant devant l'école, les lourds camions projetaient sur ses murs de grandes giclées de boue nauséabonde. Nous étant réfugiés à l'intérieur du local, où la toiture de tôle décuplait la chaleur du soleil, il fallut bien se rendre compte que ne s'élevant qu'à mi-hauteur, les cloisons de béton servant à séparer les classes laissaient passer de l'une à l'autre plus d'odeurs et de bruits que de coulées d'air respirable.

Au plan des méthodes d'enseignement, pas de surprise : tout comme à Cornillon, les écoliers devaient hurler en chœur une leçon apprise par cœur. La seule différence étant qu'à la campagne, ils le faisaient alternativement de niveau en niveau en raison de la présence d'un unique enseignant, tandis qu'ici au bidonville, chaque classe étant pourvue de son instituteur, tous le faisaient en même temps, rivalisant d'ardeur pour tenter de se faire entendre par-dessus leurs voisins ...

Coincés entre ce tintamarre scolaire et celui de la rue, fait de grondements de moteurs, de klaxons mugissant comme des cornes de brume et des incessantes chamailleries opposant les piétons aux marchandes, c'est à peine s'il nous était possible de nous faire entendre d'un interlocuteur en lui criant dans l'oreille. Cependant, par acquit de conscience, on tenta tout de même d'évoquer notre projet de tournage de saynètes. Une idée que les maîtres présents proposèrent aussitôt de détourner en leur faveur : ils ne demandaient pas mieux que de se laisser filmer, mais seulement pour exprimer tout leur ressentiment contre les conditions de travail qui leur sont imposées, et contre les nombreux mois de retard apportés au paiement de leurs salaires. À charge pour nous de faire passer cet enregistrement à la télévision ...

*
* *

En ce qui me concerne, les choses n'allèrent pas plus loin que cette pré-enquête. Un peu marri de m'être laissé embringuer dans ce genre d'équipée – mais pas mécontent tout de même d'en avoir savouré jusqu'au bout la tragique cocasserie – je décidai de me désintéresser de ce projet de « pédagogie d'éveil », qui selon moi pouvait rester dormir à tout jamais dans ses cartons.

Décidément, pensais-je alors, le remède – s'il en est un – au malheur de l'éducation haïtienne, au malheur du pays tout entier, ne peut en aucune façon être attendu de l'introduction d'innovations pédagogiques, ni de cette éternelle prise de tête pour tenter de venir à bout de la question linguistique.

Sur ce point, depuis lors, je n'ai pas changé d'opinion. Et si aujourd'hui j'ai voulu évoquer ces lointains souvenirs, c'est seulement pour en faire l'hommage à mon ami Robert, en me disant qu'à la lecture de ce petit récit, il ne pourra que se sentir conforté dans quelques-unes de ses irritations, et sans doute renforcé dans certains de ses doutes.

L'histoire, l'anthropologie et les mondes créoles antillais

Danielle Bégot
*Groupe de Recherche Archéologie industrielle, Histoire, Patrimoine, EA 929,
Université des Antilles et de la Guyane*

Replacés dans la « longue durée », qui si elle n'est pas braudélienne est tout de même celle d'une carrière universitaire, une vie d'homme en somme, les travaux de Robert Chaudenson ont été une invite à définir l'histoire comme élément constitutif de l'identité créole, ici celle des Antilles françaises. Si le *Lexique du parler créole de la Réunion* (1974) en est la démonstration fondatrice, les ouvrages qui suivent, entre autres *Textes créoles anciens* (1991) et *Des îles, des hommes, des langues* (1992) y reviennent avec force – au point d'ailleurs d'entraîner parfois une justification de l'auteur, ainsi dans *Textes créoles (...)* :

> « Par là cette étude, *quoique historique* (nous soulignons), nous paraît s'inscrire dans le courant sociolinguistique de la linguistique contemporaine dans la mesure où elle souligne, en particulier, l'importance décisive des facteurs sociaux dans l'évolution linguistique » (p. VI).

Dans le *Que sais-je* de 1995 (*Les Créoles*), publié quelque vingt ans après la thèse, et dont on soulignera l'importance parce que la collection, en dépit du volume réduit qu'elle impose à ses publications, entend présenter un état référentiel du savoir, ce rappel des liens consubstantiels entre les créoles et l'histoire est repris avec insistance, ainsi dans ce passage (mais on pourrait multiplier les exemples) :

> « L'histoire même du mot « créoles » qui désigne d'abord les populations des sociétés résultant de la colonisation européenne des XVIIe et XVIIIe siècles et n'est que tardivement étendu aux idiomes spécifiques de ces contrées, invite à donner une place essentielle à une approche historique et sociolinguistique de la créolisation » (p. 20).

Pourquoi une pareille constante ? La réponse, du moins vue des Antilles françaises, paraît assez évidente : parce que l'histoire « locale », dans ces décennies 70-90, reste encore largement en devenir. Entre les premiers historiens créoles, tous blancs créoles, qui apparaissent au milieu du 19e siècle en Martinique et en Guadeloupe (Étienne Rufz de Lavison, Sidney Daney, Adrien Dessalles pour la première, Auguste Lacour pour la seconde[1]), au moment même où l'abolition de l'esclavage dans les

---

[1] DANEY, Sidney, 1846, *Histoire de la Martinique de la colonisation jusqu'à 1815* ; DESSALLES, Adrien, 1847, *Histoire générale des Antilles* ; RUFZ DE LAVISON, *Études historiques et statistiques sur la population de la Martinique*, 1850 ; LACOUR, Auguste, 1855, *Histoire de la Guadeloupe*, 1855. Voir l'article pionnier d'Anne PEROTIN-DUMON, « Histoire et identité des Antilles françaises : les prémisses d'une historiographie moderne », *Anuario de estudios americanos*, LI, 2, Séville, 1994, p. 304.

colonies françaises pousse sans doute à vouloir « faire le bilan d'une société en train de disparaître »[2], entre ce milieu du 19ᵉ siècle donc et les années 1980, les mêmes jugements se retrouvent sur la difficulté de constituer cette histoire.

Difficulté d'abord au sens le plus matériel du terme, celle de trouver les matériaux, que répètent inlassablement, sur près d'un siècle et demi, toutes les introductions, préfaces et avant-propos des travaux historiques d'envergure – même s'il ne faut pas confondre, comme l'ont fait remarquer certains universitaires (Alain Buffon 1979, Jacques Petit Jean Roget 1980), dispersion et inexistence des sources ... « S'il est vrai que l'histoire soit la narration liée et suivie des événements du passé, écrire l'histoire dans un pays où le passé a laissé si peu de vestiges après lui, c'est entreprendre une tâche pleine de longueurs et de difficultés », se plaignait Sidney Daney dans sa préface à *l'Histoire de la Martinique*, et Auguste Lacour, à la Guadeloupe, lui faisait écho :

> « Vous parlerai-je de tout le mal que j'ai eu pour me procurer les matériaux dont je me suis servi ? (...) Être d'abord le manœuvre qui va chercher les matériaux, les porte à pied d'œuvre, pour ensuite changer de rôle et devenir l'architecte qui édifie est un métier dont celui-là seul qui l'a fait peu en avoir idée. J'ai fini, mais je ne recommencerais pas »,

tandis que Lucien Abenon rappelait, voici vingt ans à peine, les graves difficultés du chercheur travaillant sur l'Ancien Régime antillais face aux lacunes de la documentation (Abenon 1987, t. 1 : 7).

Autre obstacle, qui découle du premier, la lente émergence du discours scientifique – ce que le chartiste Jacques de Dampierre au début du siècle dernier faisait apparaître comme la raison d'être de son travail sur les sources premières des hauts siècles de l'histoire antillaise (XVᵉ-XVIIᵉ siècles). Poussons les bornes chronologiques : les historiens du XIXᵉ siècle, et pas eux seuls d'ailleurs, n'échappent pas toujours à cette critique (imparfaite séparation entre l'acteur des événements et l'analyste, manque de rigueur dans l'utilisation des sources), et travers qui s'est accentué avec la montée en puissance de l'histoire problématisée, l'amalgame hâtif entre des éléments appartenant à des contextes très différents, et contre lequel Jacques Petit Jean Roget mettait en garde dans les premières pages de sa thèse sur la « société d'habitation à la Martinique » (1980 : 9). Il n'est donc pas à s'étonner que l'histoire antillaise ait tant hésité, au XXᵉ siècle, entre histoire savante et histoire de vulgarisation.

C'est une question, d'abord, de public, ou plutôt de publics, qui se sont constitués, sûrement mais progressivement, dans des pays qui, il y a peine un siècle, comme le rappelait un historien actuel, savaient à peine lire et écrire (Delépine 1988 : 9) : cercle des professionnels, des historiens de métier, apparus beaucoup plus tardivement qu'en France, en gros à partir des années 1960, bien plus tardivement, en tout cas, que celui des amateurs d'histoire, et même que celui des utilisateurs qui depuis les années 30 ne cesse de s'élargir (volontaires : l'intellectuel, l'homme politique, le militant, l'étudiant ; sans oublier l'utilisateur contraint, l'élève), ces cercles pouvant ou

---

[2] ADELAÏDE-MERLANDE, Jacques, 1976, préface à la réédition de Lacour (Fort-de-France/Pointe-à-Pitre, Édition et Diffusion de la Culture Antillaise) ; l'abolition est décrétée en 1848, mais dans les îles anglaises voisines elle a été proclamée de manière définitive depuis 1838.

non se recouper. Ce qui a prédominé, longtemps, n'était guère qu'une histoire en morceaux, glanée de bric et de broc. C'est vrai pratiquement de toute la première moitié du XXe siècle, où la rareté des œuvres de référence a fait coexister sur le même plan toute forme d'écrit à visée (ou à prétention) historique. On trouve à partir de 1901-1902, date de publication des tout premiers du genre, quelques manuels du primaire ou du primaire supérieur, souvent dus à une petite bourgeoisie de couleur dont le statut social devait tout à l'école. À côté, il n'existait que de rares revues spécialisées en histoire, le *Bulletin pour servir à l'histoire de la Martinique* (1915-1917) de Jules Monnerot, la *Revue historique des Antilles* (1928-1931, publiée à Paris) ; plutôt des revues généralistes comme, en Guadeloupe, le *Bulletin* professionnel de l'enseignement primaire où E. Champon, l'auteur du premier manuel d'histoire guadeloupéenne (1902) publia en livraisons ses « leçons d'histoire locale », le sous-titre de l'ouvrage, ou encore, plus que *La Guadeloupe* (1906-1907) la *Revue guadeloupéenne* de Roger Fortuné (1944-1962). À la Martinique, la *Revue des Antilles* (1900-1901), la *Revue martiniquaise* (1925) devenue ensuite *Revue de la Martinique* (1926-1939) de Jules Monnerot, même polyvalentes y consacrèrent une place importante, en publiant de nombreux documents d'archives dont des historiens d'aujourd'hui reconnaissent l'importance dans le choix de leur engagement (Delépine, *ibid.*). Au début du XXe siècle, l'histoire des Antilles vue de France pouvait encore se couler dans les causeries que proposaient les revues de vulgarisation parisiennes, le *Journal de l'Université des Annales* par exemple, qui dans son dix-huitième numéro publiait en 1917 une austère conférence, fort applaudie, du sénateur de la Guadeloupe Henry Bérenger[3] « L'île d'Émeraude : notre Belle Guadeloupe », et sous la rubrique « Les Confidences de nos Amis des Colonies » un article érudit de Champon consacré à la naissance de Pointe-à-Pitre.

Conséquence de ce manque, dans les années mêmes de l'élaboration du *Lexique du parler créole de la Réunion*, qui correspondent à peu près à la création du Centre Universitaire des Antilles et de la Guyane, l'historien Jacques Adélaïde-Merlande pouvait à juste titre souligner que des pans entiers de cette histoire restaient à écrire (« Il est évident, confiait ce dernier à la rédactrice en chef du magazine *Parallèles*, Anca Bertrand, que le XIXe siècle est encore plus méconnu que le XVIIIe »[4]). Du coup, c'est le socle constitutif qui manque, et la carence est si grave à cette date que plus d'un chercheur, tous sujets de thèse confondus, s'est vu contraint de refaire à lui seul l'histoire des Antilles. Comme l'écrivait Alain Buffon (1979 : 11) : « Ce qui ne devait être qu'une introduction à notre travail est devenu ce livre », mots qu'auraient pu reprendre à leur compte un Revert (*La Martinique*, 1949) ou un Lasserre (*La Guadeloupe*, 1961), qui avaient dû bâtir pour l'élaboration de leur analyse géographique un puissant corpus historique. Que ceux-ci soient devenus pour des décennies la référence obligée de toute étude du passé de la Guadeloupe ou de la Martinique n'enlève rien à l'originalité du processus, puisque dans l'université française, depuis Michelet ou Vidal de La Blache, c'est la géographie qui sert de fondement à l'histoire.

---

[3] Élu sénateur de la Guadeloupe pour la première fois en 1912, bien que n'y ayant au départ aucune attache.
[4] *Parallèles*, n° 30, 1er trimestre 1969, p. 61.

De ce syndrome de la *terra incognita*, toutes les traces ne se sont pas effacées, repérables encore aujourd'hui ces longs tableaux chronologiques de plusieurs pages, quand ce n'est pas plus, qui paradoxalement ouvrent des thèses parmi les plus récentes sur la région – celle de Léo Élisabeth sur la Martinique (2003), de Marie Polderman sur la Guyane (2004), ou de Caroline Oudin-Bastide sur la Guadeloupe et la Martinique des XVIIe-XIXe siècles (2005)[5].

Mais le défi majeur qu'a longtemps affronté l'histoire antillaise ce n'est pas tant uniquement dans le quantitatif qu'il faut le chercher. Quand est fondée la Société d'Histoire de la Guadeloupe, en 1963, l'éditorial du premier numéro de la revue de l'association (en réalité un tirage spécial du *Bulletin administratif et pédagogique* du vice-rectorat de la Guadeloupe, ce qui témoigne de la fragilité du nouveau-né), celui qui signe dans l'éditorial « un professeur de lycée » se croit obligé de justifier ainsi l'événement : « Parce qu'il y a une Guadeloupe que nous aimons, parce que la Guadeloupe a son histoire[6] ». On ne saurait mieux poser la question de la légitimité de cette dernière – l'implicite du titre de Jean-Pierre Sainton (2002) : « L'histoire antillaise, à quoi ça sert ? ». Moreau de Saint-Méry, déjà, en s'attelant à la veille de la Révolution à sa *Description de la partie française de Saint-Domingue* (1797) avait exhorté ses lecteurs friands de réflexions sur les coutumes des peuples et sur l'art de gouverner les hommes, à moins regarder vers la Grèce, l'Italie et les « débris d'Herculanum », et plus vers Saint-Domingue (rééd. 1984, t. 1 : 7). L'exercice n'allait sans doute pas entièrement de soi, puisque déjà Du Tertre, préfigurant une longue lignée de penseurs coloniaux, ne voyait dans la courte histoire des Antilles dont il avait été le témoin qu'une réplique de la Genèse, dont la temporalité en s'inscrivant dans une perspective purement théologique se résumait à la seule opposition entre l'avant (des îles « tirées du néant » [1667, rééd. 1978, t. 2 : 429]) et l'après (la mise en valeur coloniale). Quelque cent cinquante ans plus tard, dans une interprétation laïcisée qui avait banni tout appel à la gloire divine, le préfet colonial Laussat, en poste à la Martinique sous l'Empire, ne confiait pas autre chose à son journal :

> « Quel monument, quel atelier, quel laboratoire, quels champs de muets souvenirs appellent ici mes réflexions autour de moi ? (…) Quand j'ai lu que Du Parquet, à la tête d'une bande de flibustiers, est venu disputer il y a cent soixante ans cette terre aux Caraïbes, qu'il s'est réservé la meilleure part, qu'il en a distribué de semblables à ses compagnons d'armes, il ne me reste plus rien à apprendre : les autres faits des annales de cette colonie sont misérables, elle a fabriqué du sucre et récolté du café : ce court résumé dit tout »[7].

Histoire niée, histoire refusée. Si comme le soutenait toute la philosophie politique des XVIIe et XVIIIe siècle (et du XIXe, d'ailleurs) les colonies ne servent qu'à l'intérêt de la métropole, la priorité accordée aux études descriptives et statistiques pour

---

[5] Élisabeth, Léo 2003 : 14-17 ; Polderman 2004 : 37-48 (« Éléments d'approche ») ; Oudin-Bastide 2005 : 16-20 (« quelques repères historiques »).

[6] *Bull. de la Soc. d'Histoire de la Guadeloupe* 1, 1964 ; *id.* 135-136 : D. Bégot, « La Société d'histoire de la Guadeloupe et la quête des origines ».

[7] Archives départementales de la Martinique, journal manuscrit du Préfet Laussat, 1804-1809, I, 13 septembre 1807.

la connaissance de ces dernières se conçoit aisément, Moreau de Saint-Méry pour Saint-Domingue, Thibault de Chanvalon pour la Martinique (1763), Boyer-Poyreleau pour la Guadeloupe (1823), de même, quelque part, marquent l'antécédence des grandes études de géographie (Revert, Lasserre) sur celles d'histoire.

Situation paradoxale de ces décennies qui séparent le *Lexique du parler créole de la Réunion* (1974) des *Créoles* (1995), elles sont parcourues par des invocations toujours plus pressantes au « besoin d'histoire » (Piriou 2003 : 65), mais en même temps par la récusation de cette même histoire. Mais était-ce bien de la même chose dont parlaient les uns et les autres ? « Je suis d'un pays sans historien », déclarait Henri Bangou (1970 : 11),

> parce que les colonies n'ont pas d'histoire. Ceux qui en font profession dans mon pays enseignent une seule histoire, celle d'une nation dont la grandeur ne supporte pas la présence d'autres que la sienne. (…) C'est (…) l'histoire vue du dedans des consciences et du dehors des déchéances de tous les peuples colonisés[8].

Dans le grand désenchantement qui accompagne la mise en place de la départementalisation et sur la vague du marxisme des années 1950-60, les intellectuels la chargent d'une fonction bien plus revendicative que cognitive, d'autant plus facilement d'ailleurs qu'ils ne sont pas tous des historiens de métier. Le tournant politique de la décolonisation et des indépendances, les vives tensions locales (émeutes de 1959 en Martinique, de 1967 en Guadeloupe, fusillades du Lamentin à la Martinique, en 1961, « tuerie de Chalvet », dans la même île, en 1974) radicalisent le discours en substituant au « plus d'histoire » le mot d'ordre « une autre histoire ». Du « Je ne connais que l'histoire inscrite dans ma chair / par le feu des fouets » du poète Guy Tirolien (1961), à la récusation des grandes icônes de l'histoire antillaise « à la papa »[9], (*A pa Schoelcher ki libéré nég*, le titre de la revue des années 1980 du syndicat enseignant nationaliste guadeloupéen, le SGEG).

De ces débats, l'introduction de Jacques Adélaïde-Merlande au tome IV de *l'Historial antillais*, celui consacré au XIXe siècle, au tournant des années 1980, porte indubitablement la marque :

> l'abolition met fin à une appropriation de l'homme qui avait caractérisé fondamentalement l'histoire des Antilles françaises, depuis deux siècles (…). Ce n'était pas tout certes, ce n'était pas rien non plus et les hommes de couleur schoelcheriens (appelons-les ainsi pour simplifier), qui s'efforcèrent de développer les virtualités de l'abolition, le perçurent : admettons qu'ils furent meilleurs juges que nous en la matière (p. 7).

C'est que la grande question est bien là, non pas tant sur les difficultés internes, techniques, de cette histoire, que sur sa nature, sur son sens, sur la construction sociale dont elle se fait l'écho, d'autant qu'elle est entrée à partir des années 1970 en concurrence directe avec deux autres disciplines, la linguistique et l'anthropologie, qui paraissaient bien mieux armées pour traiter des processus cognitifs du monde antillais.

---

[8] Comme le signale l'auteur (maire de Pointe-à-Pitre), le texte a initialement été rédigé à la fin des années 1950.

[9] Fayot Chalcou 2002 : 158-179 : « Quête des origines, héros et figurants de l'histoire ».

L'anthropologie n'était pas aux Antilles une discipline inconnue : en 1948 et 1952, Michel Leiris y était venu à deux reprises, mandaté par l'Unesco. Mais avant même son *Contacts de civilisation (...)*[10], qui en est directement issu, la *Revue du Monde Noir* publiée à Paris autour de Paulette Nardal, s'était fait l'écho de l'intérêt que les intellectuels antillais et africains lui portaient dans les années 1930 – le premier numéro, par exemple, avait consacré sous la plume de Georges Grégory un compte rendu au congrès d'anthropologie qui venait de se tenir en France[11]. Mais Leiris avait beau jeu de noter qu'en dehors de Delawarde (*La Vie des paysans à la Martinique*, 1937) et de Revert, et en attendant Lasserre, « la vie sociale » n'y avait fait l'objet, à la Martinique et à la Guadeloupe, « d'aucune description systématique[12] ». Il s'agit alors aux Antilles d'une discipline récente, qui tâtonne pour s'affirmer : ou elle existe sans le savoir (les travaux du R. P. Delawarde sur la paysannerie martiniquaise portent en sous-titre « étude de géographie »), ou elle se démarque mal du folklore. Sans charger ce terme de la tonalité péjorative qui s'attache à lui de nos jours, ce qui serait un contresens (le grand folkloriste Van Gennep comptait parmi les membres de la Société folklorique d'Île de France correspondante de la *Revue guadeloupéenne* après le passage de Leiris), il est difficile de ne pas voir l'ambiguïté qu'il véhicule quand il se retrouve sous la plume des Antillais collaborateurs occasionnels des enquêtes du Musée de l'Homme[13]. La difficulté de rabouter entre elles des études qui en dépit des apparences ne parlent pas du même objet est évidente – le folklore d'Île-de-France, en 1952, procède largement d'une collecte de pratiques disparues ou moribondes ; à la Guadeloupe et la Martinique, ce « folklore » là constitue encore la vie quotidienne de la majorité de la population, et s'enracine plus dans le XIXe siècle qu'il n'annonce les grandes mutations à venir de la modernité. Et de manière tout aussi nette se manifestent les sentiments ambivalents de la société locale de ces années-là quand elle devait parler d'elle-même à un enquêteur qui n'était pas créole (ou pas créolisé), sentiments souvent masqués par une feinte indifférence ou une dérobade. Les témoignages abondent, dans ces années 1950-60. Dans *Choses et Gens de la Martinique*, André Delaunay-Belleville (1963 : 12) s'attardait sur les difficultés de son entreprise « à vaincre l'indifférence presque naturelle » de nombre de Martiniquais « pour la connaissance des choses de leur pays », et ajoutait-t-il avec finesse, « du moins tant qu'ils sont chez eux » ; Revert s'y était heurté dans ses enquêtes sur « la magie antillaise » (1951 : 10), qui avaient suscité l'embarras de plus d'un de ses interlocuteurs, tantôt parce qu'il répugnait à livrer la clé d'un monde qu'il redoutait, tantôt parce qu'il craignait tout autant de se ridiculiser aux yeux d'un étranger. Le constat est identique du côté de la *Revue guadeloupéenne* qui laissait clairement voir, dans ses échanges avec ses correspondants parisiens, l'extrême

---

[10] Compte tenu du contexte actuel, il n'est sans intérêt de rappeler les attendus de la résolution 3.22 du programme de l'Unesco de 1952 à l'origine de la mission de Leiris qui prévoyait « un inventaire critique des méthodes et des techniques employées pour faciliter l'intégration sociale des groupes qui ne participent pas pleinement à la vie de la communauté nationale, du fait de leurs caractéristiques ethniques et culturelles ou de leur arrivée récente dans le pays » (Préface de *Contacts de civilisation*).
[11] *La Revue du Monde noir* 1, 1931.
[12] *Ibid.*, p. 13.
[13] *Revue guadeloupéenne*, janvier-février 1949, p. 28

difficulté de ses collaborateurs à se situer *dans* le réel local, et non *face à*, comme la recommandation suivante, adressée à ses lecteurs, le montre d'évidence : « À tous ceux qui se morfondent dans les localités rurales nous ne pouvons que préconiser l'étude du folklore ou science du peuple, qui leur ouvrira des horizons insoupçonnés »[14].

C'est justement d'avoir mis un nom sur ce malaise qui a constitué la grande force de l'anthropologie dans la décennie 1970-80. Portée par le dynamique Centre de Recherches Caraïbes de Fonds Saint-Jacques de Jean Benoist, à la Martinique, bénéficiant des finances et du label d'une université étrangère, Montréal (étrangère, donc non française – sans redondance), d'un pays qui non seulement n'avait jamais possédé de colonie mais offrait quasiment en son sein, avec le Québec, l'exemple d'un peuple de colonisés (on pensait assez peu aux autochtones amérindiens à cette date), cette discipline offrait enfin l'occasion d'inverser un des paradigmes les plus ancrés de l'histoire antillaise, celui de son extériorité à elle-même, et de son infériorité. « Définis longtemps par d'autres qu'eux-mêmes, les Antillais ont eu, eux aussi, tendance à se définir et à se situer en fonction d'autres, à exister par référence » (Benoist 1972 : 8) : dans *L'Archipel inachevé* (1972), un des grands livres de lecture des antillanistes de ce temps-là, l'essentiel était dit du masque que portait l'histoire des « Isles ». Seules les sciences humaines, et non l'histoire, semblaient alors capables de présenter une grille de lecture pertinente d'un monde issu de la terrible contrainte de la plantation et de l'esclavage, passé en un temps relativement cours du tropisme de l'assimilation à celui de l'aliénation. Que ce fût par la langue, le créole, qui devenait le tenant et l'aboutissant de toute connaissance du monde local, comme le déclarait en 1976 l'acte de création du Groupe de Recherche et d'Études de la Créolophonie (GEREC) autour de Jean Bernabé, au Centre Universitaire des Antilles et de la Guyane[15], et mieux encore sa transformation en 1978 en Groupe de Recherche et d'Études en Espace Créolophone, avec sa volonté d'investir par les sciences humaines, sous la houlette de la linguistique, le « réel anthropologique » local, ou la démarche anthropologique de Jean-Luc Bonniol dirigeant le tome I de l'*Historial antillais*, le but était toujours le même : dépasser le stade d'« insignifiance » (1980 : Préface), où se trouvaient les Antilles françaises, non seulement au regard du reste du monde mais, plus gravement, à leurs propres yeux.

Tout dans le contexte d'alors se prêtait à cette identification entre les mondes créoles et l'anthropologie. À la vogue des arts et traditions populaires, que semblait consacrer l'ouverture d'un écomusée à Marie-Galante et les recherches de René Louise sur l'artisanat martiniquais répondait l'attrait exercé par la singularité haïtienne, sublimée à cette date par une exceptionnelle conjonction de la littérature, de l'art et de l'ethnologie : réédition à Paris des deux grands romans de Jacques Roumain, *La montagne ensorcelée* et *Gouverneurs de la rosée*, publication chez Skira d'un autre grand classique « antillais » de ce temps, sur la peinture naïve haïtienne, le *Journal de voyage chez les peintres de la Fête et du Vaudou* de Jean-Marie Drot (1974), parution des travaux de Laënnec Hurbon *(Dieu dans le vaudou haïtien*, 1972) suivie de la réédition des enquêtes d'Alfred Métraux sur le *Vaudou haïtien* chez Gallimard (1977).

---

[14] *Revue guadeloupéenne*, fév.-mars 1949, p. 28.
[15] *Espace créole*, 1976, numéro 1, p. 5.

Dans cette quête des origines, quelques notes discordantes se faisaient parfois entendre. La peinture naïve haïtienne, par exemple, loin d'être systématiquement la représentation d'un contact privilégié avec les divinités du vaudou, qui n'avait donc pas à se justifier par les voies de la raison raisonnante, ne réussissait pas forcément à cacher que de temps en temps elle devait faire la part belle à l'historicité (l'indépendance d'Haïti a une date, les peintres le savaient bien, qui dotaient leurs généraux vainqueurs des uniformes du corps expéditionnaire français – directement sortis du manuel d'histoire de Dorsainvil qui depuis plus de trois quarts de siècle sert dans l'enseignement primaire haïtien) (Bégot 1989). Et si le marronnage était appelé à fournir les héros absolus des « anneaux de la mémoire » antillais, ou le référent fondateur des traditions populaires par-delà les siècles et les âges – c'était en oubliant, dans cette recherche de racines et de l'identité que le « nègre marron » ou l'esclave révolté étaient avant tout des produits d'une situation historique, et donc précisément située dans le temps

Elles ne pouvaient pour autant faire oublier la grande réussite de l'anthropologie, qui parlait aux Antillais de ce que l'histoire laissait de côté, ou ne touchait que peu : la vie des campagnes, les croyances, la famille, les « classifications raciales populaires », pour reprendre quelques-unes des thématiques explorées par les travaux du Centre de Recherches Caraïbes, mais aussi les racines africaines, les Afro-Américains des *Amériques noires* de Bastide et non plus la France, les Français et la francité. La multiplication d'études à l'apparence modeste, mais aux objectifs ambitieux, montrait en s'intéressant au mode de vie rural, à ses pratiques et à ses croyances, croyances que c'était dans le quotidien, et non dans une histoire venue d'ailleurs, qu'il fallait chercher la vraie connaissance des Antilles :

> Cherchant ensemble dans nos mémoires et dans notre quotidien les signes et les fondements de notre vie, soucieux de montrer aux jeunes la valeur de ce que leurs ancêtres ont élaboré, comment aurions-nous pu ne pas laisser une place de choix à la médecine traditionnelle,

déclarait la petite brochure sur les plantes médicinales, publiée à propos de l'exposition « Tout hazié sé rimed », à Marie-Galante, par Claude Bottin, Michel Grandguillotte et Yves Renard[16]. C'était bien ce qui semblait faire défaut à l'histoire antillaise – la mémoire et les ancêtres.

Vingt-cinq à trente ans plus tard, qu'est-il advenu de cette identification fusionnelle ? Tandis que, pour des raisons diverses, tant institutionnelles et contextuelles, en France, les interrogations de la discipline sur sa nature, sa fonction, ses terrains, se développent, aux Antilles, la fin du Centre de Recherches de Fonds Saint-Jacques, la disparition du monde rural issu de la « société d'habitation », la fin des usines à sucre font que l'anthropologie ne tient plus à la Guadeloupe et à la Martinique le rôle moteur qu'elle occupait jusqu'au milieu des années 1980-90. Il est peu de dire que nous assistons au retour en force de l'histoire, désormais dressée au cœur du monde créole. Et d'une histoire qui entend inscrire sa spécificité en se posant avant tout comme une réflexion sur l'identité, à partir d'un cadre, l'esclavage « plantationnaire », et à

---

[16] *Traditions et arts populaires de Marie-Galante* n° 1, 1978.

partir de ceux, esclaves ou anciens esclaves, qui représentent la part de souffrance de ce passé. Dans le domaine universitaire, les colloques, les soutenances de thèses se sont multipliés, des ouvrages paraissent, bénéficiant de grands lancements médiatiques tandis que de leur côté les instances politiques locales, Régions, Conseils généraux, mairies, et les associations s'impliquent dans la production de matière historique – expositions, publications (la récente chronologie de l'esclavage, publiée en 2006 par le Bureau du Patrimoine de la Région Martinique), projets d'ouverture de musées. Légitimation suprême, du moins dans le champ académique, la question « habitation et plantation », au programme du CAPES créole de 2002 à 2004, a élevé l'histoire au rang d'incontournable comme grille de lecture d'une question de civilisation.

Mais si l'histoire, et son avatar du patrimoine, a envahi l'œkoumène créole, l'approche anthropologique a-t-elle pour autant disparu ? Rien de moins sûr dans cette histoire puissamment mémorielle et commémorative, aux fortes connotations affectives, qui a simplement déplacé vers elle-même, vers le passé, les interrogations que l'anthropologie des années 70 portait au présent des sociétés antillaises. Et si l'anthropologie en vient à trouver (et manifestement trouve) dans ces usages de l'histoire un nouveau terrain de prédilection, que reste-t-il à cette dernière face aux mésusages du passé, à part l'affirmation de principes, sans cesse renouvelés, sans cesse à justifier (le recours au document, en particulier) ? Peut-être aussi, et sans doute, à s'appuyer sur certains discours de la méthode, celui de Robert Chaudenson par exemple, en en montrant la persistante pertinence ...

Bibliographie

ABENON Lucien, 1987, *La Guadeloupe de 1671 à 1759, Étude politique, économique et sociale*, Paris, L'Harmattan, 2 tomes.

ADÉLAÏDE-MERLANDE, Jacques, [dir.], 1980, *Historial antillais*, Fort-de-France, Dajani, tome 4.

BANGOU, Henri, 1970, *La Guadeloupe de 1939 à nos jours ou la nécessaire décolonisation*, Aurillac, Éd. du centre.

BASTIDE, Caroline, 2005, *Travail, capitalisme et société esclavagiste, Guadeloupe – Martinique XVIIe-XIXe siècles*, Paris, La Découverte.

BÉGOT, Danielle, 2003, « La Société d'histoire de la Guadeloupe et la quête des origines », *Bulletin de la Société d'histoire de la Guadeloupe* 135-136, pp. 151-168.

BÉGOT, Danielle,1989, « Peinture et Révolution, la révolution de Saint-Domingue à travers les peintres haïtiens d'aujourd'hui », dans M.-L. Martin et A. Yacou (dirs.), *De la Révolution française aux révolutions créoles et nègres* Paris, Éditions caribéennes, pp. 151-181.

BENOIST, Jean, 1972, *L'Archipel inachevé*, Montréal, Presses de l'Université de Montréal.

BONNIOL, Jean-Luc, [dir.], 1980-1981, *Historial antillais*, Fort-de-France, Dajani, t. 1.

BUFFON, Alain, 1979, *Monnaie et crédit en économie coloniale – Contribution à l'histoire économique de la Guadeloupe 1635-1939*, Basse-Terre, Société d'histoire de la Guadeloupe.

DAMPIERRE, Jacques de, 1904, *Essai sur les sources de l'histoire des Antilles françaises 1492-1664*, Mémoire et documents de l'École des chartes, Paris, A. Picard.

DANEY, Sidney, 1846, *Histoire de la Martinique de la colonisation jusqu'à 1815*, rééd. 1963, Fort-de-France, Société d'histoire de la Martinique.

DELAUNAY-BELLEVILLE, André, 1963, *Choses et Gens de la Martinique*, Paris, Nouvelles éditions Debresse.

DELÉPINE, Édouard, 1988, « Contre l'obscurantisme, oser dire tout ce qu'on croit vrai », *Nouvelle Revue des Antilles*, Fort-de-France, pp. 3-19.

DELAWARDE, Jean-Baptiste, 1937, *La Vie paysanne à la Martinique : essai de géographie humaine*, Fort-de-France, Imprimerie officielle.

DU TERTRE, *Histoire générale des Antilles habitées par les Français*, 1667, rééd. Fort-de-France, Kolodziej-EDCA, 1978.

ÉLISABETH, Léo, 2003, *La société martiniquaise aux XVIIe et XVIIIe siècles*, Paris, Karthala et Société d'histoire de la Martinique.

FAYOT CHALCOU, Véronique, 2002, *Enseigner l'histoire aux Antilles françaises. Conscience historique et sentiment d'identité*, thèse, Paris VII.

LACOUR, Auguste, 1855, *Histoire de la Guadeloupe*, Fort-de-France, Édition et diffusion de la Culture antillaise.

LASSERRE, Guy, 1961, *La Guadeloupe*, Paris/La Haye, Mouton.

LEIRIS, Michel, 1955, *Contacts de civilisations en Martinique et en Guadeloupe*, Paris, Presses de l'Unesco/Gallimard.

LOUISE, René, 1980, *Le Marronisme moderne*, Paris, Éditions caribéennes.

MOREAU DE SAINT-MÉRY, Médéric, É., 1797, *Description topographique, physique, civile, politique et historique de la partie française de l'île de Saint-Domingue*, rééd. 1994, Paris, Société française d'histoire d'Outre-Mer

OUDIN-BASTIDE, Caroline, 2005, *Travail, capitalisme et société esclavagiste, Guadeloupe–Martinique XVIIe-XIXe siècles*, Paris, La Découverte.

PÉROTIN-DUMON, Anne, 1994, « Histoire et identité des Antilles françaises : les prémisses d'une historiographie moderne », *Anuario de estudios americanos*, LI, 2, Séville.

PETIT JEAN ROGET, Jacques, 1980, *La Société d'habitation à la Martinique, un demi-siècle de formation 1635-1685*, Lille, Atelier de reproduction des thèses de Lille III.

PIRIOU, Anne, 2003, « Intellectuels colonisés et écriture de l'histoire en Afrique de l'Ouest », dans S. Dulucq et C. Zytnicki, *De l'histoire « coloniale » aux histoires nationales en Amérique latine et en Afrique, XIXe-XXe siècles*, Paris, Société française d'histoire d'Outre-Mer.

POLDERMAN, Marie, 2004, *La Guyane française, 1676-1763*, Cayenne, Ibis rouge.

REVERT, Eugène, *La Martinique, étude géographique*, Paris, Nouvelles éditions latines.

Revert, Eugène, 1951, *La Magie antillaise*, Paris, Bellemand.

Sainton, Jean-Pierre, 2002, « L'histoire antillaise, à quoi ça sert ? », dans L. Abenon, D. Bégot, J.-P. Sainton (éds.), *Construire l'histoire antillaise*, Paris, CTHS, pp. 411-436.

Tirolien, Guy, 1961, *Balles d'Or*, Paris, Présence africaine.

De l'étude comparée des textes anciens créoles de Robert Chaudenson
à la problématique de l'intertextualité masquée :
le cas de Claude Lévi-Strauss dans *Tristes Tropiques*.

Jean-Pierre Jardel
Université de Nice-Sophia-Antipolis

La publication en 1981, par Robert Chaudenson des *Textes créoles anciens (La Réunion et île Maurice)*[1], dans la collection dirigée par Annegret Bollée, a permis à plusieurs chercheurs d'effectuer des comparaisons avec les fables créoles des Antilles-Guyane, publiées au XIXe siècle et au début du XXe siècle. C'est ainsi qu'une analyse comparée des fables de François Chrétien (Maurice), de Louis Héry (Réunion), de François-Achille Marbot (Martinique), de Georges Sylvain (Haïti) et de Rodolphine Young (Seychelles) a mis en évidence une série d'emprunts non signalés, effectués par plusieurs de ces auteurs, au texte de F.-A. Marbot[2]. Il s'agit là d'une intertextualité masquée qui soulève un problème d'éthique intellectuelle qu'il ne faut pas minimiser. Toutefois, il apparaît que l'intertextualité masquée est une chose relativement courante si l'on en croit Sophie Linon-Chipon, Véronique Magri-Mourgues et Sarga Moussa, qui notent dans la préface d'un ouvrage récent :

> Il n'est sans doute pas de texte littéraire qui ne repose, à divers degrés, sur un jeu intertextuel. Tout auteur est aussi lecteur[3].

Ces trois chercheurs précisent également que les emprunts à d'autres textes, à d'autres auteurs sont choses courantes et ne sont pas toujours avoués. Mais elles ajoutent aussi que

> l'appropriation d'un élément textuel n'est presque jamais mimétique : le réemploi implique une sélection de l'information, une mise en contexte de celle-ci, et parfois une reformulation, donc une transformation du matériau initial[4].

Doit-on dès lors considérer que l'intertextualité masquée est un acte de non partage, de non-coopération, une forme de plagiat ? Ou bien, en dehors des problèmes d'éthique que cela peut poser, peut-elle apparaître comme un acte de récriture et de création ? Autrement dit dans quelle mesure peut-on considérer les textes de Héry, de Sylvain et de Young comme une forme de plagiat des fables de Marbot ou bien comme

---

[1] *Textes créoles anciens (La Réunion et Île Maurice). Comparaison et essai d'analyse*, Kreolische Bibliothek, Band 1, Hamburg, H. Buske, 1981, 272 p.

[2] JARDEL, Jean-Pierre, « De quelques emprunts et analogies dans les fables créoles inspirées de La Fontaine. Contribution à l'étude des parlers créoles du XIXe siècle », *Études Créoles* 8/1-2, 1985, pp. 213-225.

[3] *Récits de voyage et intertextualité*, Nice, Publications de la Faculté des lettres, arts et sciences humaines, nouvelle série, n° 49, 1998, « Préface », p. VII.

[4] *Idem*, p. VII.

des actes de créations littéraires ? Nous avons choisi d'aborder cette thématique à partir de l'extension du principe de comparaison à des textes plus récents concernant les Antilles. Il s'agit de deux récits d'une escale à la Martinique, celui d'un voyageur-journaliste Jean-Baptiste Wilkinson publié en 1931 dans *L'Illustration*[5] et celui de Claude Lévi-Strauss, récit intégré dans *Tristes Tropiques*, ouvrage publié en 1955[6]. De même que le principe de comparaison des textes créoles anciens établi par R. Chaudenson apporte des matériaux pour mettre en évidence les emprunts faits par plusieurs fabulistes à F. A. Marbot, qui lui-même s'est inspiré de La Fontaine[7]. De même ce principe permet de démontrer que l'anthropologue Lévi-Strauss a fait des emprunts au texte de Wilkinson, et que Wilkinson s'est en partie inspiré de Lafcadio Hearn[8]. Cette analyse comparée se propose de montrer également comment l'intertextualité masquée peut aussi, chez Lévi-Strauss, aboutir à une récriture créative par déconstruction et reconstruction d'un récit.

1. Comparaison des textes de Wilkinson et de Lévi-Strauss : les divergences

1.1 Une organisation différente des récits, des séries thématiques dissemblables

Une première lecture nous montre que Wilkinson a organisé son récit en une série de séquences thématiques. Ces séquences s'articulent les unes aux autres dans le cadre d'un itinéraire touristique énoncé clairement par le voyageur. Il part de Fort-de-France pour aller visiter la ville martyre de Saint-Pierre, puis il se rend sur la côte atlantique de l'île et revient à Fort-de-France. Ces séries thématiques semblent répondre au besoin d'informer ses futurs lecteurs sur l'accueil martiniquais réservé aux voyageurs de passage et sur l'animation de la ville. Il leur fait découvrir également la population autochtone, son parler local le créole, sa religion, ses croyances et superstitions, ses moyens de transport en commun et il décrit la nature tropicale. Il introduit également des remarques sur le climat et les activités économiques sucrières de l'île.

On a pu relever dans ce texte la présence d'un chevauchement et d'une compétition entre deux thèmes majeurs pour le narrateur. Il y a : d'une part le thème de la nature foisonnante et grandiose avec ses choux palmistes géants, ses fougères géantes, ses bégonias géants et ses cathédrales de verdure, etc. ; d'autre part apparaît le thème des « petites gens » exerçant diverses activités professionnelles. Il cite les vendeuses, les porteuses, les lavandières, les chauffeurs de taxi, et les paysans …

Si Wilkinson a mis en compétition l'exotisme associé au milieu naturel avec l'exotisme humain, il ne s'est pas engagé dans des descriptions détaillées et dans des

---

[5] Son texte a été publié dans *Les Grands Dossiers de L'Illustration. La France au-delà des mers*, Paris, SEFAG et L'Illustration, 1987, pp. 53-55.

[6] Édition 1955, coll. 10/18, p. 17.

[7] MARBOT, François-Achille, *Les Bambous, fables de La Fontaine travesties en patois martiniquais par un vieux commandeur*, Fort-Royal (Martinique), Édit. E. Ruelle et Ch. Arnaud, 1846, 140 p.

[8] Ce journaliste irlandais, ayant séjourné à la Martinique de 1888 à 1890, a publié *Two Years in the French West Indies*, traduit en français au Mercure de France sous forme de deux ouvrages : *Esquisses Martiniquaises* (1924) et *Contes des Tropiques* (1927).

commentaires savants. Il n'a pas fait œuvre d'ethnographe, ni d'ethnologue. Il n'a fait que constater la présence « d'indigènes » au travail, de pratiques culturelles et de sites naturels qui étaient susceptibles de retenir l'attention de ses lecteurs. Cela soulève, bien entendu, le problème de la réception car son texte veut avoir une fonction informative, mais il n'est pas sur le même registre que celui d'un ethnologue. Il ne s'adresse pas au même type de récepteurs ou de lecteurs.

Lévi-Strauss[9] quant à lui propose en apparence une narration plus touffue, plus chaotique. L'articulation de son récit semble moins nette que celle du texte de Wilkinson. Il ne suit pas un itinéraire précis et son récit n'est pas marqué par la chronologie d'un parcours structuré. Il donne l'impression d'avoir été poussé par les événements qui l'ont obligé à prendre des décisions rapides pour améliorer sa situation personnelle, dans une île où il se trouvait en escale forcée, livré à l'arbitraire et au bon vouloir des autorités en place, en l'occurrence celles du gouvernement de Vichy.

Les séries thématiques, qu'il a choisi d'introduire dans son récit, sont associées le plus souvent à des événements qui l'entraînent à produire des commentaires sur le genre humain ainsi que sur l'exercice du pouvoir et de l'autorité, ce que ne fait pas Wilkinson. C'est ainsi qu'il réussit à mettre dans son texte des séquences narratives et anecdotiques lui permettant de parler du pouvoir militaire et policier, du pouvoir judiciaire, du pouvoir administratif et politique et du pouvoir économique. Pouvoirs, à propos desquels il se pose des questions et sur lesquels il ironise, sa personne les ayant subies d'une manière ou d'une autre en des lieux divers, ainsi qu'il le signale dans *Tristes Tropiques*. Or cette thématique du pouvoir, de l'autorité et de ses abus, chevauche fortement les quelques séquences descriptives que l'auteur de *Tristes Tropiques* accorde à la société martiniquaise et à la nature insulaire.

Il semble donc, en première lecture, que les deux récits divergent dans leur parcours thématique, ce qui semble indiquer que les éléments et les thèmes ayant retenu l'attention de chacun des auteurs sont différents. Le voyageur – journaliste et l'ethnologue n'ont pas eu le même regard sur la réalité martiniquaise de l'époque. Il est vrai aussi que les contextes politique, administratif et économique avaient sensiblement changé entre 1931 et 1941[10].

1.2 L'implication des auteurs dans leur récit : de l'usage du descriptif et du narratif

Wilkinson d'emblée se met en scène en utilisant la première personne :

J'arrivais à la "Colonie" par une de ces magnifiques nuits tropicales qui sont des féeries de clartés bleues »[11].

---

[9] Voir son texte réédité dans la collection « Terre Humaine », Paris, Plon, nouvelle édition revue et corrigée, 1973, pp. 21-31.
[10] En 1931, on célébrait la colonisation réussie. C'était l'année de l'exposition coloniale internationale de Paris. En 1941, la Martinique était sous la coupe de l'amiral Robert et se trouvait relativement isolée de la métropole en partie occupée par les Allemands.
[11] *Les Grands Dossiers de l'Illustration. La France au-delà des mers*, Paris, SEFAG et L'Illustration, 1987, p. 53.

Mais dans la suite de son texte, il utilise relativement peu le « je » ou le « moi », ou bien encore le « nous » de majesté. Il préfère employer le pronom impersonnel « on », ou bien encore le « il » de la troisième personne. Cela s'explique par le nombre important de séquences descriptives contenues dans son récit, ce qui entraîne un retrait relatif de la première personne dans son énonciation. Il faut signaler que son texte comprend aussi quelques séquences narratives, ce qui lui permet de remettre sa personne au centre du récit en évoquant quelques-uns de ses propres comportements : « *Je me roule dans l'unique drap* », « *j'ouvre les volets* ». Il fait part également de ses sensations et de ses désirs : « *J'ai presque froid* » écrit-il, et il poursuit « *Je veux voir la côte de l'Atlantique* »[12].

Dans la partie finale de son texte, il se replace à nouveau dans la narration en notant : « *Je suis à la table d'un café sur la Savane* ». Cette phrase n'est pas innocente car, en se situant au cœur même de la vie moderne martiniquaise, il va pouvoir introduire un autre sujet important, celui du monde des affaires et de l'industrie sucrière. Ce thème l'autorise à diffuser la doctrine des bienfaits de la colonisation, afin d'être en phase avec l'idéologie défendue par le Journal *L'Illustration* à qui était destiné son texte.

Lévi-Strauss semble s'impliquer beaucoup plus que Wilkinson en tant qu'auteur et narrateur, car il est dans le récit pour parler de lui et de ce qu'il pense sur des événements qu'il a vécus et sur les choses et les êtres qu'il a rencontrés. Il peut donc disserter sur le pouvoir et l'autorité, mais également sur les comportements humains, le rôle de la civilisation et de son avatar la colonisation. Le nombre de « je », complété par les « moi », ou les « moi-même », utilisé par l'ethnologue, est impressionnant. C'est ainsi qu'il met lui aussi, dès le premier paragraphe, sa personne au centre du récit de son séjour martiniquais en écrivant :

> À peine installés dans un hôtel désert, le Tunisien et moi-même, encore bouleversés par les événements de la matinée, nous jetâmes dans une voiture de louage en direction du Lazaret (…)[13].

Le deuxième paragraphe de son texte est, à ce sujet, très représentatif. Il comprend plus de dix mises en scène successives de l'ethnologue scripteur : « *J'allais apprendre* », « *j'évoquais les scènes* », « *j'essayais de les relier* », « *Mais moi qui avais vu le monde* »[14], etc. Il est vrai aussi que son livre est présenté comme une autobiographie intellectuelle en même temps qu'un livre à la fois de voyage et sur le voyage. Il est donc logique qu'il en soit d'une certaine manière le héros, et qu'il privilégie de ce fait le narratif et l'anecdotique aux dépens du descriptif, afin de s'introduire plus aisément dans le récit et de proposer des réflexions à portée philosophique. Or, ces séquences de réflexion sont absentes du texte de Wilkinson, qui décrit surtout ce qu'il a choisi de voir ou de regarder, influencé cependant par le texte de Lafcadio Hearn qui lui apporte des données et le contraint à choisir certains sujets tels,

---

[12] *Idem*, p. 54.
[13] *Tristes Tropiques*, édition 1973, p. 25.
[14] *Idem*, p. 25.

par exemple, les fameuses porteuses célébrées par cet auteur dans un ouvrage traduit de l'anglais en 1924 sous l'intitulé *Esquisses martiniquaises*[15].

En conclusion, la comparaison, en première lecture, attire l'attention sur les différences dans les deux récits. On constate donc, des divergences entre le récit de Wilkinson et celui de Lévi-Strauss, en particulier dans la manière de s'impliquer dans leur narration, en jouant différemment sur le narratif, l'anecdotique et le descriptif. Par ailleurs, il apparaît que Wilkinson fait surtout des constats et informe ses lecteurs en leur proposant une représentation de l'altérité exotique martiniquaise en suivant un itinéraire précis et en privilégiant le descriptif sur le narratif. Ce que nous donne à lire Lévi-Strauss semble être à l'opposé du récit de Wilkinson. Il s'agit d'un texte qui hésite entre le récit de voyage, l'autobiographie et un roman d'aventure, dont on ne connaît pas la part exacte de la fiction et de l'authentique. Ici l'anecdotique et le narratif sont mis en avant. On constate donc, ici encore, des divergences entre le récit de Wilkinson et celui de Lévi-Strauss, en particulier dans la manière de s'impliquer dans leur narration, en jouant différemment sur le narratif, l'anecdotique et le descriptif.

2. Du rôle des idéologies dans le choix des séquences thématiques

2.1 L'idéologie du progrès et de la colonisation réussie chez Wilkinson

Le récit de Wilkinson est accompagné d'une iconographie composée de huit dessins et peintures en couleur réalisés par l'auteur lui-même. Il s'agit d'abord d'une aquarelle de la nature tropicale, qui suggère la richesse de la végétation martiniquaise. Il donne ensuite à voir cinq portraits ou silhouettes de personnes appartenant à la population créole locale et exerçant de petits métiers : une porteuse de charbon de bois, une porteuse d'eau, une domestique, un pêcheur et, ainsi qu'il l'écrit en sous-titre, « une indigène active ». On notera que si ces images diffusent de l'exotisme, elles servent également à appuyer sa dénonciation d'un préjugé, celui de l'indolence créole, attaché à la représentation de l'autre antillais : « *L'indolence créole est un mythe ; malgré leur air nonchalant, ces femmes travaillent dur* », écrit Wilkinson[16].

Wilkinson a également intégré deux autres tableaux présentant non plus des personnages individuels, mais des groupes de personnes. Sur le premier, on peut voir des jeunes femmes martiniquaises en robe traditionnelle, coiffées du fameux madras noué à un bout. Il est certain que ce support visuel renforce la dimension exotique du discours, et illustre parfaitement l'une des séquences descriptives du texte. Il termine sa série iconographique par une scène de départ à la pêche, dans laquelle il associe à la fois la nature et des hommes au travail. Il y a donc une synergie incontestable entre le texte et l'image. L'idée que la Martinique est une colonie où l'on travaille semble être le message véhiculé par l'iconographie que l'auteur-dessinateur désirait faire passer à ses lecteurs.

---

[15] Lafcadio Hearn a consacré un chapitre aux porteuses, un autre à la fille de couleur en robe douillette, un autre encore aux blanchisseuses. Il a en outre raconté la légende du père Labat. Tous ces sujets concernant l'altérité martiniquaise ont été repris par Wilkinson.

[16] *Op. cit.*, p. 54.

L'analyse a donc montré que les représentations iconographiques proposées par le voyageur Wilkinson ont servi à illustrer et à conforter une partie du contenu de son texte, ce qui répondait au principe même du fonctionnement du journal *L'Illustration* qui était son éditeur.

2.2 Le journal *L'Illustration* et l'idéologie coloniale

L'Illustration, par le biais des articles de ses correspondants, s'évertuait à défendre, depuis le milieu du XIXe siècle, la doctrine coloniale. Cette doctrine avait évolué avec le temps et les changements de situations politiques, économiques et technologiques de la métropole[17]. Au lendemain de la guerre de 1870 et après la perte de l'Alsace et de la Lorraine, il fallait encourager la conquête de nouveaux territoires pour redonner de l'importance à la France et la conforter dans sa mission civilisatrice. De plus, en raison du progrès technique, les partisans de la doctrine considéraient qu'il fallait mettre en valeur ces terres et développer le commerce pour le mieux-être des populations locales. Dans les années 30, la doctrine coloniale avait évolué et mettait en exergue le thème de la colonisation réussie et celui de « la plus grande France ». Il ne faut pas oublier qu'une Exposition coloniale internationale avait été organisée à Paris, en 1931.

Or, le texte de Wilkinson, écrit en 1931, participait à cette idéologie de la plus grande France quand il note : « Comment dire notre émotion de retrouver si loin, après ce long voyage, un coin de terre vraiment française. La Martinique, c'est la France. Plus anciennement française que certaines provinces de la métropole, puisqu'elle fut colonisée dès 1635, c'est une France de jadis pleine de poésie, de bonnes manières et de belles traditions, un monde qui évoque Bernardin de Saint-Pierre »[18]. De même, on relève au détour d'une phrase que ce voyageur en escale a « passé la fête nationale à Fort-de-France », et qu'en évoquant la figure légendaire du Père Labat, qui vécut à la Martinique à la fin du XVIIe siècle, il le présente comme un « colonisateur héroïque ». Enfin, il n'oublie pas d'évoquer le thème de la colonisation réussie en écrivant : « On sent partout une activité et un esprit d'entreprise admirables, partout de grandes usines s'élèvent, sucreries, rhumeries … »[19].

2.3 Une idéologie anti-coloniale chez Lévi-Strauss

Le texte de Lévi-Strauss, relatant son escale à la Martinique dans *Tristes Tropiques,* n'est accompagné d'aucun support visuel. Certes l'iconographie existe dans *Tristes Tropiques*, mais elle concerne les populations amérindiennes étudiées par l'ethnologue comme les Bororo, ou les tribus du Chaco par exemple[20]. Il s'agit de reproductions de motifs de peinture faciale ou corporelle, d'objets de culte, d'armes, d'ornements divers, etc. Quelques-unes de ces figures ont été réalisées par Lévi-Strauss. Ces images, ces figures sont présentées comme des documents ethnographiques

---

[17] Voir GIRARDET, Raoul, *L'idée coloniale en France de 1871 à 1962*, Paris, La Table Ronde, coll. « Pluriel », 1972.

[18] *Op. cit.*, p. 53.

[19] *Idem.* p. 55.

[20] Le nombre de figures a été modifié au cours des rééditions : 26 en 1955, 38 en 1984.

appartenant à l'ordre du savant, à l'ordre d'une connaissance des groupes humains qui se veut scientifique.

L'absence d'une iconographie pour l'escale martiniquaise a sans doute permis à Lévi-Strauss de mieux parler de lui et de présenter ses réflexions à caractère philosophique, sans trop retenir l'attention du lecteur sur la Martinique elle-même, sur sa population, ses traditions, ses croyances ou son folklore en s'appuyant sur des images. Il ne s'est pas investi dans la culture martiniquaise qu'il n'a fait que côtoyer. Il ne l'a pas regardée ou observée de l'intérieur. En réalité, il n'est pas arrivé à la Martinique comme ethnologue – ce que fera Michel Leiris quelques années plus tard – mais comme un passager retenu sur le trajet qui doit le mener à New York. De ce fait il n'a pas cherché à empiler des coutumes, à décrire des institutions, ni à faire de simples constats comme le voyageur Wilkinson, pratiques qu'il a dénoncées par ailleurs en commentant le livre de Leo Simmons *Sun Chief* (Soleil Hopi*)*. En fait, la société martiniquaise ne l'intéresse pas en tant qu'ethnologue. Il le dira d'ailleurs plus tard en parlant de ses relations avec Roger Bastide. Il s'intéresse aux groupes extrêmes et non pas au syncrétisme comme l'a fait Bastide. Il a choisi, lui, d'étudier les Bororo et non pas les « Amériques noires »[21].

D'autres indices nous ont amené à essayer de comprendre la manière dont Lévi-Strauss, dans le cadre précis de ce récit d'escale, avait construit son texte. Il convient pour cela de signaler que la pensée de Lévi-Strauss, dans *Tristes Tropiques*, est éminemment idéologique. Il critique le passé ; il dénonce les contradictions de l'humanité et du progrès, les abus de pouvoir, la désagrégation par l'homme de l'ordre originel, et propose de se référer à une ethnographie à caractère marxiste, mâtinée de psychanalyse et de géologie[22]. Il introduit dans son récit une idéologie anti-coloniale en ironisant en particulier sur les bienfaits de la colonisation.

3. Les emprunts à Wilkinson et la récriture de Lévi-Strauss

3.1 De la stimulation mémorielle chez Lévi-Strauss, à la recherche du temps passé et des lieux oubliés

On sait que l'auteur d'une autobiographie, comme l'auteur de mémoires, a besoin de se remémorer des lieux, des situations, des contextes pour faire œuvre sinon d'exactitude du moins de fidélité. Il a besoin d'introduire quelques détails ou figures symboliques comme preuves de sa présence dans des espaces reconstruits par l'écriture. On sait également que Lévi-Strauss a écrit son récit d'escale à la Martinique postérieurement aux faits vécus, c'est-à-dire 14 ans après son passage. Il s'est donc référé à d'autres textes et surtout à celui de Wilkinson, afin de re-situer le contexte humain et le cadre naturel martiniquais.

De nombreux indices et éléments nous autorisent à écrire qu'il a construit son récit en s'inspirant étroitement des séquences mises en scène par Wilkinson. En effet,

---

[21] MARY, André et RAVELET, Claude, « Entretien avec Claude Lévi-Strauss », dans *Bastidiana* 7-8, juillet-décembre 1994, p. 55.
[22] Voir édition 1955, pp. 44-45, nouvelle édition, pp. 62-63.

l'analyse montre que Lévi-Strauss a reproduit des noms et des termes-référents choisis par Wilkinson dans un potentiel possible d'autres marqueurs de l'altérité martiniquaise. C'est ainsi qu'il a repris à sa manière la description de Fort-de-France et de la place de la Savane en y plaçant comme Wilkinson la statue de l'impératrice Joséphine qu'il dénomme « Tacher de la Pagerie », ainsi que l'avait fait Wilkinson dès le début de son texte. Il aurait pu la désigner également sous le nom de Joséphine de Beauharnais, ce qu'il n'a pas fait.

En sélectionnant un autre élément emblématique important appartenant au contexte naturel de Martinique, il reproduit une erreur commise par Wilkinson à propos de la « montagne Pelée » qu'il appelle « Mont Pelé »[23]. Par ailleurs lorsque Lévi-Strauss décrit en une phrase la nature martiniquaise, il reprend dans son texte un certain nombre de mots et de qualificatifs utilisés par Wilkinson. C'est ainsi que Wilkinson écrit dans une de ses séquences consacrées à la nature : « *un vert tunnel de fougères arborescentes dont les vieux troncs imbriqués sont couverts d'orchidées étranges* »[24]. Les mots référents sont ici « fougères arborescentes » et « tronc » que l'on retrouve chez Lévi-Strauss, qui écrit à son tour : « *La géante, plumeuse et tendre mousse des fougères arborescentes au-dessus des fossiles vivants de leurs troncs* »[25]. Wilkinson écrit encore cette phrase : « *Le ravin bordé de cannes à sucre devenu d'un vert laiteux* ». Chez Lévi-Strauss, « le ravin » devient « *la vallée engloutie dans une brume laiteuse* »[26]. L'usage de l'adjectif « laiteux » parmi un éventail très large d'autres qualificatifs possibles montre bien comment la description de Wilkinson a influencé celle de Lévi-Strauss.

Enfin le voyageur Wilkinson note : « *le ressac est fort sur ces plages de sable noir* »[27]. Lévi-Strauss introduit dans sa description : « *une auréole de plages en sable noir* ». Ici encore l'auteur de *Tristes Tropiques* commet une erreur en s'inspirant du texte de Wilkinson, car il n'y a que quelques plages de sable gris-noir à la Martinique, proches de la « montagne Pelée ». La Martinique est surtout auréolée de plages de sable blanc.

L'usage des mêmes termes et la reproduction des mêmes erreurs que Wilkinson prouvent que Lévi-Strauss a utilisé le récit de ce dernier pour construire son propre texte

3.2 Les principes de déconstruction et d'inversion de Lévi-Strauss

En poursuivant l'analyse comparée, on relève que Lévi-Strauss s'inspire encore du texte de Wilkinson pour construire ses séries thématiques en inversant les figures proposées et les procédés d'énonciation de ce dernier. Ainsi, quand Wilkinson décrit son débarquement et met en scène les autochtones : vendeuses de fruits, de vin et de liqueurs qui viennent jusqu'à la coupée du navire, Lévi-Strauss ne parle que de ses compagnons de voyage aux prises avec la soldatesque, qui exerce abusivement de son pouvoir. Quand Wilkinson présente Fort-de-France comme une ville animée et

---

[23] *Tristes Tropiques*, édition 1955, p. 21, nouvelle édition, p. 30.
[24] *Op. cit.*, p. 54.
[25] *Op. cit.*, édition 1955, p. 21 et nouvelle édition, p. 30.
[26] *Id*. p. 21 et p. 30.
[27] Se reporter p. 54.

accueillante pour les voyageurs en escale, Lévi-Strauss en parle comme d'une ville morte avec un hôtel désert.

Alors que Wilkinson s'attarde sur les jeunes femmes créoles et la manière dont elles s'habillent, Lévi-Strauss introduit uniquement dans sa narration deux jeunes femmes allemandes passagères du bateau. Il ne parle aucunement des « belles » martiniquaises pour éviter sans doute de tomber dans l'exotisme. Tandis que Wilkinson est dithyrambique sur la nature martiniquaise qu'il magnifie (paysage mirifique ou féerique, émerveillement constant, écrasante splendeur du décor, etc.), nature qui constitue le thème de plusieurs séquences descriptives, Lévi-Strauss, lui, ne consacre qu'une phrase « synthétique » à ce thème, en reprenant certains mots de Wilkinson pour construire une nouvelle représentation.

Les changements de situations introduits par Wilkinson pour qu'il y ait un récit – car pour qu'il y ait un récit il faut que quelque chose se passe – sont liés à un itinéraire bien délimité allant de Fort-de-France à Saint-Pierre, de Saint-Pierre à la côte atlantique, puis retour à Fort-de-France. Le narrateur – voyageur Wilkinson suit un itinéraire précis ce qui entraîne un changement de sites à regarder, de paysages à contempler, et de personnes à donner à voir : les vendeuses, les jeunes femmes en robe « douillette », puis les porteuses, les paysans qui s'entassent dans l'autobus et la petite fille qui fait chauffer son « canari ». Il entraîne ainsi, avec lui, le lecteur à la découverte de la Martinique

Lévi-Strauss, contrairement à Wilkinson, ne suit pas un itinéraire précis. Il va d'un lieu à un autre, selon les circonstances ou les événements. Son parcours est marqué par des ruptures. Il va de son hôtel au Lazaret, des bureaux du journal religieux à la salle de la Cour d'assises. Il crée même un suspense en laissant le lecteur se demander comment sa situation personnelle et celle de ses compagnons de bord vont pouvoir changer. Tandis qu'un temps chronologique continu s'inscrit dans le circuit de Wilkinson, rien de tel chez Lévi-Strauss qui fractionne la continuité temporelle de son récit par des retours en arrière, à la recherche de son temps perdu, comme le notait Clifford Geertz[28].

Alors que Wilkinson célèbre à sa manière les bienfaits de la colonisation, Lévi-Strauss critique cette forme de transfert de la civilisation. Il ne faut pas être trop optimiste « *de l'œuvre civilisatrice qu'on peut attendre de quatre siècles de colonisation* », et il ajoute, non sans ironie, que « *les salles de bains sont rares à Fort-de-France* »[29].

Il semble que l'élaboration et la construction de ces quelques pages de *Tristes Tropiques* s'expliquent par une opposition manifeste de Lévi-Strauss à l'encontre du contenu et de l'organisation du récit de Wilkinson. Tandis que celui-ci se complaît dans un exotisme suranné, Lévi-Strauss écarte ce piège, refuse les thèmes retenus et mis en scène par Wilkinson pour investir le champ du narratif et de l'anecdotique. Il minimise cet aspect exotique en notant que la Martinique est : « *d'un exotisme tellement plus*

---

[28] GEERTZ, Clifford, *Ici et Là-bas, l'anthropologue comme auteur*, p. 50.
[29] *Op. cit.*, édition 1955, p. 15.

classique que le continent sud-américain (..) »[30]. Sur le plan idéologique, Wilkinson défend la colonisation et le libéralisme économique et commercial qui permettent le progrès. Lévi-Strauss se présente comme un socialiste, marqué par l'idéologie marxiste, qui s'interroge sur le progrès et le comportement des hommes par le biais de l'ethnologie et de la philosophie.

*
* *

Voici donc deux récits d'escale concernant un même terrain, une même altérité à faire découvrir. Le premier a été écrit par le voyageur Wilkinson parti à la découverte réfléchie de la Martinique pour partager avec ses lecteurs ce qui a retenu son attention. Son circuit est associé à un temps linéaire. Le choix des thèmes abordés et des dessins présentés a été guidé à la fois par le besoin d'un côté de produire un récit exotique, dont plusieurs figures ont été inspirées par la lecture de Lafcadio Hearn, et de l'autre de diffuser l'idéologie coloniale pour satisfaire à la fois son éditeur et ses lecteurs. Par ailleurs, il apparaît que Lévi-Strauss, alors qu'il était à la recherche d'un stimulant mémoriel pour retrouver les lieux, s'est trouvé en face du récit de Wilkinson, et que cette lecture a été pour lui à la fois une provocation et la source d'une inspiration. Son récit semble avoir été construit à partir d'un désaccord fondamental avec le contenu du texte de Wilkinson, ce qui l'a entraîné, soit à contredire ou à minimiser les constats de ce dernier, soit à dénoncer l'idéologie coloniale, soit à privilégier le narratif et l'anecdotique sur le descriptif pour mieux parler de soi et produire des commentaires. Il a en quelque sorte déconstruit le texte de Wilkinson pour écrire son escale à la Martinique, morceau de texte qu'il a articulé dans un récit plus vaste, complexe et inclassable, qui touche à la fois au récit de voyage, à l'autobiographie et, d'une certaine manière, au roman d'aventure. Certes, Lévi-Strauss a emprunté des éléments de son récit d'escale à Wilkinson et a pratiqué une intertextualité masquée, mais on ne saurait nier qu'il a fait également œuvre de création. Nous rejoignons en définitive la remarque de R. Le Huenen qui note que : « *Tristes Tropiques présente la capacité théorique d'intégrer dans l'unité d'un même texte une pluralité de discours qui s'ancrent dans des situations énonciatives fortement différenciées* »[31]. L'escale à la Martinique en constitue un exemple convaincant.

---

[30] *Idem*, p. 21.
[31] LE HUENEN, Roland, « Voyage et métavoyage : *Tristes Tropiques* de Claude Lévi-Strauss », pp. 93-94.

« Donner en français l'illusion du créole » : Mélanges de langues et frontières linguistiques – Positions de linguistes sur l'écriture littéraire

Cécile Van den Avenne
École Normale Supérieure Lettres et Sciences Humaines/ICAR

En 1986, l'écrivain martiniquais Patrick Chamoiseau publiait son premier roman, *Chronique des sept misères*. Il fut reçu, par les critiques français (*i. e.* de la métropole), comme illustrant une nouvelle forme d'écriture, dans un français donnant une impression d'étrangeté langagière (reste souvent citée la phrase de Proust du *Contre Sainte-Beuve* : « *les beaux livres sont écrits dans une langue étrangère* »), un français enrichi, revivifié (et l'on peut noter les parallèles nombreux faits par la critique entre cette écriture et celle de Rabelais ou des écrivains de la Pléiade) et que Kundera, lui donnant ainsi une forme de consécration, appellera « français chamoisisé »[1].

Si ce livre a fait l'objet d'un accueil enthousiaste en France – et il en sera de même de tous les romans suivants de Chamoiseau, jusqu'au prix Goncourt en 1992 pour *Texaco* – il déclenche au contraire des polémiques en Martinique au sein des militants créolistes. En effet, certains parmi ceux-ci crièrent à la trahison : en écrivant en français et dans un français en quelque sorte enrichi par le créole, Chamoiseau a donné sa préférence au français, et, de ce fait, desservi la cause du créole. Les critiques les plus vives et les plus médiatisées sont celles de Raphaël Confiant, écrivain et militant linguiste, et Jean Bernabé, linguiste créoliste[2].

Suite à la sortie de son second roman, *Solibo Magnifique* (1988), la revue *Antilla* titre : « Les universitaires et les critiques répondent : Faut-il brûler Patrick Chamoiseau ? » (n° 11, déc. 1988-janv. 1989)[3]. On peut y lire notamment l'analyse de Jean Bernabé, qui parle à propos du style de Chamoiseau « *d'une exploitation détournée et subreptice de la langue créole au bénéfice de la littérature dite de langue française* » et poursuit « *je serais personnellement désolé qu'il fasse école en l'aspect le plus superficiel de sa créolité, celle par où risquent de se générer de médiocres mésolectisants* », avec explication en note : « *ceux qui utilisent une langue hybride, qui*

---

[1] Chamoiseau n'a pas fait un compromis entre le français et le créole en les mélangeant. Sa langue c'est le français bien que transformé, non pas créolisé (aucun Martiniquais ne parle comme ça) mais chamoisisé (Kundera 1991).

[2] À ce propos lire ce qu'écrit Delphine Perret au sujet de la sortie de *Chronique des sept misères* (Perret 2001 : 145-146). Cet article doit beaucoup à son travail d'entretiens et d'investigations menés en Martinique.

[3] On peut noter que la revue *Antilla*, créée en 1981, est largement devenu un forum pour les auteurs de la créolité, et que Raphaël Confiant et Patrick Chamoiseau y publient régulièrement.

n'est donc ni du français ni du créole » (1988-1989 : 40). Quelques années auparavant, il écrivait dans sa thèse de doctorat :

> Le créolisme littéraire est la marque la plus évidente de l'impasse dans laquelle l'Histoire a enfermé dans nos pays une esthétique romanesque de type réaliste et/ou populiste. Sa pratique renvoie à une infirmité fondamentale : le créole n'est pas (encore) la langue du roman (Bernabé 1983 : 233-234).

Douze ans plus tard, dans un entretien avec Delphine Perret, Jean Bernabé revient sur ses réticences concernant ces pratiques stylistiques :

> je me disais : si l'on peut lire une œuvre en français qui donne l'illusion du créole, jamais le peuple antillais ne va se fatiguer à lire du créole (Perret 2001 : 24).

Mon propos sera de rendre compte de l'évolution des discours au sein des militants créolistes en Martinique autour de la pratique littéraire dite du « créolisme » – c'est-à-dire cette pratique qui consiste à produire en français des calques du créole ou des emprunts créoles francisés, pratique repérée chez des écrivains aussi divers que Jacques Roumain, ou Saint-John Perse et qui devient trait spécifique d'un style qui se constitue presque en école, à travers l'écriture de Patrick Chamoiseau et Raphaël Confiant, à partir de la fin des années 1980. J'essaie ici de mettre en regard les théories et positions idéologiques de la linguistique militante et les écrits de réflexion poétique et propos tenus sur leur propre pratique par les écrivains s'inscrivant dans le mouvement de la créolité, à savoir ce mouvement qui se reconnaît dans l'ouvrage manifeste, *Éloge de la créolité*, publié en 1989 par Patrick Chamoiseau, Jean Bernabé et Raphaël Confiant ; il s'agira donc de comprendre le lien qui se joue entre un type particulier de réflexion linguistique, très militant, et une création littéraire qui a des liens avec ce militantisme.

En préambule, un détour semble nécessaire, qui permette de comprendre les positions linguistiques militantes, dans le contexte sociolinguistique qui est celui de la Martinique.

La linguistique militante créoliste en Martinique, la théorie de la déviance maximale

Aux Antilles, français et créole sont souvent décrits comme participant d'une situation de diglossie : répartition fonctionnelle des langues couplées à une répartition hiérarchique entre langue dite basse ou minorée (dite aussi *basilecte*) et langue haute ou minorante (dite aussi *acrolecte*). Entre ces deux pôles, se situe une zone interlectale, zone où se produit le contact de langue. Et ce contact inégal engendrerait chez tout créolophone « *un véritable système gallicisant* » (Orjala 1970, cité par Bernabé 1983 : 62) qui « *expliquerait les intrusions de traits français* » dans le créole (Bernabé, *ibid.*) aboutissant à ce que certains linguistes créolistes ont repéré comme étant un processus de décréolisation.

Les années 1970 voient en Martinique la structuration d'un mouvement militant autour des questions linguistiques, qui lie revendications linguistiques et culturelles et revendications politiques. C'est en 1976 qu'est créé le GEREC (Groupe d'Études et de

Recherches en Espaces Créolophones[4]), autour de Jean Bernabé, dont le but est l'étude et défense de tous les créoles dits à base lexicale française, parlés dans les Antilles, en Guyane et dans l'océan Indien. L'idée des membres du GEREC est de favoriser l'intercommunication entre locuteurs créolophones, et l'un de leurs projets est d'aboutir à un système graphique commun (ceci n'est pas sans rappeler le militantisme linguistique pan-occitan) d'inspiration phonétique, proposé en 1975 et adopté par ses militants, et ayant pour souci de rompre avec une graphie francisante (dite « étymologique »). Le GEREC se retrouve donc avoir un rôle normatif : par la normalisation de l'orthographe mais également par l'application d'un principe de « déviance maximale » d'avec le français, c'est-à-dire par des pratiques visant à construire une variété de créole la plus éloignée possible du français, et qui se fait notamment critique des pratiques de créole très francisé des médias (radio et télévision)[5].

Raphaël Confiant, à la fois écrivain et militant linguiste, dont la production écrite en créole est très importante dans les années 1970-1980, est représentatif de cette inscription idéologico-linguistique : il écrit un créole dans lequel il introduit néologismes et emprunts « pan-créoles », notamment emprunts au créole haïtien. Le but est d'enrichir le créole, faire le lien entre les différents créoles, et préférer aux emprunts français des néologismes et emprunts créoles, manière d'évacuer des lexèmes jugés trop français[6] (ainsi l'exemple, de *djenndan* ou *gen-a-dan*, litt. « gaine des dents » pour « gencive » ou *jansiv* utilisé par les créolophones[7]). Cette stratégie d'écriture proposée a pu subir comme critique qu'elle a le désavantage de rendre les textes peu accessibles, voire artificiels, même pour les intellectuels créolophones[8] ; et certains d'ironiser sur la publication par Confiant d'un dictionnaire permettant de lire ces ouvrages.

La pratique réelle, quotidienne, des locuteurs créolophones, est marquée par le mélange et l'alternance codique, créant ce que certains décrivent comme un continuum

---

[4] Devenu depuis GEREC-F..., et francophones ; l'évolution du sigle et de l'appellation laisse voir l'évolution des positions.

[5] Créole francisé que Confiant, reprenant une expression de Bernabé à propos du français créolisé (voir infra), qualifie de « créole mulâtre » (Confiant 2001 : 14).

[6] Et donc de parer à ce qui peut-être conçu comme un « handicap lexical » du créole :
> Créole et français sont des langues parentes, mais cette parenté est presque exclusivement lexicale. [...] parce qu'il est dépendant lexicalement, le créole n'a pas de sémantique propre. [...] En clair, la langue créole est sous assistance lexicale. Elle importe du français son lexique conceptuel et le phonétise (Coursil 1999 : 40, cité par Confiant 2001 : 10).

[7] Création expliquée et proposée par J. Bernabé 1977 : 19. Reprise *in* Confiant, *Dictionnaire des néologismes créoles*, t. 1, Ibis Rouge Éditions, 2001, p. 117.

[8] Bernabé écrit, à propos de l'écriture de Confiant, que sa qualité principale au-delà de ce qu'il repère comme « *embarras de toute sorte, naïvetés rhétoriques, lourdeurs stylistiques et scories* » est « *une tension vers la productivité maximale* » (Bernabé 1983 : 285). C'est, selon lui
> d'un rêve de koinè que participent les processus créatifs à l'œuvre ici. Non pas une langue commune qui transcenderait arbitrairement [...] les langues particulières, non pas un *supra-créole* ou un *pan-créole*, mais un *intercréole* (*ibid.* : 289).

du créole au français[9]. *La charte culturelle créole* du GEREC dénonce les pratiques de mélange et leur fixation, que ce soit en créole ou en français, dans un souci des frontières linguistiques, permettant en fait la protection de la langue dominée, à savoir le créole. Dénonçant les pratiques de mélange, il dénonce l'usage, en français, de ce que l'on nomme créolisme, notamment dans l'utilisation littéraire, utilisant à leur propos le terme de « marronisme » (par référence aux esclaves en fuite dit esclaves marrons). La pratique du créolisme peut avoir, pour Bernabé, un aspect positif en tant que « *manifestation de l'identité d'un peuple dominé et [d']une révolte inconsciente (en acte) contre les structures de la langue dominante* » et parce qu'il peut être « *alors porteur d'une subversion à l'intérieur des mécanismes grammaticaux du français* » (Bernabé 1983 : 233)[10]. Cependant, c'est son aspect négatif qu'il met d'abord en avant, négatif parce que le créolisme

> correspond à une lutte inorganisée du créole menée sur un terrain qui n'est pas le sien propre mais celui de la langue dominante. Il conduit au français régional et non pas à la promotion du créole (*ibid.*).

Ce français créolisé est dit aussi, par une analogie ethno-raciale (pour le moins suspecte), « *mulâtre sociolinguistique* » (Bernabé 1983 : 211). On relèvera à la fois l'isotopie guerrière présente dans ces discours, ainsi que l'idéologie de la pureté linguistique qui les sous-tend (et les inquiétants parallèles repérables avec une idéologie de la pureté raciale)[11].

---

[9] Glissant dans *Le discours antillais* raconte les manipulations que des automobilistes ont fait subir à un autocollant de prévention routière à coller derrière son véhicule, dont l'énoncé : « Ne roulez pas trop près » a été l'objet de différents processus de créolisation, suite à des découpages et déplacements : « Pas roulez trop près », « Pas roulez trop pre », « Pas roule trop près », « Roulez pas trop près », « Pas roule trop pre », « Pas oule trop pre », etc. (Glissant 1997 : 603-607). L'anecdote rend compte d'une part des pratiques rusées, au sens où l'entend de Certeau dans *L'invention du quotidien* : « *la faiblesse en moyens d'information, en biens financiers et en "assurances" de toute sorte appelle un surcroît de ruse, de rêve ou de rire* » (Certeau 1990 : XLIII). Par ailleurs, ces différents énoncés créolisés mettent en scène le continuum français-créole, aussi bien à travers les choix syntaxiques que graphiques. Le linguiste Lambert-Félix Prudent a travaillé sur les phénomènes de mixtes et alternances français-créole.

[10] On peut penser en contrepoint à la leçon inaugurale de Barthes au Collège de France où il donne comme mandat à l'écrivain de « tricher la langue » :
> Cette tricherie salutaire, cette esquive, ce leurre magnifique, qui permet d'entendre la langue hors-pouvoir, dans la splendeur d'une révolution permanente du langage, je l'appelle pour ma part "Littérature" (Barthes 1978 : 16).

[11] On ne peut s'empêcher de penser que ce manifeste ici, dans le domaine linguistique, une forme de racisme différentialiste, tel que le définit Étienne Balibar,
> un racisme qui, à première vue, ne postule pas la supériorité de certains groupes ou peuples par rapport à d'autres, mais « seulement » *la nocivité de l'effacement des frontières* (1988 : 32-33, c'est moi qui souligne).

Ce racisme différentialiste s'inscrit dans des discours qui sont, l'explique Balibar
> autant d'élaborations intellectuelles du fantasme de prophylaxie ou de ségrégation (nécessité de purifier le corps social, de préserver l'identité du « soi », du « nous », de toute promiscuité, de tout métissage, de tout envahissement (*op. cit.* : 28).

Analyse d'une pratique rusée et critique du créolisme – Simone Schwarz-Bart lue par Jean Bernabé

Dans sa thèse publiée en 1983, Jean Bernabé proposait une analyse de la pratique du créolisme dans le roman de Simone Schwarz-Bart, écrivaine guadeloupéenne, *Pluie et vent sur Télumée-Miracle* (Paris, Édition du Seuil, 1972). Il y décrit la présence du créole comme « présence-absence », rendant compte de phénomènes d'interférences souterrains et quasi-invisibles. On peut reprendre l'un des exemples qu'il décrit. Soit la phrase :

> Heureusement, nous ne sommes qu'un lot de nègres dans une éternelle attrape, sans maman, sans papa devant l'éternel (*op. cit.*, p. 15).

Il montre que si l'ensemble de cette phrase est grammaticalement française, différents choix lexicaux produisent cependant

> un écart stylistique évaluable [...] en fonction de l'appartenance ou non du lecteur à la créolophonie (Bernabé 1983 : 253).

Pour ne prendre qu'un exemple, celui de *un lot,* expression française, elle peut également être lue comme la transposition du quantifieur créole *onlo* (beaucoup), dont il est l'origine. Ainsi, par ce choix lexical, se produit, ce que Bernabé décrit comme une « *dérive syntaxique qui est aussi une manière de régression vers l'origine* » (Bernabé 1983 : 254), et ce choix stylistique peut être interprété comme étant

> l'exercice d'une écriture philologique au service d'une quête des commencements fondateurs de la culture créole (*ibid.*).

Ces pratiques souterraines sont à distinguer, pour Bernabé, des pratiques de créolismes qui vont à l'encontre de la syntaxe du français standard, comme dans l'exemple suivant, énoncé en style direct libre, rapportable au maître blanc s'adressant à sa servante noire : *pas pleurer, ma fille, pas pleurer* (*op. cit.*, p. 97), que Bernabé analyse comme calque parfait du créole : *pa pléré, mafi*. Bernabé souligne que, dans les choix narratifs de la romancière, seuls les maîtres usent de ces créolismes, qu'il qualifie de lapsus, les personnages noirs refusant, selon son interprétation, de jouer le jeu de la complicité linguistique avec les maîtres. La langue de la narration, que Bernabé nomme « *la langue indigène du roman* » est le français dit « grammatical ». Il est ainsi interprété :

> le choix, dans le roman, du français grammatical (par opposition aux naïvetés d'un français créolisé sans pertinence romanesque) n'est pas un choix opéré contre le créole, mais contre un certain créole : celui de la servilité ; celui de l'aliénation, celui qui se laisse piéger par la langue dominante et qui se croit souverain alors qu'il est dans la dépendance et le sillage du français » (Bernabé 1983 : 265).

Les choix de lectes de Schwarz-Bart – choix qu'il qualifie de rusés – rendraient compte d'une conscience sociolinguistique critique de la part de la romancière. La lecture de Bernabé est une lecture qui met en place un processus d'interprétation éthique (et non esthétique, pour reprendre une terminologie bourdieusienne) des phénomènes stylistiques.

Opposé à la pratique du créolisme comme phénomène massif à l'intérieur de la langue de la narration, le linguiste tend à s'ériger en attributeur de certificat de bonne conduite, départageant les bons et mauvais écrivains, selon des critères idéologico-stylistiques pourrait-on dire.

Du créolisme honteux au créolisme comme procédé littéraire

Une quinzaine d'années plus tard, tout le monde semble avoir mis de l'eau dans son vin, ou du créole dans son français. En 1988, paraissent à la fois *Solibo Magnifique* de Chamoiseau et *Le nègre et l'amiral* de Confiant, premier roman en français publié par Confiant. En 1989, Bernabé et Confiant co-signent avec Patrick Chamoiseau, *Éloge de la créolité*, sorte de manifeste à dimension anthropologique et poétique, fondement de ce que l'on peut appeler le mouvement de la créolité.

Ce n'est pas mon propos de rendre compte ici de l'adhésion de l'ensemble de ce milieu à cette écriture en français créolisé : opportunisme, réponse à la demande des maisons d'éditions hexagonales. Confiant lui-même dit avoir commencé à écrire en français suite au succès de Chamoiseau et lassé de son peu d'audience en créole. Quels que soient les intérêts qui les sous-tendent, l'assouplissement des positions idéologiques des linguistes créolistes militants est remarquable. Le créolisme et le français créolisé sont désormais interprétés selon une axiologie positive, celle pointée par Bernabé lui-même (voir *supra*), à savoir comme inscription d'une subversion à l'intérieur même de la langue française, qui permet un usage identitaire de cette langue. L'adhésion à ce style d'écriture semble donc s'accompagner d'un renversement des valeurs idéologico-linguistiques, au point que la question de « l'illusion du créole » dénoncée par Bernabé est revendiquée par Confiant qui écrit vouloir « *donner au lecteur antillais l'illusion de lire du créole* » et ajoute :

> aucun compliment ne me touche davantage que lorsqu'un lecteur me déclare avoir eu la curieuse impression d'avoir lu du créole à travers mes livres en français (1994 : 179-180).

Bernabé, quant à lui, dans un entretien, déclare à propos de cette pratique d'écriture :

> c'est une langue littéraire fictive – personne ne parle comme ça, mais c'est une langue littéraire. C'est un code-mixing, un mélange de français et de créole, extrêmement subtil au niveau esthétique. Ce n'est pas du petit nègre, comme beaucoup ont pu le dire [Bernabé lui-même avait parlé de « français-banane »]. C'est l'élaboration d'un nouveau code, un code intermédiaire littéraire, qui a une puissance poétique à mon avis extrêmement forte (interview avec Delphine Perret, *op. cit.* : 20).

Ainsi que l'écrit M.-C. Hazaël-Massieux (1993 : 229), on est passé « *du créolisme honteux des années soixante* [et en fait doublement réprimé : par l'institution scolaire soucieuse d'une « pureté » du français, par les créolistes militants y voyant un signe de la mort du créole[12]] *au créolisme promu au rang de procédé littéraire* ».

---

[12] En créole de la Martinique, on désigne par *kawo* (expression que l'on retrouve en français régional dans la locution *faire un carreau*) pour désigner « *sur le mode de la dérision, un solécisme réalisé par un locuteur créolophone maîtrisant mal la langue française mais tenant absolument à la parler* ». (Bernabé 1983 : 67). Comme l'indique Bernabé, l'inverse n'existe pas, il n'existe pas de « *terme s'appliquant à la pratique distordue qu'un non-créolophone ferait du créole* » (*ibid.*).

> Il n'est pour s'en convaincre que de mesurer le rôle prépondérant, voire obsessionnel, que joue la notion de créolisme dans la pratique répressive de l'École aux Antilles. Les autorités académiques aux Antilles ont, jusqu'à nouvel ordre, une position discontinuiste en ce qui concerne les relations du créole et du français. Mais ce discontinuisme est surdéterminé par la pratique de séparation du créole et du français, laquelle séparation vise, à terme, une éradication du créole (Bernabé 1983 : 67).

Bernabé lui-même va se faire romancier, publiant en 2002 son premier roman, *Le bailleur d'étincelles*. Dans ses choix lexicaux et stylistiques plaqués[13], ce roman peut presque être lu comme un pastiche, entreprise ironique de déconstruction, ce qu'il n'est sans doute pas, mais peut-être bien comme un attrape-nigaud, jouant à flatter un certain goût métropolitain pour l'exotisme facile. En exergue, on peut lire cette fausse citation, dite « Prophétie d'Afarel Lechabe »[14] : « *Le jour où tu pourras écrire noir sur blanc le mot "coucoune", tu seras mûr pour le roman* ». Le mot *coucoune*, désignation populaire en français régional de l'organe sexuel féminin, est le titre d'un des premiers poèmes écrits en créole par l'Haïtien Oswald Durand (1900). On peut gloser de différentes manières cette fausse citation : « le jour où tu sauras appeler un chat un chat » (en l'occurrence parler de sexe sans détour), mais aussi en faire une lecture méta-linguistique : « le jour où tu pourras écrire du créole francisé, tu seras mûr pour le roman »[15].

Donner l'illusion du créole à travers le français

Il est intéressant de s'arrêter sur ce que dit R. Confiant de sa pratique du français créolisé, d'une part parce qu'il est l'un de ceux qui s'expriment le plus sur des questions de technique d'écriture, d'autre part, parce qu'il a une double pratique d'écriture, en créole et en français et qu'il est proche de la « branche dure » des linguistes créolistes militants, voire au centre de toutes les polémiques.

Ce que dit Confiant de sa propre pratique d'écriture en français rappelle les analyses de Bernabé à propos de Simone Schwarz-Bart. Dans une série d'entretiens accordés à Delphine Perret (2001), Confiant en effet dit préférer, aux emprunts au créole et aux créolismes à proprement parler, un lexique archaïque, qui lui permet une sorte de remontée étymologique. Pour ne prendre qu'un exemple parmi ceux qu'il cite : il utilise le mot *hallier* (quand Chamoiseau utilise le mot créole *razié*[16]), ce mot *hallier*, français, étant à l'origine du mot créole. Il utilise également le mot *bréhaigne*, pour

---

[13] Que Confiant décrit, dans la préface qu'il fait à l'ouvrage, comme « *une langue à la fois précieuse, presque gréco-latine par endroits, et étonnamment créole dans ses audaces lexicales et syntaxiques* » (p. 11) et plus loin comme « *mélange savant de préciosités hellénistico-étymologiques et de cocasseries vieux-nègre* » (p. 14).

[14] Il n'est pas besoin d'être très fin pour y reconnaître Raphaël « le chabin », soit Raphaël Confiant (le terme *chabin* désignant un type physique de métissage aux Antilles, et que Confiant revendique pour lui-même). Une autre fausse citation accompagne celle-ci en exergue, attribué à l'Oiseau-de-Cham, soit Chamoiseau. Dès le paratexte, le roman circonscrit, sur un mode potache, une sorte de communauté de l'entre-soi, destinataire de ce roman-pastiche.

[15] Ou même superposer les deux : le jour où tu pourras parler de sexe avec des créolismes, puisque ainsi que le rappelle Confiant dans la préface qu'il fait de ce roman : « *comme l'a, par ailleurs, brillamment démontré le linguiste Jean Bernabé, le noyau central du lexique de la langue créole [s'est] constitué autour des termes relevant de la sexualité* » (p. 10), parler de sexe avec des créolismes pourraient être une manière de revenir à l'essence même de la langue créole ...

[16] Confiant interprète ce qu'il repère comme surabondance de créolismes chez Chamoiseau comme le signe d'une frustration vis-à-vis de l'écriture en créole. Lui-même, écrivant dans les deux langues, ne serait pas l'objet de cette frustration.

stérile, dont est issu le mot créole *bwareng*. Il parle ainsi de construire une « supra langue francophone » (en un strict parallèle avec ses pratiques d'écriture en créole, supra-créole, pan-créole ou intercréole comme le dit Bernabé) en puisant dans le stock archaïque, dialectal mais également dans le stock lexical d'autres endroits de la francophonie : Suisse, Canada, ... Le créole transcrit se cantonne chez Confiant aux dialogues en style direct, et est toujours traduit. Confiant a derrière lui le travail lexical du GEREC auquel il a collaboré, l'élaboration d'un lexique pan-créole, le travail de développement du vocabulaire créole et le travail lexical de sa création en créole. Il applique ce travail à son écriture en français. Confiant parle alors de « mots piégés » : des mots qui ont un sens pour les francophones, et qui ont un autre sens pour les créolophones, son lecteur idéal (qu'il revendique comme tel) étant le lecteur antillais cultivé, capable de percevoir les doubles sens, et le jeu sur le rapport du créole au français. Comme dans l'analyse que fait Bernabé de Schwarz-Bart, on peut parler ici à propos du créole de présence-absence. La seule différence étant que ce qui est chez Schwarz-Bart presque invisible, extrêmement souterrain devient surabondant chez Confiant, au point que certains ont pu parler de préciosité à propos de son écriture. Il utilise en fait habilement ce que l'on pourrait appeler « le cousinage du français et du créole », cousinage qui est fait de liens à la fois diachroniques et diatopiques, pour reprendre une terminologie sociolinguistique ; ce qu'exprime Confiant lorsqu'il écrit dans ce chapitre intitulé « Questions pratiques d'écriture créole » d'un ouvrage collectif :

> N'oublions pas que la langue créole n'est au fond que du français arrêté (arrêté au début du XVIIe siècle) ou du français avancé comme disent les linguistes. Le créole est un fantastique conservatoire d'expressions à la fois d'ancien français et d'expressions normandes, poitevines ou picardes [...] (Confiant in Ludwig 1994 : 179).

Et il ajoute, exprimant ainsi le souci certain qu'il a de son double lectorat :

> Je fais donc doublement plaisir : aux Français de l'hexagone parce qu'ils retrouvent une strate profonde et oubliée de leur propre langue ; aux créoles parce qu'ils ont le sentiment ou l'illusion de lire leur propre langue vernaculaire (*ibid.* : 180).

Détour : le créolisme comme exotisme – la position d'Édouard Glissant

En contrepoint, j'aimerais faire un détour par ce que dit Édouard Glissant de la pratique du créolisme. Glissant qui ne s'inscrit pas dans le mouvement de la créolité, vis-à-vis duquel Chamoiseau ou Confiant peuvent avoir des attitudes complexes, de filiation revendiquée et de prise de distance. Sa position est critique vis-à-vis de l'usage du créolisme, qu'il juge ornementation exotisante, enjolivant le français au détriment du créole (ce en quoi il rejoint le premier Bernabé). Il déclare ainsi dans un entretien accordé à Lise Gauvin en 1991, sans référence précise aux littératures qu'il met en cause :

> ce qui prévaut aujourd'hui dans le panorama européen et français [...] c'est une espèce de réalité folklorique assez plate : le public français est tout à fait impressionné et fasciné par des réalisations para-exotiques qui sont très communes et même un peu vulgaires. Plus un écrivain accumule dans un texte de références extrêmement faciles et quasi exotiques à l'existence de sa langue qui est une langue, disons, maternelle opprimée, plus le public est content (Glissant 1996 : 114).

Et il poursuit :

Les créolismes, les particularismes, les régionalismes, ce sont des manières de satisfaire, à l'échelle de la hiérarchie des langues, les grandes langues de culture. Et les gens sont très satisfaits. [...] c'est une consécration de la prééminence de certaines langues sur d'autres. Il y aurait des langues d'usage noble et des langues qui ne produisent que des régionalismes et des particularismes (*ibid.* : 123).

Pour conclure

L'importance (volumétrique) des discours qui accompagnent l'écriture et la publication des textes des écrivains de la créolité peut témoigner de ce que la Québécoise Lise Gauvin désigne par le terme de « surconscience linguistique » de le part d'écrivains vivant une situation diglossique et pour qui le choix de code linguistique ne va pas forcément de soi (influençant par ailleurs les choix stylistiques), elle témoigne en outre de l'enjeu politique des choix linguistique et stylistique dans ce contexte particulier de la Martinique contemporaine.

Abandonnant le discours de la pureté linguistique, ces différents auteurs (écrivains et linguistes) mettent désormais en avant un discours du métissage (même si le mot même n'est jamais utilisé, remplacé habilement par ceux de créolité et créolisation), reprenant un motif qui comme l'indique R. Toumson est

l'un des aspects les plus manifestes de l'idéologie post-coloniale contemporaine de la représentation identitaire (2002 : 121).

Bibliographie

BALIBAR, Étienne/WALLERSTEIN, Immanuel, 1988, *Race, nation, classe. Les identités ambiguës,* Paris, La Découverte.

BARTHES, Roland, 1978, *Leçon*, Paris, Le Seuil.

BENOIST, Jean, 1996, « Métissage, syncrétisme, créolisation : métaphores et dérives » *in Études créoles* XIX/1.

BERNABÉ, Jean, 1977, « Recherches sur le créole spécifique. 1re partie : la désignation des parties du corps humain », *Espaces créoles* 2, pp. 13-38.

BERNABÉ, Jean, 1983, *Fondal-natal. Grammaire basilectale approchée des créoles guadeloupéen et martiniquais*, t. 1, Paris, L'Harmattan.

BERNABÉ, Jean, 1988-1989, « *Solibo Magnifique* ou le charme de l'oiseau-lyre », *Antilla* 11, n° spécial (décembre-janvier) « Les universitaires et les critiques répondent : Faut-il brûler Patrick Chamoiseau ? », pp. 37-41.

BERNABÉ, Jean, 2002, *Le bailleur d'étincelle,* Montréal, Écriture.

CHANCÉ, Dominique, 2000, *L'auteur en souffrance*, Paris, PUF, coll. « Écritures francophones ».

CONFIANT, Raphaël, 1994, « Questions pratiques d'écriture créole » *in Écrire « la parole la nuit ». La nouvelle littérature antillaise*, Paris, Gallimard, Folio Essais.

GLISSANT, Édouard, 1997, *Le discours antillais*, Paris, Gallimard.

HAZAËL-MASSIEUX, Marie-Christine, 1993, *Écrire en créole. Oralité et écriture aux Antilles*, Paris, L'Harmattan.

KUNDERA, Milan, 1991, « Beau comme une rencontre multiple », *L'Infini* 34, pp. 51-62.

LUDWIG, Raphaël (éd.), 1994, *Écrire « la parole la nuit ». La nouvelle littérature antillaise*, Paris, Gallimard, Folio Essais.

PERRET, Delphine, 2001, *La créolité. Espace de création*, Petit-Bourg, Ibis Rouge.

TOUMSON, Robert, 2002, « Les archétypes du métissage », *in* Voisset G. et Gontard M., *Écritures caraïbes*, *Plurial* 10, Presses Universitaires de Rennes, pp. 121-135.

CRÉOLISATION ET LANGUES CRÉOLES

On the Three *-ist* Theories in Creolistics and Why They Should be Put to Rest : The Case of Réunionnais[1]

Marlyse Baptista
University of Georgia

Introduction

From the outset, it should be stated that the limited space allocated to each contribution in this volume does not allow for an exhaustive treatment of the evolution and (ir)relevance of the *-ist* theories (about to be discussed) in creole genesis. Suffice to say that the debate on creole genesis has traditionally divided creolists into three main camps. These are the substratists (these scholars highlight the role of African languages in creole formation), superstratists (who emphasize the input from European languages) and universalists (who attribute the supposedly common features among creoles to some universal tendencies). Such debates started in the 1880s with the Portuguese philologist Adolfo Coelho (1880) viewed as a universalist and the French linguist Lucien Adam, considered a staunch substratist (Holm 1988). Between these two extremes, Hugo Schuchardt took a more moderate stance and adopted a cautious methodology when investigating creole features. He examined them on a case-by-case basis (Holm 1988 ; Gilbert 1985) and was careful to make a distinction between substratal features and features representative of universal processes in creolization. He also tried to argue that the similarities among Atlantic creoles (of diverse lexifiers) are not due to a common ancestor but may simply be reflective of parallel developments (Holm 1988 : 32). On this issue, Chaudenson's investigation of the close relationship of linguistic features between Réunionnais creole and its French lexifier has gained him the reputation of being an inveterate superstratist. This label has plagued him a good part of his career and is pursuing him into his most recent work (*cf.* Chaudenson, to appear). A close study of Chaudenson's (to appear) analysis of the determiner system of Réunionnais shows that the superstratist label, often used with derogatory undertones, is ill-deserved when one considers not only the similarities between Réunionnais and the French language but also that such similarities may have been due to parallel developments between the two languages. This is a possibility that Chaudenson himself does not exclude. Following Schuchardt's lines of investigation,

---

[1] All of the data on Réunionnais Creole in this paper are taken from Chaudenson (to appear). This paper is a reflection on Chaudenson's main findings on the Réunionnais determiner system in an attempt to illustrate both Bollée's claim that each creole has its own history and that creoles undergo developments of their own often parallel to those of their European lexifiers.

the question then becomes whether the similarities of the two systems are due to feature inheritance (from French into Réunionnais) or to parallel developmental stages between the two languages.

Drawing evidence from demographic data, I argue in this paper that in the nominal domain, bare nouns in Réunionnais Creole may have resulted from parallel developments to those of its lexifier. This is a hypothesis that Chaudenson himself would entertain, given that he has never denied the autonomisation of the Réunionnais linguistic system.

This examination will use as a backdrop Annegret Bollée's (2006, to appear) postulate that each creole has its own history and evolves within its own set of socio-historical conditions that ultimately shape the creole linguistic make-up and final output. The ultimate goal of this paper is to help put to rest the artificial labels that have trapped creolists from the late 1880s to the present time within the confines of superstratist, substratist and universalist camps. Such labels fail to consider the complex origins and intricate interplay of features (some of which traceable to European languages, others to African languages while others are a mere reflection of UG-constrained internal developments). These labels also fail to take into account that the scholars they target often make room for alternative sources for the creole features they investigate. Chaudenson is no exception.

In the case under study, the comparison of RC with Middle French (*cf.*, Chaudenson, to appear) shows that some aspects of the RC determiner system are more likely to reflect universal tendencies in language development including creole formation.

This paper is organized as follows : in the first section, I introduce Bollée's (2006, to appear) postulate. In the second, I elaborate on the Réunionnais determiner system based on Chaudenson (to appear) and on demographic data found in Bollée (2006, to appear). Finally, in the last section, I argue that the uses of bare nouns in RC are more likely due to parallel developments between Réunion Creole and Colonial French than to simple feature inheritance. I also present evidence that Chaudenson is not averse to such a possibility.

1. Annegret Bollée[2] (2006, to appear)

Bollée (2006, to appear) reminds us of an important point when she observes that distinct factors such as the proportion of slaves to the Europeans, how long it took for the slave population to increase and surpass that of the Whites and the proportion of Europeans with native spouses are crucial in predicting different outcomes for any given creole. In this respect, she does not fail to allude to Chaudenson's (1974, 2001) binary distinction concerning colonial societies. He proposes that there are two main phases in the evolution of colonial societies : *la société d'habitation,* otherwise known as the 'homestead colony' and *la société de plantation* or 'plantation colony'. The first phase characterizes the first decades of settlement and the second phase does not

---

[2] I am deeply indebted to Annegret Bollée for her generosity in providing me with a copy of Caulier's texts and in sending me her 2006 paper before publication.

emerge until the colony becomes a major agricultural powerhouse. Part of this new development in the evolution of the colony involves massive importation of slaves to the point that their number largely surpasses that of the white population. Chaudenson notes that during the first phase, slaves have relatively easy access to the European language given the low ratio of slaves to whites but during the second phase, slaves are only exposed to 'approximate varieties' spoken by native bozals and such varieties become their *target* language. Like Bollée (*cf.* to appear, footnote 3), I take issue with the concept of 'having *access* to the *target* language' and would argue that slaves had more exposure to the European language in phase 1 and less and less access in the course of phase 2 but crucially that the European language is not necessarily a target at that point in time. In this case, the creole emerges based on the simple need to communicate. I return to this issue in section 3.

In the next section, I present a synoptic synthesis of the Réunionnais determiner system, as it was examined by Chaudenson (to appear), making parallels between Réunionnais and French whenever relevant and discussing the plausible origins of bare nouns in Réunionnais.

2. The Determiner system of Réunionnais Creole (RC)

2.1 RC overt determiners

An unusual feature for a creole language is the use in RC of definite determiners that show gender distinction : the *masculine* 'le/lo' and its *feminine* counterpart 'la'. Their plural counterpart *lé* also exists in the acrolectal variety of RC. The dual determiners (singular and plural, *le koté and lé dé*) are typically used for pairs (ears, eyes, socks, etc...) ; the singular indefinite determiner *in* has a plural counterpart *dé*. Table 1 (adopted from Chaudenson, to appear) summarizes the RC overt determiner system.

	Definite	Indefinite
Singular	*le/lo la*	*in*
Plural	*le bane, lé*	*in bane*
The/one of 2	*le koté (d)*	*in koté (d)*
Both	*lé dé*	*dé*

Table 1. The overt determiner system of Réunionnais Creole

2.2 Bare nouns in RC

2.2.1 Some observations

One of the most intriguing aspects of the RC nominal system is its pervasive use of bare nouns. Consider (1) :

(1)   *pyé d bwa*
           foot of tree
           'trees, a tree, the tree (in general)'

The bare nominal in (1) may be interpreted as generic, indefinite, definite, specific singular or plural.

In an attempt to build a taxonomy of bare nouns in RC, Chaudenson notes that they fall in the category of proper nouns (including anthroponyms and toponyms), as in (2), appellatives (3), collectives and generics (4), anaphoric nouns[3] (5), nominal attributes (6), nominal complements (7), adjectivized or epithet nouns[4] (8), prepositional complements[5] (9), and direct verbal complements[6] (10).

(2) **Orélyen** *lété mason*
Aurélien was mason
'Aurélien was a mason.'

(3) **Marmay** !
kids
'kids !'

(4) *Ou sa la antèr* **zesklav** *nana* **bébèt**
'The place where slaves/the slaves were buried, there are ghosts.'

(5) **Dokter** *la di ael*
doctor told him
'The doctor [that we already talked about] told him...'

(6) *Moin lété* **marmay** *malin*
I was kid clever
'I was a clever kid.'

(7) *Su l bor* **semin**
on the side road
'On the side of the road.'

(8) *bal* **maryaz**
ball wedding
'a wedding ball.'

(9) *Rod* **manzé** *pou* **kabri**
fetch food for goat
'to fetch grass for the goat(s).'

(10) *I falé nou plant* **mai, manyok, patat**
it needed we plant corn manioc potato
'We needed to plant corn, manioc, potatoes.'

Table 2 is an adaptation of Chaudenson (to appear) that displays the similarities and differences in the use of bare nouns between RC and Modern French by highlighting the environments in which they may occur :

---

[3] These refer to nouns that have been mentioned in the previous discourse.

[4] These refer to cases where a nominal functions as an epithet modifier to another noun.

[5] These refer to complements following a preposition ; they typically occur without a determiner in RC.

[6] These are nouns found in the position of direct object complements.

	RC	Modern French
Proper nouns	yes	yes
Professions	yes	yes
Kinship terms	yes	yes
Toponyms	yes	yes
Appellatives	yes	no
Collectives and generics	yes	no
Anaphoric nouns	yes	no
Nominal predicates (except for professions)	yes	no
Nominal complements	yes	no
Adjectivized or epithet nouns	yes	no
Prepositional complements	yes	no
Direct object complements	yes	no

Table 2

In the next section, we explore the possible sources of bare nouns in RC.

2.2.2 On the origins of bare nouns

One of the first questions that come to mind is where bare nouns in RC originate from. According to Chaudenson (to appear), the use of bare nouns in RC are in part traceable to Middle French. This assumption is based on the observation that bare nouns in RC occur in the same environments as bare nouns in Middle French. When examining bare nouns in Middle French, Chaudenson refers to Valli (1994) who states that in 15th and 16th century French, the zero determiner competes with the definite article before concrete or abstract nouns of unique entities for both singular (11) and plural nouns (12), irrespective of whether the noun appears in subject (11) or object position (12).

Middle French

(11)   **Faim**   saillir le loup du bois.
hunger go out the wolf from woods
'Hunger makes the wolf come out of the woods.'

De quelque manière que on combate gens.
of whatever way   that we fight   people
'in whatever way we fight people'.

Valli notes that certain syntactic environments such as attribution, coordination, apposition, restriction, comparison and the position following prepositions also favor the use of the zero determiner. Furthermore, nouns in the syntactic position of direct object of 'light' verbs such as *avoir* 'to have', *faire* 'to do', *mettre* 'to put', *prendre* 'to take', *tenir* 'to hold'... also occur bare. Thus, the competition between overt determiners and their null counterpart only takes place within a limited set of verbs and syntactic contexts.[7] If one compares this distributional characterization of bare nouns in Middle French to RC, one notes indeed a subset of cases where bare nouns in RC and Middle French occur in the same environments. For instance, bare nouns in RC may occur as nominal attributes (*cf.* (6) above), prepositional complements (9) and direct object complements (10). If bare nouns in RC presumably occur in the same syntactic environments as bare nouns in Middle French, does it mean necessarily that RC inherited them from Middle French? On this issue, the dates Chaudenson provide do not quite support and corroborate this hypothesis. He observes himself that in the history of French between the XIV and XVII centuries, the use of the zero determiner is regressing, perhaps due to the increase in the use of definite and indefinite articles. He refers to Marchello-Nizia's (1979) study of earlier stages of the French language in which the author notes (Marchello-Nizia 1979 : 112) that in *Fouke Fitz Warin* for instance, a XVI century novel, 51% of the nouns are without determiners, 21% appear with *le* and there was no evidence of indefinite determiners. Although Chaudenson warns us about considerable temporal gaps between literary usage and actual spoken French, Marchello-Nizia's statistical figures and the inference that the use of bare nouns greatly diminished between the XVI century and the XVIII century pose a problem for the hypothesis that bare nouns in RC were inherited from MF. One can indeed reasonably assume that the use of bare nouns underwent considerable erosion by the time RC emerged in the first third of the 18th century.

The next section explores Bollée (2006, to appear) observations on population growth based on Chaudenson (1974, 2001) and Wanquet (1980) as a means to corroborate that RC and French may have actually followed parallel developments rather than RC simply inheriting its bare nouns from French. This is a point that Chaudenson would readily agree with, as he does not deny that RC has its own linguistic autonomy.

3. Some historical data (Bollée 2006, to appear)

As already mentioned in section 1, Chaudenson proposes that there are two main phases in the evolution of plantation colonies : during phase 1 or *la société d'habitation*, slaves have relatively easy access to the European language given the low ratio of slaves to whites but during the second phase, *la société de plantation*, slaves are only exposed to 'approximate varieties' spoken by native bozals. In the case of la Réunion (then Bourbon), phase 2 occurred around 1725 with the importation of Moka coffee trees from Yemen. The intensive labor required in coffee growing led in turn to the introduction of slaves in the 1720's.

The figures in Table 3 (courtesy of Bollée, to appear) are illustrative of the fairly abrupt increase in the proportion of slaves to the White population through the 18th century.

---

[7] Valli also observes that the zero determiner typically appears with preposed adjectives but not as much with postnominal adjectives. Furthermore, the determiner is obligatorily present when the modifying element is a relative clause or a superlative clause.

From Bollée (2006, to appear), based on Chaudenson (1974, 2001) and Wanquet (1980) :

	Whites/free citizens	Slaves	Source
1725	1,402	1,776	Chaudenson 2001 : 54
1735	1,716	4,494	Chaudenson 1974 : 459
1767	5,237	21,047	Wanquet 1980 : 43
1772	5,477/225	24,687	Wanquet 1980 : 43
1779	6,464/465	30,209	Wanquet 1980 : 43
1788	8,182/9,129	37,984	Wanquet 1980 : 43

Table 3. Evolution of the Whites/free citizens to Slaves Ratio

This table shows that Phase II of colonization in Réunion started as early as 1725 and leads us to conclude that it is unlikely that the majority of slaves had access to the varieties of colonial French throughout the 18th century. Also recall that Marchello-Nizia's study of XVI century French revealed that 51% of the nouns appear with no determiners, 21% appear with *le* and there was no evidence of indefinite determiners. Though the novel is representative of literary French, we may reasonably assume that bare nouns were much less pervasive in XVIII century French and that by then, definite and indefinite overt determiners were starting to win the competition over the use of bare nouns. Attesting to this plausible scenario is the presence in Philippe Caulier's rendition of Réunionnais in the 1760s of bare nouns but also of definite and *indefinite* determiners when the latter could not be accounted for in Marchello-Nizia's study. In addition, Bollée notes that in Caulier's texts, "the use of the definite determiner is also inconsistent : it is often omitted where it would appear in French." This would give us grounds to propose that although the overt determiners in RC are obviously inherited from French, its use of bare nouns may be due more to parallel developments than to simple inheritance and that the autonomisation of RC in the nominal/determiner domain may have started very early on. This would seem to corroborate an observation (reported in Bollée, to appear) that Philip Baker made with regard to the Réunionnais verbal system, as it appears in Caulier's texts : "It seems clear that the process of developing a distinct Réunionnais verbal system was probably already well advanced."

Chaudenson would not be averse to such a (plausible) scenario and to recognizing internal developments and innovations proper to RC. In Chaudenson (to appear), he does remind us that "he would not question for a single moment the linguistic autonomy of RC" and that "one encounters facts that could be interpreted either as residues or as innovations, *no one knows for sure*." Such statements make it clear that the "superstratist" label he has carried for years is undeserved, and I am fully aware that my alternative account of the determiner system could well end up trapping me in a "universalist" camp. As stated in the introduction, such labels are far too simplistic and reductionnistic, making unwarranted abstraction of the complex factors intervening and interacting with one another in the building of any language, both creoles and non-creoles.

References

BOLLÉE, Annegret. To appear. "Every creole has its own history." To appear in a volume of selected papers celebrating Annegret Bollée's 70th birthday. Ursula Reutner (ed.).

BOLLÉE, Annegret. 2006. "Every creole has its own history." Paper presented at the Society for Pidgin and Creole Linguistics. Held in Albuquerque, New Mexico. January 7, 2006.

CHAUDENSON, Robert. To appear. "Bare nouns in Réunionnais Creole." In *Noun Phrases in Creole Languages : A Multifaceted Approach*, Marlyse Baptista and Jacqueline Guéron (eds.). Amsterdam/Philadelphia : John Benjamins.

CHAUDENSON, Robert. 2001. *Creolization of Language and Culture*. Revised in collaboration with Salikoko S. Mufwene. London and New York : Routledge.

CHAUDENSON, Robert. 1974. *Le Lexique du Parler Créole de la Réunion*. 2 volumes. Paris : Champion.

COELHO, Francisco Adolfo. 1880. "Os dialectos romanicos ou neolatinos na África, Ásia, e América." *Bolletim da Sociedade de Geografia de Lisboa*.

GILBERT, Glenn. 1985. "Hugo Schuchardt and the Atlantic Creoles : A Newly Discovered Manuscript « On the Negro English of West Africa »". *American Speech*, Vol. 60- No. 1, 31-63.

HOLM, John. 1988. *Pidgins and Creoles : Theory and Structure*. Volume 1. Cambridge University Press.

MARCHELLO-NIZIA, Christiane. 1979. *La langue française au XIVe et XVe Siècle*. Paris : Bordas.

VALLI, André. 1994. « À propos de l'emploi productif de la détermination zéro en moyen français et en créole réunionnais ». In *Créolisation et Acquisition des Langues*, D. Véronique (ed.), 89-101. Aix-en-Provence : Presses de l'Université de Provence.

WANQUET, Claude. 1980. *Histoire d'une révolution. La Réunion 1789-1803*. Marseille : Jeanne Laffitte.

Les textes religieux de Philippe Caulier C. M.
et l'histoire des créoles de l'océan Indien

Annegret Bollée
Universität Bamberg

1. Introduction

Attirée par les études créoles lors d'une conférence de Robert A. Hall sur « Pidgins, Creoles, and Linguae francae » à l'université de Cologne, je me suis rendue, en 1972, aux îles de l'océan Indien que M. Hall m'avait indiquées comme « terrain vierge » de la créolistique. Évidemment, il n'était au courant ni des travaux en cours de Philip Baker, ni de la thèse magistrale de 1250 pages que Robert Chaudenson venait de soutenir. Robert a eu la gentillesse de m'en offrir un exemplaire lors de notre première rencontre dont je garde un très bon souvenir. Me voyant quelque peu déçue, pour ne pas dire accablée par la découverte que le soi-disant « terrain vierge » de la Réunion avait déjà porté un fruit scientifique monumental – qui est resté et restera une base incontournable de notre discipline – il m'a généreusement proposé, pour me consoler, de transcrire des enregistrements de contes créoles qu'il avait rapportés des Seychelles. Nous avons publié ensemble, en 1973, l'article « Deux contes populaires seychellois : texte, traduction et notes ». C'est ainsi que j'ai appris les premiers éléments du créole seychellois. Les *Mélanges* publiés en hommage à Robert Chaudenson auxquels j'ai l'honneur et le plaisir de contribuer me donnent l'occasion de lui exprimer, encore une fois, ma profonde gratitude.

Quiconque s'intéresse au créole seychellois se rend vite compte qu'il ressemble de très près au créole mauricien et que ce fait s'explique par l'histoire de la colonisation des Seychelles. En effet, les premiers colons qui s'installent dans l'archipel à partir de 1770, sont venus des Mascareignes, surtout de l'Île de France, avec leurs esclaves, qui étaient eux-mêmes créoles (Bollée 1977a : 4-5). Le créole seychellois, parlé au début par des immigrés « en provenance d'un autre territoire créolophone » ne s'est donc pas constitué *in situ*. Il en est de même pour le créole de l'île Rodrigues, « directement issu du mauricien » (Chaudenson 2003 : 248).

À plusieurs reprises, R. Chaudenson a fait état d'une distinction à ses yeux « essentielle, quoique généralement méconnue » qui lui sert à expliquer les ressemblances et les relations structurelles entre les langues « qui resteraient, sans cela, inexplicables » (1992 : 39) :

> J'ai en effet proposé de mettre en œuvre le concept de « génération » de créoles, ce terme étant utilisé, comme il l'a été dans le vocabulaire de l'informatique (ordinateur de 1e, 2e, 3e, 4e génération). Un créole de 2e génération est un parler dans la genèse duquel intervient, comme une composante dont le rôle et l'importance sont à déterminer pour chaque cas, un créole généralement introduit par une immigration en provenance d'un autre territoire créolophone (1992 : 38 ; *cf*. 2003 : 82-85).

Le concept de « génération » de créoles est d'une valeur heuristique incontestable pour expliquer les ressemblances entre le mauricien, le seychellois et le rodriguais ainsi que l'intercompréhension totale entre les locuteurs de ces parlers (Chaudenson 2003 : 248). Mais le cas du réunionnais et du mauricien me semble différent, non seulement parce que les locuteurs ne se comprennent que difficilement, comme l'a souligné plusieurs fois R. Chaudenson lui-même,[1] et que les divergences entre les systèmes grammaticaux de ces créoles sont considérables. Dans le cas du seychellois, un créole, c'est-à-dire une nouvelle langue issue du français, mais ayant subi au cours de la créolisation un processus d'autonomisation par rapport à sa langue de base, le français, est transplanté d'un territoire créolophone dans une nouvelle colonie par les immigrants qui s'y établissent. La genèse du créole mauricien est très différente de ce scénario, ce qui, à mon sens, pose la question de savoir si le créole mauricien peut également être classé parmi les créoles de deuxième génération comme l'affirme R. Chaudenson. Pour discuter cette hypothèse, nous allons comparer le créole mauricien à la langue de deux textes religieux de Bourbon datant du milieu du 18e siècle, découverts dans les archives des Lazaristes à Paris par l'historienne Megan Vaughan et publiés dans CREOLICA par Ph. Baker et A. Bollée en février 2004.

Philippe Caulier C. M., l'auteur des deux textes en question (une *Profession de Foy, en jargon des Esclaves Nègres,* et un *Petit Catéchisme de l'Isle de Bourbon*), séjourna à Bourbon de 1749 à 1771 ; on peut donc supposer qu'il rédigea les textes dans les années 1750 ou 1760. D'après leurs titres et les commentaires de Ph. Caulier lui-même, le parler dont il use pour l'instruction religieuse des esclaves est un « style » du français. L'auteur parle du « jargon des Esclaves Nègres », il dit qu'ils « empruntent notre langue » ou bien qu'ils la « jargonnent », qu'ils « travestissent notre Français » (manuscrit 23-24). Le terme « créole » n'y apparaît pas, ce qui n'a rien de surprenant étant donné que, pour ce qui est des créoles français, il ne dénomme que rarement une langue avant la fin du 18e siècle (Chaudenson 1992 : 12). Toutefois, il me semble justifié de considérer ce que Caulier appelle le « jargon des Esclaves Nègres » comme une étape du créole qui était en train de se développer à Bourbon. Une comparaison avec la langue des textes réunionnais du 19e siècle et le créole réunionnais moderne montre que certains traits qui caractérisent ce dernier étaient déjà acquis ou commençaient à se dessiner et que certains phénomènes de grammaticalisation entamés se retrouvent dans un stade plus avancé dans les textes du 19e siècle ainsi que dans le créole moderne.

2. L'hypothèse du « bourbonnais »

Dans sa thèse sur *Le lexique du parler créole de la Réunion*, Robert Chaudenson a émis l'hypothèse d'une origine commune de tous les créoles de l'océan Indien : « tous les parlers de l'océan Indien sont issus d'un créole que nous avons nommé 'bourbonnais' pour le distinguer du réunionnais qui en est la forme actuelle » (1974 : 1112[2]). Le créole « bourbonnais » se serait développé avant la colonisation de l'Île de

---

[1] Chaudenson 1983 : 159 ; 1992 : 43 ; 2003 : 124.
[2] *Cf.* aussi le « Schéma des peuplements des Archipels des Mascareignes et des Seychelles », 1974 : 1119, 1981 : 258, 2003 : 254.

France : « Dès 1725, le créole est constitué ; le 'bourbonnais' parlé par les immigrants de Bourbon qui débarquent à l'Île de France en 1721 est déjà celui que parleront en 1770 ceux qui s'embarqueront à leur tour pour les Seychelles » (1974 : 449)[3].

Entre temps R. Chaudenson a lui-même « sensiblement » modifié cette hypothèse :

> Sans avoir apporté de très importantes modifications à l'hypothèse que j'ai présentée dans ma thèse (soutenue en 1972 et publiée en 1974), je l'ai tout de même, au fil des ans, sensiblement précisée et modifiée (2003 : 77).

Un des points essentiels de ces modifications est qu'il ne maintient plus que le « bourbonnais », c'est-à-dire la langue parlée à Bourbon dans les années 1720, soit un « créole »[4]. Dans ses livres de 1992 et 2003 (ainsi que dans d'autres publications), il a élaboré la théorie aujourd'hui bien connue et adoptée par bon nombre de créolistes d'un développement graduel des créoles qui se divise en deux phases : la première correspond à la « période d'habitation » qui commence à Bourbon avec l'installation d'un peuplement permanent en 1665 et dans laquelle les infrastructures agricoles sont mises en place, la population libre étant plus nombreuse que la population servile. La deuxième phase, qui correspond à la « période de plantation », s'amorce au moment où le développement de la production agro-industrielle nécessite l'importation massive d'une main-d'œuvre servile. Les conditions socio-historiques sont alors remplies pour qu'un créole puisse commencer à se développer dans la bouche des esclaves qui n'ont plus accès direct au français. À Bourbon, la deuxième étape commence avec la culture du caféier dont les premiers plants en provenance de Moka arrivèrent dans l'île en 1715. Vers 1717, la population servile dépasse en nombre la population libre, et en 1735 on compte déjà 6.210 habitants, dont 1.716 Blancs et 4.494 Noirs (Chaudenson 1974 : 459). Le créole « va commencer à émerger vers 1725-1730 avec les arrivées massives de 'bossales' qui caractérisent le début de la mise en place de l'agro-industrie du café » (Chaudenson 2003 : 45).

Reste de l'hypothèse première de Robert Chaudenson, le concept de « génération ». Tenant compte des changements qu'il a lui-même apportés à sa théorie, il n'est plus question dans son livre récent de « générations de créoles », mais de

---

[3] Dans les années 1970, je me suis moi-même ralliée à cette hypothèse, tout en précisant qu'à mes yeux le bourbonnais représentait un stade de créolisation incomplète : « [...] le bourbonnais et le réunionnais pourraient être décrits comme 'pre-creole continuum', avec un système grammatical complexe et instable ; le mauricien et le seychellois, par contre, seraient de « vrais créoles », caractérisés par une stabilité et une homogénéité remarquables » (Bollée 1977b : 146). Aujourd'hui je ne refuserais plus au réunionnais la désignation de « créole », tout en soulignant qu'il se distingue en effet des autres créoles français par la présence d'un continuum et une variabilité qui peut être déroutante.

[4] *Cf.* Chaudenson 1979 : 46, note 4 : « Bourbonnais = créole parlé à Bourbon avant 1721 » et *ibid.* 47 ; Chaudenson 1981 : 149 : « Le créole parlé à Bourbon avant 1720 (que nous nommons bourbonnais pour distinguer cet état historique premier de ses formes ultérieures d'évolution que nous appellerons réunionnais... » ; Chaudenson 1983, 198-201, par exemple « ... que le créole bourbonnais soit une des composantes importantes (sinon la plus importante) de la genèse du mauricien me paraît toujours la meilleure (et d'ailleurs la *seule*) hypothèse pour rendre compte des faits linguistiques et culturels *réellement observés* » (198).

« générations de parlers » (2003 : 62, 66, 83). La relation entre le bourbonnais et le mauricien est décrite de façon suivante :

> Dans le cas du mauricien, la venue, comme « coopérants techniques » avant la lettre, de Blancs et d'esclaves d'une île proche, l'Île Bourbon, déjà occupée depuis plus d'un demi-siècle par les Français, est naturellement un élément essentiel. Ces Bourbonnais, loués à grands frais, une année durant, par la Compagnie des Indes, sont expressément chargés d'« instruire » les nouveaux arrivants pour faciliter leur adaptation. Ils l'ont naturellement fait dans leur propre idiome et le « bourbonnais », parler en usage à Bourbon en 1721, est évidemment une **composante initiale majeure** (un des « parents » si l'on veut) du futur créole de l'Île de France (2003 : 71 ; c'est l'auteur qui souligne).

Si le bourbonnais est une « composante initiale majeure » du mauricien, l'autre est, bien sûr, le français (l'autre « parent » si l'on veut) – nous faisons volontairement abstraction dans ce contexte des langues serviles qui peuvent avoir influencé le créole naissant, sans être pour autant des « composantes initiales majeures ». Pour discuter l'hypothèse de Chaudenson, il faudra répondre à deux questions essentielles :

1° Quels contacts linguistiques peut-il y avoir eu entre Bourbonnais (libres et esclaves) d'un côté et habitants de l'Île de France (colons venant de France, esclaves introduits de Madagascar) pendant les premières années de la colonisation ?

2° Quels éléments du « bourbonnais » qui ne pourraient pas être issus directement du français sont repérables dans le créole mauricien ?

La première question ne peut pas être traitée dans le cadre restreint de cet article[5]. À mon avis, il faut distinguer entre les contacts des Bourbonnais libres et ceux des esclaves envoyés par la CIO à l'Île de France. Les contacts des premiers avec les Européens nouvellement arrivés et les esclaves venant de Madagascar (le premier contingent en décembre 1722) ne se limitaient pas à « une année » puisque les premiers Bourbonnais sont arrivés avant que les premiers Français et soldats suisses ne débarquent de la Diane et de l'Atalante en avril 1722, et les derniers visiteurs de Bourbon ont quitté l'Île de France en 1726. En ce qui concerne les esclaves bourbonnais, ils n'étaient en contact avec les esclaves malgaches que pendant quatre mois, de décembre 1722 à avril 1723[6]. La distinction entre les contacts de ces deux groupes de personnes me semble importante parce que maîtres et esclaves n'ont probablement pas parlé (et éventuellement transmis) les mêmes variétés de français.

Le « bourbonnais » dont usaient les « coopérants » ne peut être que le continuum de variétés qui s'est formé pendant la période d'habitation et qui va du français régional des colons jusqu'aux « approximations les plus lointaines » constituées par les « jargons des commençans » (Chaudenson 1992 : 119), par définition éphémères. Entre ces deux pôles, on peut localiser les « approximations du français » parlées par la population servile, dont Chaudenson parle à plusieurs reprises[7] mais pour lesquelles il n'existe aucun témoignage direct. Il me paraît pourtant légitime de prendre les textes de Caulier

---

[5] Elle est discutée dans ma contribution au colloque « Identités multiples en action : Maurice et le parallèle antillais » (Halle, 9-12 février 2006) qui sera publiée dans les actes de ce colloque.

[6] Baker 1982 : 152-155, 158 ; Chaudenson 1983 : 197-201.

[7] 1992 : 119-121, 136 ; 2003 : 72.

comme témoignage indirect dans la mesure où ils attestent un certain nombre de traits créoles qui pourraient être interprétés comme continuation des développements déjà engagés dans le français approximatif des esclaves. En tout cas, si on cherche des correspondances linguistiques entre le créole mauricien et le bourbonnais des années 1720, celles-ci devraient, en principe, apparaître également dans le créole aux environs de 1760. L'analyse linguistique des textes est en cours, et je ne peux présenter dans le cadre limité de cette contribution que quelques résultats en me concentrant sur les traits susceptibles de démontrer que les textes de Caulier peuvent être considérés comme un témoignage fiable du créole bourbonnais/réunionnais en voie de développement.

3. Analyse linguistique des textes de Philippe Caulier

3.1 Agglutinations

Une des principales différences que l'on peut aujourd'hui observer entre le créole réunionnais et les autres parlers de l'océan Indien tient à la quasi-absence, dans le premier, des cas d'agglutination de l'article et du substantif qui rend possible l'antéposition au mot issu du groupe article et substantif du français d'un déterminant. [...] Dans le créole réunionnais actuel, les faits de ce type sont rares ou marginaux si l'on écarte les cas d'agglutination du « l » devant les substantifs à initiale vocalique (Chaudenson 1981 : 175).

Dans les textes de Ph. Caulier, le phénomène de l'agglutination semble également « rare ou marginal ». Il faut, bien sûr, distinguer entre les noms à initiale vocalique et ceux à initiale consonantique, les premiers étant les seuls à fournir des exemples d'agglutinations : *son zoréïes* (30,10[8]), *note zieux* (33,9), *leu michant l'envie* (31,15), *didans grand l'auge* (37,1), *petit l'enfant* (41,14), *à tous sonz enfans* (45,17), *à sonz-apotres* (37,10), etc. Dans ces cas, l'agglutination peut être interprétée comme moyen d'éviter les noms à initiale vocalique, voire la tendance à la syllabe canonique CV. Pourtant, les exemples ne sont pas nombreux, et les mots en question sont également employés sans article.

Pour ce qui est des noms à initiale consonantique, les textes ne présentent aucun cas d'agglutination syllabique, c'est-à-dire d'un article (*le, la, du*) agglutiné à proprement parler, précédé d'un autre déterminant. Celle-ci est pourtant très fréquente dans le créole mauricien : il y a une trentaine de mots dans les textes qui sont pourvus d'un article agglutiné en mauricien, par exemple : *cœur* – mau. *leker, ciel* – mau. *lesyel, terre* – mau. *later, corps* – mau. *lekor, fin* – mau. *lafen, jour* –mau. *lizour, nuit* – mau. *lanwit, temps* – mau. *letan, tête* – mau. *latet, pied* – mau. *lipye, main* – mau. *lame, sang* – mau. *disan, yeux* – mau. *lizye, case* – mau. *lakaz, fête* – mau. *lafet, viande* – mau. *lavyann, vie* – mau. *lavi*.

3.2 Le nombre

La perte de l'expression du nombre du français et l'émergence de nouvelles marques du pluriel sont des traits caractéristiques des créoles français. À cet égard, nos textes témoignent d'un développement en cours : certaines marques françaises (*les, des,*

---

[8] Les chiffres renvoient à la page et la ligne du manuscrit publié dans CREOLICA (Baker/Bollée 2004).

ces) subsistent à côté de formes non marquées, mais le nouveau marqueur de pluralité, *bann*, en voie de grammaticalisation dans le réunionnais moderne ainsi que dans les autres créoles de l'océan Indien, n'est pas encore attesté (*cf.* Bollée 2000). Le seul morphème qui paraît disponible pour marquer un pluriel qui ne ressort pas du contexte semble être *les* (*Les Noirs, Négresses ; comme les Blancs,* 44,12), mais le plus souvent c'est le contexte qui suggère la pluralité sémantique, par exemple : *apprendre prières* (25,12), *nous i fait mechans pechez* (28,2), *acouter son bons paroles* (28,18).

Pour R. Chaudenson, la présence du marqueur du pluriel *bann* dans les créoles de l'O. I. est un des arguments principaux à l'appui de l'hypothèse du « bourbonnais ».

> Dans l'OI, **tous** les parlers usent d'une **même forme** « *bane* », antéposée au substantif. À mon point de vue, le fait que cette structure se trouve à la fois en réunionnais et en mauricien (d'où elle est passée dans les deux autres créoles, qui sont des parlers de 3e génération) tend à prouver qu'existe en bourbonnais dès 1721, sinon cette forme elle-même (nous n'avons naturellement pas de textes de cette époque dans les parlers locaux), du moins les esquisses ou les potentialités de grammaticalisation de ce marqueur de pluralité « *bane* » (2003 : 271).

Le marqueur *bann* est issu du nom fr. *bande* dont le sens 'groupe de personnes' constitue, en effet, la « potentialité » de sa grammaticalisation comme pluralisateur, d'autant plus que le choix du lexème *bande* peut être mis en rapport avec le sens particulier que ce mot a pris aux 'Isles' où il est utilisé pour désigner les groupes d'esclaves divisés pour les travaux (Chaudenson 1974 : 956) ; *cf.* dans une des fables de Louis Héry (1828) :

> Arrivés proç la Marre
> La bande moussié Fréon la té fouillé cambare (Chaudenson 1981 : 16).

Le mot *bande* n'est attesté que deux fois dans tous les textes anciens de la Réunion publiés par R. Chaudenson en 1981 ; la deuxième attestation se trouve dans une autre fable de Héry (« La tortue et les deux canards ») : lorsque les « Noirs commin' » se moquent de la tortue (qui se fait porter dans les airs par deux canards à l'aide d'un bâton qu'elle tient entre ses mâchoires) en disant :

> « Guett' çà torti maca !
> « Où ça qu'torti bébêt' pour gagn' montire ?
> « Çà la rein' pour n'en a voitire ? »

Celle-ci répond :

> « Oui, moi la rein' band' ... »

et, n'ayant « pas l'tems dir' plis long », tombe par terre « lourd comm' di plomb » (*ibid.* 18). Chaudenson voit dans cette réponse de la tortue, qu'il traduit 'je suis la reine des tortues', « le premier emploi de '*bane*' grammaticalisé » (2003 : 273). Sans vouloir reprendre ici ma propre interprétation de ce vers, je me limite à constater qu'un seul exemple dans un texte de 1828, donc un siècle après l'époque dont il est question ici, est une preuve très faible de la « désémantisation/grammaticalisation » du lexème *bande* en bourbonnais (*ibid.* 274). Si un marqueur de pluralité *bann* – grammaticalisé ou en voie de grammaticalisation – avait été transmis à l'Île de France en 1721-3, on aimerait aussi avoir des preuves qu'il y serait arrivé avec cette fonction. Or, on ne trouve dans les textes anciens mauriciens, jusqu'au milieu du 19e siècle, aucune attestation de *bande* sans article ou adjectif :

> Comment vous devrée faire pour rentré dans **la bande** de son jensse, pour vous gagné la bonté de Bon Dieû avec zaute ? (Catéchisme de 1828, Chaudenson 1981 : 111)
>
> Li arrive coté en a **enne gran bande** apré casse maille (Zistoire moucié Caraba, vers 1850, *ibid.* : 123)
>
> Arla astore satte vini coté **enne lotre bande** noir apré coupe canne (*ibid.*)
>
> Çatte galpé divant carosse. Li trouve **éne grand bande** noirs qui après casse maïe, li dire zautes... (Baissac 1880, v. Chaudenson 1981 : 138). (C'est A. B. qui souligne).

Il est intéressant de noter que le **potentiel** de *bande* à se grammaticaliser s'observe aussi en créole louisianais. Le *Dictionary of Louisiana Creole* de Valdman *et al.* présente deux entrées, *bann^1 adv.* 'beaucoup de' et *bann^2 n.* 'bande, groupe', le premier illustré avec l'exemple suivant :

> Compair Lapin présenté li et dit lé roi qui Renard ti ein son bon zamis et li sré content si Roi té accepté li et yé dé sré rende **bande services**. '... and the two of them would render him a lot of services' (Fortier 1895 ; c'est A. B. qui souligne).

Sans exclure totalement la possibilité de la transmission ultérieure d'un marqueur de pluralité d'un créole à l'autre (je reviendrai sur les contacts entre les deux îles dans un autre contexte), il me semble tout à fait plausible que des grammaticalisations indépendantes se soient produites à partir d'un lexème qui s'y prête facilement.

3.3 Pronoms personnels

Les pronoms personnels du réunionnais, tout comme ceux des autres franco-créoles, sont issus des pronoms disjoints du français : *moi, toi, lui, nous, vous, eux*. *Elle(s)* a évidemment disparu, *li* étant utilisé également pour des référents de genre naturel féminin : ... *Marie tres Ste Vierge. Car li n'étoit pas fini marier, mais tant seulement fiancée à S. José, qui n'a jamais touché à li* (26-27). Deux phénomènes méritent notre attention dans le cadre d'une comparaison avec le créole mauricien :

3.3.1 Les pronoms objets

Dans les textes de Caulier, 84 sur 87 occurrences des pronoms postverbaux sont employées avec le préfixe *à* qui caractérise les pronoms objets en réunionnais. Un des traits qui distingue le réunionnais des autres créoles français est donc nettement établi dès le milieu du 18e siècle au plus tard. Les formes objets avec *a-* peuvent s'expliquer par une généralisation des formes de l'objet indirect du français, et peut-être il y a eu convergence avec les formes des pronoms objets en malgache comme l'a suggéré R. Chaudenson (1974 : 954). Il n'est pas invraisemblable que la généralisation des pronoms objets à initiale *a-* ait commencé dans le français approximatif des esclaves bourbonnais dont la plupart était d'origine malgache. En revanche, ce phénomène ne se retrouve pas dans le créole mauricien, ancien ou moderne. Soulignons que ceci n'est nullement un argument contre l'hypothèse de Chaudenson, il est seulement destiné à démontrer la valeur heuristique des textes de Philippe Caulier.

3.3.2 Les formes du pluriel

Les formes du pluriel sont souvent renforcées avec *autres* (Chaudenson 1981 : 186-187), mais la forme monosyllabique [zot], graphiée <z'aut'> dans les fables de Héry (1828 et 1856), n'est pas encore attestée. *Zot* est employé comme pronom des 2e et 3e personnes du pluriel dans tous les créoles modernes de l'O. I. Dans nos textes, *nous autes* apparaît 11 fois et *eux autes* 12 fois – *vous autres* n'y figure pas parce qu'il n'y a aucune occurrence de la deuxième personne du pluriel. Les exemples portent témoignage ni d'une réduction phonique ni de la soudure qu'on observe dans les formes modernes, mais l'expansion distributionnelle est évidente pour ce qui est de la 3e personne : 12 fois *eux autes* contre 2 fois *eux*, et on peut supposer que le sens de l'élément *autres* s'est affaibli. Ces indices peuvent être interprétés comme signes d'une grammaticalisation en cours. Par contre, 11 attestations de *nous autes* par rapport à 71 de *nou* seul ne permettent pas de prévoir la grammaticalisation de la forme renforcée qui, effectivement, ne s'est pas produite.

Quelles conclusions pouvons-nous tirer concernant l'emploi des formes avec *autres* en « bourbonnais » ? Le sémantisme original d'*autres* suggère une préférence pour la deuxième et la troisième personne (*nous* vs. *les autres*), pourtant les témoignages de Caulier ainsi que ceux de la fin du 18e siècle que cite Chaudenson (1981 : 5-6) contiennent plusieurs exemples de *nous autres* :

« Mon ami n'en a un travail que nous y faut faire ce coup ci [**nous autres** n'en a un travail à faire ce coup ci, 6 brumaire an VIII, p. 3, inter. d'Adonis], car [**nous autres** y ; *ibid.*] faut que nous y tuent tous les blancs » (1799, Interrogatoire de Jacoto, 3 brumaire an VIII) ;

« A répondu que Jean Marie a dit **nous autres** les plus que les blancs, allons tuer chacun notre maître, moi y sera le capitaine ; le jour que moi va dire va tuer eux autres, nous va être le maître dans le pays pour gagner a l'y » (1799, confrontation du 13 brumaire) ;

« Vous l'est une foutue bête, vous y ne connaît [« vous ne connez », confrontation du 11 brumaire, p. 27] donc pas que les blancs l'a fait sagailles pour **nous autres** battre contre les anglais. **Nous autres** va laisser anglais qui seront dans le vaisseau, etc. (1799, *ibid.*). (C'est A. B. qui souligne).

Ces exemples suggèrent que la restriction d'*autres* à la 2e et 3e personne ne s'était pas encore stabilisée au 18e siècle.

3.4 Les marqueurs temporels et aspectuels

Il ne fait pas de doute que le système verbal dont témoignent nos textes est un système « créole » en pleine évolution, caractérisé par « la disparition de la flexion verbale au profit de marqueurs temporels ou aspectuels antéposés, le thème verbal tendant à devenir invariable » (Chaudenson 1981 : 193). Certains marqueurs qui font partie du système moderne y sont bien attestés, d'autres ne le sont pas ou pas encore. Dans le cadre de cette contribution, je ne peux faire état brièvement que des morphèmes attestés, mon but principal étant, je le répète pour éviter des malentendus, de montrer que le témoignage des textes religieux peut fournir des arguments valables dans un débat scientifique.

1° Le marqueur *i*, probablement issu de la reprise du sujet de la troisième personne (*mon frère il chante*), s'est déjà répandu aux autres personnes : *Moi i crois* (24,2), *tout ça qui nou-i voit* (24,4), *vou i entend, vou i dit* (37,4), mais n'est pas encore grammaticalisé comme marqueur du présent. Notons aussi que les textes ne contiennent aucun exemple des formes pronominales réduites du réunionnais moderne, soudées avec le morphème *i : mi dor, vi dans, li dans, ni dans* (Chaudenson 1974 : 333). Il est possible que la généralisation du marqueur *i* pour toutes les personnes grammaticales et sa réanalyse comme marqueur du présent aient commencé en bourbonnais, mais, par contre, on n'en trouve aucune trace en mauricien.

2° Les marqueurs du passé (de l'aspect accompli) sont *fini* et *la*, dont la graphie < l'a > montre l'origine : *Bon Dieu l'a* (< il a) *donné à nous tretous un corps*... (25,6). Pour ce qui est de ces deux marqueurs, *cf.* la description de Chaudenson :

> L'aspect accompli est, dès le XVIIIe siècle, marqué par « l'a » (« qui l'a venu »)... « blancs l'a fait sagailles » ; le seul emploi de « l'a fini » que nous ayons relevé n'est pas décisif, car « fini » paraît être alors un thème verbal). Chez Héry, bien entendu, les attestations sont beaucoup plus nombreuses, mais « la » reste de loin la forme la plus courante, puisqu'on ne relève que deux attestations de « fini »... (1981 : 206). [J'en ai compté cinq, mais cela n'a pas d'importance].

En considérant cette observation de Chaudenson, il est surprenant de voir que dans les textes de Caulier *fini* est de loin le plus fréquent : on relève 43 occurrences de *fini* contre 8 seulement de *la*. La distinction sémantique entre les deux morphèmes n'est pas évidente, des recherches plus détaillées seront nécessaires. – Le marqueur *fini* apparaît en mauricien dès les premiers textes, tandis que *la* n'y est pas attesté (Baker 1982 : 230).

Pour conclure ce chapitre, on peut constater que les textes de Ph. Caulier attestent plusieurs traits qui caractérisent le créole réunionnais et dont on peut présumer qu'ils étaient présents dans les variétés approximatives de français des années 1720 comme variantes qui, par la suite, sont devenues graduellement dominantes. On constate aussi que certains traits spécifiques du réunionnais attestés dans nos textes et qui peuvent avoir existé en bourbonnais ne se retrouvent pas en mauricien, tandis que l'agglutination syllabique, le marqueur du pluriel *bann* et le pronom *zot* avec le sens 'vous' et 'ils/elles/eux', qui auraient pu rapprocher le bourbonnais du mauricien, ne s'y trouvent pas. L'analyse des textes de Ph. Caulier, qui est encore en cours, ne nous a pas fourni, jusqu'à présent, des preuves concluantes pour l'hypothèse de Chaudenson qui voit dans le bourbonnais une « composante initiale majeure » du parler dont s'est développé le créole mauricien. Soulignons que si la présence de traits créoles (pronoms en *a*-, marqueur verbal *i*) qui ne se trouvent pas en mauricien, ne peut pas falsifier l'hypothèse du « bourbonnais », elle ne plaide pas non plus en faveur d'y voir « une composante initiale majeure » du créole mauricien.

4. Conclusion

La théorie de « génération » de créoles fut conçue par Robert Chaudenson parce qu'elle lui semblait nécessaire pour éclairer des « relations génétiques et structurelles entre les langues qui resteraient, sans cela, inexplicables » (1992 : 38). Elle fait partie de sa théorie de la créolisation telle qu'il la présente dans son livre de 2003. En effet, dans les cas du seychellois ou du rodriguais, il n'y a pas lieu de s'interroger sur les modalités de leur genèse *in situ :* ils ont été importés par les habitants en provenance d'un autre territoire créolophone. Les nombreux traits communs de ces parlers s'expliquent d'une manière convaincante par le concept de « génération » de créoles qui, répétons-le, a une valeur heuristique incontestable. Tant que cette théorie s'applique au transfert d'un créole stabilisé – comme l'était le mauricien des années 1770 – à une autre région, on peut concevoir que maître et esclaves qui parlaient ce même créole[9] l'aient transmis aux esclaves « bossales » ainsi qu'aux colons européens nouvellement arrivés.

Cependant, la théorie de la périodisation du développement des créoles jette une nouvelle lumière sur le concept de « génération », dans le dernier livre de Chaudenson rebaptisé « générations de parlers ». Le « jargon » dont use Ph. Caulier, surtout les traits dont je n'ai pas pu parler ici (exemples sporadiques du passage des chuintantes aux sifflantes, genre grammatical, présence vs. absence d'articles, flexion verbale, distribution des formes verbales, etc.), nous donnent une idée de l'instabilité considérable de ce que Chaudenson appelle le « bourbonnais ». Qu'est-ce que les premiers esclaves malgaches ont pu apprendre de ce parler en quatre mois ? Que les Bourbonnais libres leur aient transmis des structures qui ne fassent pas partie du « français zéro » est peu probable. En revanche, il est tout à fait possible que les contacts – de très courte durée, rappelons-le – entre esclaves bourbonnais et esclaves malgaches aient laissé des traces dans la phonologie et la grammaire du créole mauricien naissant. On peut spéculer sur les pronoms *vous autres* et *eux autres*, peut-être déjà employés dans une forme raccourcie dans le parler des esclaves (sans pour autant s'être stabilisée dans la fonction qu'elle aura dans les futures créoles), et sur un rapport entre la fréquence du marqueur *fini* dans les textes de Caulier et l'apparition de ce même marqueur en mauricien, où il est attesté dès les premiers textes. Mais ces deux traits, qui pourraient aisément être expliqués par la présence des pronoms en *–autres* et de la périphrase avec *finir* dans le français colonial[10], seraient des preuves à mon avis insuffisantes pour affirmer que le « bourbonnais » fût une « composante initiale majeure (un des 'parents' si l'on veut) du futur créole de l'Île de France » et qu'il soit justifié d'appeler le mauricien un « parler de deuxième génération ».

Je ne conteste pas que les contacts, dans les années 1722-1723 et au-delà, entre les Bourbonnais libres, tous francophones, les colons français nouvellement arrivés et les esclaves introduits à l'Île de France de Madagascar et de l'Afrique aient laissé des traces importantes dans le lexique du créole mauricien. Cependant il faut préciser que ce lexique spécifique ne caractérise pas les seuls créoles mais également les français régionaux des Mascareignes et des Seychelles ; sa genèse et sa diffusion ne constituent pas un argument de poids dans le débat sur la créolisation *stricto sensu*. C'est un fait incontestable que les colons français qui s'installent à Bourbon à partir de 1665 sont confrontés avec des réalités inconnues, surtout de la flore et de la faune, qu'ils doivent nommer. Pour ce faire, ils avaient plusieurs options : ils pouvaient emprunter les noms malgaches ou indo-portugais que leurs serviteurs ou compagnes leur ont fournis (par ex. *ravenal* 'arbre du voyageur', *vavangue* 'esp. de nèfle'), ils pouvaient créer des néologismes avec des constituants français (par ex. *bois blanc*, *bois de fer* 'esp. d'arbres') ou ils pouvaient, ce qui n'était pas rare, utiliser un mot français pour désigner un fruit, un arbre, un poisson, etc. qui ne ressemblent que vaguement au modèle français (par ex. *cerise* 'fruit sphérique de couleur rouge, mais dont le goût est très différent de celui de la cerise', *framboise* 'plante dont les fruits rappellent, de très loin, la framboise

---

[9] Les maîtres dans une situation de « diglossie coloniale » français/créole, v. Chaudenson 1992 : 123.

[10] Rappelons aussi que *fini* et *zot* existent aussi dans les créoles de la zone américaine.

d'Europe')[11]. La thèse de Robert Chaudenson fournit une documentation inestimable sur le lexique spécifique non seulement du créole de la Réunion, mais également des autres parlers de l'océan Indien. Évidemment, beaucoup de termes créés à Bourbon avant la colonisation de l'Île de France se sont répandus dans la nouvelle colonie[12], diffusés, me semble-t-il, surtout par les Bourbonnais libres, et non seulement dans les situations de contact au début de la colonisation de l'Île de France, mais également plus tard, du temps de La Bourdonnais et ses successeurs.

Pour conclure, il me semble que la théorie de la périodisation du développement des créoles qui a modifié et précisé considérablement notre conception de la créolisation linguistique, ainsi que le témoignage des textes religieux de Philippe Caulier nécessitent de reparler de la genèse du créole mauricien qui, à mon sens, n'est pas encore suffisamment élucidée.

Références

BAKER, Philip, 1982, « On the Origins of the First Mauritians and of the Creole Language of Their Descendants : A Refutation of Chaudenson's 'Bourbonnais' Theory », in Ph. Baker/Ch. Corne, *Isle de France Creole : affinities and origins,* Ann Arbor, Karoma.

BAKER, Philip/BOLLÉE, Annegret, 2004, « Édition de deux textes religieux du XVIIIe siècle : Philippe Caulier C. M., *Profession de Foy, en jargon des Esclaves Nègres. Petit Catéchisme de l'Isle de Bourbon tourné au Style des Esclaves Nègres* », http ://www.creolica.net.

BOLLÉE, Annegret, 1977a, *Le créole français des Seychelles. Esquisse d'une grammaire – textes – vocabulaire,* Tübingen, Niemeyer.

BOLLÉE, Annegret, 1977b, « Remarques sur la genèse des parlers créoles de l'océan Indien », in J. M. Meisel (éd.), *Langues en contact – Pidgins – Créoles,* Tübingen, Narr, pp. 137-149.

BOLLÉE, Annegret, 2000, « La restructuration du pluriel nominal dans les créoles de l'océan Indien », *Études créoles* 23/2, pp. 25-39.

CHAUDENSON, Robert, 1974, *Le lexique du parler créole de la Réunion,* 2 tomes, Paris, Champion.

CHAUDENSON, Robert, 1979, *Les créoles français,* Paris, Fernand Nathan.

CHAUDENSON, Robert, 1981, *Textes créoles anciens (La Réunion et Île Maurice). Comparaison et essai d'analyse,* Hamburg, Buske (Kreolische Bibliothek 1).

---

[11] V. Chaudenson 1974 : 519, 530, 902, 907 ; Chaudenson 1983 : 189-193 et Chaudenson 1991 : 96-97. Pour simplifier, j'ai utilisé la graphie française.

[12] En effet, des 108 mots d'origine malgache recensés dans la thèse de Chaudenson (1974 : 495-535), 56 se retrouvent dans la créole mauricien, dont 30 termes de la flore et la faune.

CHAUDENSON, Robert, 1983, « Où l'on reparle de la genèse et des structures des ceoles de l'océan Indien », *Études créoles* 6/2, pp. 157-224.

CHAUDENSON, Robert, 1991, « From Botany to Creolistics : the Contribution of the Lexicon on the Flora to the Debate on Indian Ocean Creole Genesis », in F. Byrne/Th. Huebner (éds.), *Development and Strutcures of Creole Languages, Essays in honor of Derek Bickerton*, Amsterdam/Philadelphia, John Benjamins, pp. 1-100.

CHAUDENSON, Robert, 1992, *Des îles, des hommes, des langues : Langues créoles, cultures créoles*, Paris, L'Harmattan.

CHAUDENSON, Robert, 2003, *La créolisation : théorie, applications, implications*, Paris, L'Harmattan.

VALDMAN, Albert *et al.*, 1998, *Dictionary of Louisiana Creole*, Bloomington/Indianapolis, Indiana University Press.

Qui a dit « simple » ? Organisation informative
et interaction entre rôles sémantiques et syntaxiques

Sibylle Kriegel
Laboratoire « Parole et langage », UMR 6057 du CNRS

Toute langue doit résoudre le devoir communicatif de ne pas nommer un agent. C'est par exemple la principale fonction des formes passives dans les langues européennes. Les créoles mauricien et seychellois disposent de nombreuses possibilités permettant de résoudre ce problème, en grande partie inconnues des langues matrices. Il s'avèrera que les différentes techniques permettant l'omission du rôle sémantique de l'agent s'organisent en fonction de différents paramètres : ce sont notamment l'organisation informative et la tension entre oral et écrit qui déterminent le choix d'une construction spécifique.

Le sujet Ø en créole mauricien

Notamment dans des variétés orales du créole mauricien contemporain, de nombreuses occurrences de constructions dans lesquelles la place du sujet reste non occupée pour différentes raisons sont attestées (voir, par ex., Syea 1985, 1993, Véronique 1993, Kriegel 1998). Dans les corpus de langue orale, on trouve de nombreux cas dans lesquels un référent spécifique reste simplement non mentionné parce qu'on peut le restituer à partir du contexte. Par ailleurs, il existe des exemples dans lesquels un référent non spécifique n'est pas verbalisé, la position du sujet est vide (technique I). C'est ce type d'exemple qui m'intéresse pour mon propos :

(1) mau

R. : [*lér ariv lané ki pli zoli létan ariv lané Ø done nu én rupi pu nu géj lakrém pu nu mét dan nu figir* ((rire)) (Ludwig *et al.* 2001 : 213)

R. : Le plus beau, c'est qu'à l'époque du nouvel an, on nous donnait une roupie pour que nous puissions nous acheter du fond de teint pour le visage. (Ludwig *et al.* 2001 : 228 s.)

Dans l'exemple (1), il s'agit d'une « dame » créole (employée de maison) qui raconte sa jeunesse. Elle aborde un nouveau sujet de conversation et il n'y a aucun indice qui permette d'identifier une personne ou un groupe de personnes spécifique qui pourrait être l'agent de l'énoncé qui commence par « done nu én rupi pu nu géj lakrém ». Le sujet Ø fait référence à un humain non spécifique et correspond à *on* en français[1]. Dans l'exemple (2), la situation est comparable :

---

[1] Tout comme en français, la position du sujet peut être occupée par un pronom ayant la référence [-spécifique, +humain] en créole mauricien. À côté de *dimun* (< fr. « du monde ») qui se réfère toujours à un référent non spécifique, il existe trois autres pronoms permettant une lecture non

(2) mau

L. : *mo kontan mo'n rest dan propriete partikilyer parski mo'n/mo'n/mo'n ne laba si Ø met mwa dan lot klima* (Kriegel 1996)

L. : Je suis content de vivre sur la plantation parce que je suis né là-bas. Si on me met dans un autre climat...

Le locuteur L. parle de lui-même et au début du passage, la position du sujet est occupée par le pronom personnel de la 1re pers. du sing. *mo*. Lors de la première omission du sujet ce n'est, en revanche, pas *mo* qui manque. L. ne peut et ne veut surtout pas se mettre lui-même dans un autre climat. Un autre référent spécifique et déjà mentionné n'existe pas non plus. Le sujet Ø fait référence à un humain non spécifique et correspond, là encore, à *on* en français.

L'omission du sujet a donc deux interprétations possibles : soit le sujet peut être restitué à partir du contexte, soit il se réfère à un être humain non spécifique. *Cf.* (1)-(2).

En créole seychellois aussi, la technique du sujet Ø est productive, mais la place à gauche du verbe doit être occupée : s'il n'y a pas de particule TMA ou de négation, la place est occupée par la particule *i*. Le *i* du créole seychellois peut non seulement remplir la fonction de pronom personnel atone de la 3e pers. du sing. mais aussi avoir la fonction d'une particule dont l'interprétation reste controversée. Je voudrais me joindre à Michaelis 2001 qui propose une interprétation selon laquelle *i* peut être considéré comme une particule TMA postiche :

To sum up, SeyCr shows a process by which the 3rd person marker has been reduced within its agreement function and, on the other hand, enriched with other grammatical meaning, *i. e.* present tense and affirmation. It is now used as a dummy-TMA-particle to signal finiteness (Michaelis 2001 : 167).

Dans notre contexte, il est intéressant de constater que la position du sujet doit être matériellement occupée ce qui n'est pas le cas des exemples mauriciens dans (1) et (2).

Occupation de la position de sujet par un patient

Tandis que la technique I (sujet Ø) n'est utilisée pratiquement que dans des textes oraux du créole mauricien, on trouve des exemples d'une deuxième technique (technique II) dans des textes écrits et oraux. J'analyserai deux exemples extraits d'un échantillon de la langue parlée :

(3) mau

L. : *e lekim-la met dan kann* (Kriegel 1996)

L. : ... et l'écume est mise dans les champs de canne à sucre.

(4) mau

L. : *ena lalkol lalkol blan sa li vande* (Kriegel 1996)

L. : Il y a l'alcool. L'alcool blanc, ça, c'est vendu/ celui-là, il est vendu.

---

spécifique : les pronoms de la 3e pers. du sing. *li* (<fr. *lui*), de la 2e/3e pers. du pl. *zot* (<fr. *les/eux autres*) (*cf.* par ex. Corne 1977 : 34, Syea 1993 : 95) et de la 2e pers. du sing. *u* (<fr. *vous*) (*cf.* Bollée 1977 : 48, Corne 1977 : 34). C'est seulement par le biais du contexte que la lecture non spécifique devient possible (pour des exemples, v. Kriegel 1996).

Dans ces exemples, la position du sujet est occupée. En revanche, les entités codées dans la position du sujet sont *lekim-la* et *lalkol*, donc des entités [-animé] qui ne représentent en aucun cas des agents prototypiques (Givón 1984 : 107) bien que les deux verbes *met(e)* et *van(de)* soient (fortement) transitifs (pour la notion d'une échelle de transitivité *cf.* par ex. Hopper/Thompson 1980, Lazard 1994 : 167 *ss.*, Thompson/ Hopper 2001).

Dans un emploi actif non marqué, les verbes des exemples (3) et (4) sont trivalents, la place du sujet est occupée par un agent, celle du complément d'objet direct par un patient. Dans le cas de *met(e)* il faut ajouter le rôle sémantique du locatif, dans celui de (4) un expérient (la personne à laquelle on vend). Dans la même transcription, on trouve des exemples pour un emploi actif des mêmes lexèmes verbaux. Voici un exemple avec *met(e)* :

(5) mau
L. : *a mezir dife pran li met dibwa* (Kriegel 1996)
L. : Dans la mesure où le feu évolue (prend), il ajoute du bois.

Pour les exemples (3) et (4), l'interprétation comme changement diathétique s'impose (voir ci-dessous pour une autre possibilité d'interprétation) : la projection des rôles sémantiques (agent, patient) sur les rôles syntaxiques (sujet, objet) a changé dans les exemples (3) et (4) par rapport à l'emploi actif, comme par ex. en (5) où *li* réfère à un agent spécifique (l'ouvrier en charge de la combustion du bois). Selon ma définition (par ex. Kriegel 1996), il s'agit en (3) et (4) de constructions passives sans marque morphologique avec omission de l'agent. Le patient occupe la place du sujet, l'agent est supprimé, les verbes sont des verbes d'action au moins bivalents, dans le cas de nos deux exemples trivalents[2].

Mais comment les constructions passives ((3) et (4)) en créole mauricien sont-elles motivées ? Dans la plupart des langues indo-européennes, la fonction la plus importante de la diathèse passive est l'omission d'un agent. Mais je viens de montrer que le créole mauricien, contrairement à la plupart des langues indo-européennes, dispose d'une technique plus simple, plus élégante pour omettre un agent : le sujet Ø (technique I). Si on compare la construction passive de l'exemple

(3)
| *lekim-la* | *met* | *dan* | *kann* |
| écume.ART | mettre | dans | canne à sucre |

avec la construction correspondante sans sujet

(3')
| Ø *met* | *lekim-la* | *dan* | *kann* |
| mettre | écume.ART | dans | canne à sucre |

on peut seulement constater un changement positionnel des éléments sur le plan syntaxique, aucune différence morphosyntaxique entre les deux constructions ne peut s'observer. Sur le plan sémantico-propositionnel, elles ont la même valeur.

---

[2] Dans les corpus, il existe aussi des exemples avec des verbes bivalents du type « écraser ».

Cela signifierait que le créole mauricien basilectal disposerait de deux constructions qui ne se distingueraient que par l'ordre de leurs éléments et qui ainsi, de façon arbitraire, seraient interchangeables.

Pour expliquer la différence entre la technique I et la technique II le niveau de l'organisation informative du texte devient important : rappelons les notions les plus importantes qui caractérisent cette organisation informative, les notions de thème et de rhème. J'adopte une définition surtout contextuelle de ces deux notions qui s'avère très opérationnelle dans le travail avec des corpus, des énoncés en contexte. À des fins heuristiques, je considère donc que le thème comprend les éléments déjà connus qu'on peut déduire du contexte linguistique ou extralinguistique. Le contexte extralinguistique, de première importance dans les textes oraux, comprend le contexte situatif ainsi que le savoir interactionnel général (le « Weltwissen », les connaissances mondaines). Les éléments nouveaux représentent le rhème.

L'ordre non marqué des éléments dans la phrase est thème-rhème et cet ordre assure une augmentation constante de l'information. Dans les exemples (3) et (4), les patients qui prennent la place du sujet constituent le thème de l'énoncé. Il s'agit d'éléments connus par le contexte : dans l'exemple (3) il y a un indice formel prouvant la thématicité du patient : l'article défini *la* postposé[3]. Le caractère thématique se confirme quand on regarde le contexte linguistique : dans le paragraphe qui précède, le locuteur explique de façon détaillée à quelles fins on utilise *lekim*, un des produits dérivés qui résultent de la fabrication du sucre. Dans l'exemple (4), il s'agit d'une reprise de *lalkol blan*. Les éléments pronominaux anaphoriques *sa, li* indiquent le caractère thématique.

Les constructions passives sans marque morphologique (technique II) du créole mauricien permettent d'éjecter l'agent. Mais ce n'est pas leur première fonction parce qu'on peut l'éjecter autrement, simplement en laissant non occupée la place du sujet. Avant tout, ces constructions permettent de changer l'ordre des éléments dans la phrase. Ainsi, l'emploi du passif dans les exemples (3) et (4) permet d'établir un ordre thème-rhème normal. Le thème qui assure la cohérence textuelle est remis en position initiale, position qui lui revient normalement. Dans les exemples (3) et (4), l'emploi d'une construction sans sujet (technique I) aboutirait à un ordre rhème-thème marqué. Cet ordre est, certes, fréquent dans l'oralité, mais il doit être interprété comme un marquage d'expressivité et il rend le message linguistique difficile à décoder (voir par exemple Koch/Oesterreicher 1990 : 93).

Passif ou *topic shift* ?

Dans de nombreuses langues, la technique de la dislocation à gauche d'un patient thématique (*topic shift*) remplit la même *fonction* que le passif. Les deux techniques permettent de placer un patient/complément d'objet direct en position thématique.

En créole mauricien, ces deux types de construction sont difficiles à distinguer sur le plan formel aussi étant donné :

---

[3] Cet article n'est pas totalement grammaticalisé et est toujours proche d'un démonstratif. (Voir Bollée 2004).

1. la possibilité de supprimer un sujet sans autre changement positionnel ou morphologique dans la phrase

2. l'absence de morphologie passive

3. la possibilité de dislocation d'un actant sans reprise pronominale

À l'aide de l'exemple (3) on peut démontrer les deux possibilités d'analyse structurelle :

(3) mau
	lekim-la		met	dan	kann
I.	sujet/patient		V		locatif
II.	c.o.d./patient	Ø	V		locatif

Deux critères peuvent faciliter l'analyse : S'agit-il « encore » d'une dislocation à gauche (*topic shift*) ou « déjà » d'un passif ?

1. S'il s'agissait d'une dislocation à gauche, on devrait entendre une pause intonative entre le second actant disloqué à gauche et le reste de la phrase. Ce critère s'avère cependant difficile à appliquer. Très souvent la pause intonative ne peut même pas être distinguée lorsqu'il s'agit d'une dislocation à gauche avec expression du sujet parce que le second actant disloqué appartient à la même courbe intonative que le reste de la phrase. Le fait qu'aucune pause intonative ne puisse être distinguée dans les exemples (3) et (4) ne représente par conséquent pas une preuve suffisante pour leur interprétation passive. Ce n'est pas à partir d'une analyse de l'intonation qu'on est en mesure de décider s'il s'agit, dans les exemples (3) et (4), d'un patient/second actant thématique ou si on a affaire à un changement diathétique permettant d'analyser le patient comme étant le sujet.

2. Le deuxième argument en faveur d'une analyse passive est la possibilité d'ajouter l'agent à l'aide d'un complément prépositionnel. Les locuteurs du créole mauricien à qui j'ai fait écouter les exemples (3) et (4) ont considéré que l'expression de l'agent avec *par* (*ek*) était possible :

(3'') mau
e lekim-la met dan kann par ban laburer
Et l'écume est mise dans les champs de canne à sucre *par les travailleurs*.

(4'') mau
ena lalkol lalkol blan sa li vande par ban laburer
Il y a l'alcool. L'alcool blanc, ça, c'est vendu/ celui-là, il est vendu par les travailleurs.

Dans les exemples (3) et (4), il n'y a donc pas de pause intonative et l'expression de l'agent est possible. Par conséquent, on pourrait les classer comme étant des constructions passives. Les deux critères peuvent aider à déterminer l'appartenance d'un exemple à un type de construction mais il faut se garder de les considérer comme des critères absoluts : comme très souvent lors de l'analyse de faits linguistiques, il ne s'agit pas de prendre des décisions binaires mais de présumer l'existence d'une transition souple entre la dislocation à gauche et le passif.

Dans beaucoup de langues typologiquement non apparentées (pour l'indonésien, *cf.* par ex. Klaiman 1991 ; pour certaines langues bantoues, *cf.* Givón 1979 : 188,

1995 : 74), il existe des constructions passives résultant diachroniquement d'une dislocation à gauche[4].

Si les constructions passives du créole mauricien résultent diachroniquement de dislocations d'une construction *topic shift*, on devrait les trouver avant les constructions passives. L'analyse d'un corpus de textes anciens en version électronique[5] a montré que les constructions avec sujet Ø sont attestées à partir de 1805 chez Pitot, le premier exemple avec un sujet Ø non spécifique apparaît chez Chrestien 1822b. L'analyse exhaustive des recueils de textes de Baissac 1880 (voir Kriegel 1996 pour une analyse quantitative) a montré que, dans ces textes écrits, les constructions sans sujet étaient plus fréquentes que les passifs. En ce qui concerne les textes écrits du 20e siècle, on a cependant constaté que les constructions sans sujet étaient d'un emploi rare, tandis que les formes passives étaient beaucoup plus fréquentes. Ce fait indique qu'il pourrait exister un rapport diachronique entre les techniques I et II. Mais l'existence d'une étape intermédiaire avec un second actant thématique disloqué à gauche ne peut être prouvée à l'aide des données disponibles. En revanche, des faits comme la thématicité des patients dans les constructions passives et les parallèles avec la diachronie d'autres langues augmentent la probabilité d'une telle hypothèse.

Le cas de *gany*

Pour terminer ce petit tour d'horizon des possibilités d'omettre la verbalisation de l'agent en créole mauricien et en créole seychellois, un dernier type de construction sera examiné. Il s'agit d'un procédé marqué à plusieurs égards qui nous rappelle les constructions passives telles que nous les connaissons des langues indo-européennes. À côté des exemples qui correspondent à la technique II, il existe des exemples du type :

(6) sey

I'n gany **bate**. *Kot pe vini pe plennyen.* Gany **bate**.

'Elle avait été battue. Où elle allait, elle se plaignait. Elle était battue. (Bollée/Rosalie 1994 : 256)

ou pour le créole mauricien :

(7) mau

A. : *enn lisyen in gany bate*

A. : Un chien a été battu. (Kriegel 1996)

L'emploi de cette technique est déjà attesté dans la deuxième édition – selon Chaudenson 1981 : 87 identique à la première édition de 1820 – du « Bobre africain » de Chrestien de 1831. Il s'agit d'une traduction libre de la fable de La Fontaine « Les femmes et le secret » :

---

[4] À la différence du créole, l'analyse s'avère plus facile dans ces langues parce qu'il existe un élément pronominal qui est grammaticalisé et qui devient marqueur du passif.

[5] Il s'agit d'un corpus de textes anciens du créole mauricien rassemblés au cours des 30 dernières années par Philip Baker, Vinesh Hookoomsing, Peter Stein, etc. Ce corpus sera publié sous forme de CD qui accompagnera Baker/Fon Sing (éds.) (à paraître).

(8) mau
Li fouillé son commer' zisqué dans son godon,
" Y-en-a mirâcle ici, li dir', mon commère !
" Mon mari fair' di-zef .... gros comment ziromon !
" Mais quand zaut' connois ça moi va souffri misère
*" Et bien sîr moi gagné **batté**,*
" Ainsi fair' moi plaisir.. n'a pas besoin parlé ? "
(Baker/Fon Sing (éds.), à paraître)

La construction « moi gagné batté » omet effectivement la mention de l'agent. Il est clair que l'entité codée dans la position du sujet « moi » ne peut être que le patient. L'agent n'est pas verbalisé. Tout comme dans les langues européennes, ce changement de la projection des rôles sémantiques sur les rôles syntaxiques nous est signalé sur le verbe. Pourtant, c'est l'élément *gagné* qui est employé comme marque morphologique nous facilitant l'interprétation passive. Qu'une forme dérivée du verbe *gagner* serve de marque morphologique du passif est remarquable dans la mesure où il n'existe pas de modèle français pour ce type de construction. Néanmoins, la genèse d'une telle construction semble être évidente. Comme nous avons pu le montrer pour des variétés contemporaines du créole seychellois (Kriegel 1996), c'est l'absence de classes de mot étanches (Ludwig 1996, Hazaël-Massieux 1983) qui pourrait avoir favorisé l'évolution de telles constructions. L'entité *batté* codée à droite de *gagné* n'appartient pas à une classe de mots précise : selon la traduction française, on pourrait classer *batté* comme étant un nom ou un verbe. Dans l'introduction de son *Étude sur le patois mauricien* de 1880, Charles Baissac fournit une parfaite illustration de la poly-fonctionnalité de *baté*. Il cite une sirandane créole :

(9) mau
*Ça qui ti voir li, napas li qui ti prend li ; ça qui ti prend li, napas li qui ti manze li ; ça qui ti manze li, napas li qui ti gagne **baté** ; ça qui ti gagne **baté**, napas li ti crié ; ça qui ti crié, napas li qui ti ploré.*

qu'il traduit en français en se servant d'une forme passive :

> Celui qui l'a vu n'est pas celui qui l'a pris, celui qui l'a pris n'est pas celui qui l'a mangé, celui qui l'a mangé n'est pas celui *qui a été battu*, celui *qui a été battu* n'est pas celui qui a crié, celui qui a crié n'est pas celui qui a pleuré.

Quelques pages plus loin, nous trouvons le proverbe :

(10) mau
batté *rendé zamés fére mal*

Cette fois-ci *batté* est traduit par un nom :

> Le coup rendu ne fait jamais souffrir.

Ici, l'interprétation nominale de l'élément *batté* s'impose mais la proximité sémantique entre les deux exemples est évidente.

L'exemple (9) illustre par ailleurs le fait que le verbe *gagner* signifie en créole 'obtenir' ('recevoir'), 'avoir' (Chaudenson 1974 : 768 *ss.*).

D'autres exemples avec « gagné baté » sont attestés dans les écrits ultérieurs de Chrestien[6]. Il est très important de souligner que tous les exemples dont nous disposons concernent un domaine sémantique parfaitement limité : affectation négative du patient et sujet animé. Les exemples (11) et (12) du premier texte connu du créole seychellois, une adaptation des fables de La Fontaine par Rodolphine Young, illustrent cette même restriction sémantique. Bien qu'il ne s'agisse pas du « verbe » *bate*, en quelque sorte prototypique de cette catégorie, il est clair que le patient codé en position de sujet subit des conséquences négatives :

(11) sey
Quand nou gagne pris, touzou pà la qué.
Quand nous sommes pris (attrapées), c'est toujours par la queue. (Young 1983 : 27)

(12) sey
Pas causé, comè ; mo fine gagne tranglé.
Ne parlez pas, commère, je suis en train de m'étrangler. (Young 1983 : 29)

En créole mauricien contemporain, ce marquage morphologique de la diathèse passive reste limité au groupe de verbes impliquant une affectation négative du patient, aussi bien à l'écrit qu'à l'oral (voir Kriegel 1996 : 115, Véronique 1984 : 71). En créole seychellois, cette limitation sémantique continue largement à exister à l'oral cependant qu'à l'écrit la construction avec *ganny* est élargie à d'autres verbes. Sous la pression du passage à l'écrit accéléré des 25 dernières années, nous assistons à un processus de grammaticalisation accéléré du passif morphologiquement marqué (voir par ex. Kriegel 1996) Le créole seychellois doit suffire aux besoins communicatifs résultant du passage à l'écrit. Les nouveaux besoins communicatifs causés par le changement des conditions d'utilisation est responsable de l'évolution d'un passif morphologiquement marqué. Le codage complexe que demande l'emploi du passif en *ganny* compense l'absence d'un contexte extralinguistique commun au locuteur et à l'interlocuteur. S'il est clair que cette grammaticalisation est d'abord favorisée par la nécessité de disposer de techniques d'omission de l'agent morphologiquement marquées à l'écrit, il faut certainement aussi tenir compte du fait qu'en créole seychellois les contraintes de laisser occupée la position du sujet (voir ci-dessus, le rôle de i) peuvent constituer un facteur supplémentaire pour la grammaticalisation rapide de *ganny* comme marque du passif.

Résumé et perspectives

En créole mauricien oral, l'expression de l'agent peut parfaitement être omise par l'emploi d'une construction avec un sujet Ø. Dans la construction avec sujet Ø, l'ordre des éléments est le même que dans la phrase active. La seule chose qui change

---

[6] Chez Descroizilles 1867, nous avons trouvé un exemple dans lequel *gagné* sert clairement à passiver l'élément *grondé*. La présence de *faire* fait penser à une causativisation d'une forme passive.
"Mon liquer toujours content,
"Boiré larac, batté tam tam,
"Faire gagné grondé souvent.
Deux occurrences supplémentaires de « gagne batte » se trouvent dans Anderson 1885.

par rapport à l'actif est l'omission du sujet. Après une phase de transition que j'appelle dislocation à gauche, on passe à la technique II, un passif sans marque morphologique, donc codage du patient comme sujet. L'existence de ces deux formes s'explique surtout en référence à l'organisation informative d'un texte : elles permettent de coder le thème de l'énoncé dans la position qui lui convient dans le cas non marqué, la position initiale. Des formes passives morphologiquement marquées par *gany* existent depuis toujours dans les créoles mauricien et seychellois, mais elles ne sont productives qu'en créole seychellois, notamment dans des variétés écrites.

Bien que la technique I (sujet Ø) paraisse être d'une extrême simplicité au niveau morphosyntaxique, il ne faut pas oublier que, d'un point de vue pragmatique, elle s'avère être très complexe parce que les contextes linguistiques et extralinguistiques sont indispensables à un décodage correct. Elle ne peut être comprise que grâce aux conditions d'utilisation typiques de l'oral : les interlocuteurs partagent un savoir commun et l'énoncé est ancré dans une situation.

Depuis quelques années, les notions de simplicité et de complexité dans les langues naturelles et notamment dans les langues créoles sont au cœur d'un débat animé : « The world's simplest grammars are creole grammars » dit John McWhorter dans le titre d'un article de 2001 qui a suscité un nombre important de réactions (numéro spécial de la revue *Linguistic Typology* 2001). Si on définit la complexité avec Dahl (2004 : 2) comme étant « a measure of the amount of information needed to describe or reconstruct it », il est clair que les techniques de l'omission de l'agent décrites n'ont rien à s'envier en matière de complexité, complexité certes située à des niveaux différents. Donc : Pas si simple(s) que ça ! J'espère que le présent article aura contribué à illustrer ce point de vue.

Références

BAISSAC, Charles, 1887 (1967), *Le Folk-lore de l'Île Maurice*, Paris.

BAISSAC, Charles, 1880 (1976), *Étude sur le patois créole mauricien*, Nancy, Impr. Berger-Levrault.

BAKER, Philip/FON SING, Guillaume (éds.), [à paraître], *The making of Mauritian Creole*, London, Battlebridge, collection Pidgins and Creoles.

BOLLÉE, Annegret, 2004, « Le développement du démonstratif dans les créoles de l'océan Indien », in *Creolica*, http ://www.creolica.net/article.php3?id_article=34

BOLLÉE, Annegret, 1977, *Le Créole Français des Seychelles. Esquisse d'une grammaire – textes – vocabulaire*, Tübingen, Max Niemeyer.

BOLLÉE, Annegret/ROSALIE, Marcel, 1994, *Parol ek memwar. Récits de vie des Seychelles*, Hamburg, Buske.

BYBEE, Joan/HOPPER, Paul, 2001, *Frequency and the Emergence of Linguistic Structure*. Amsterdam/Philadelphia, Benjamins.

BYRNE, Francis/HOLM, John (éds.), 1993, *Atlantic meets Pacific. A Global View of Pidginization and Creolization,* Amsterdam/Philadelphia, Benjamins.

CHAUDENSON, Robert, 2003, *La créolisation : théorie, applications, implications,* Paris, L'Harmattan, collection « Langues et Développement ».

CHAUDENSON, Robert, 1981, *Textes créoles anciens (La Réunion et Île Maurice).* Hamburg, Buske.

CHAUDENSON, Robert, 1974, *Le lexique du parler créole de la Réunion,* Paris, Champion, 2 volumes.

CORNE, Chris, 1977, *Seychelles Creole Grammar. Elements for Indian Ocean Proto-Creole Reconstruction,* Tübingen.

DAHL, Oesten, 2004, *The Growth and Maintenance of Linguistic Complexity.* Amsterdam/Philadelphia, Benjamins.

GIVÓN, Talmy, 1984, *Syntax. A functional-typological Introduction.* vol. I, Amsterdam/Philadelphia, Benjamins.

GIVÓN, Talmy, 1979, *On understanding grammar,* New York, Academic Press.

HAZAËL-MASSIEUX, Marie-Christine, 1993, *Écrire en créole. Oralité et écriture aux Antilles,* Paris, L'Harmattan.

HAZAËL-MASSIEUX, Guy, 1983, « Les parties du discours en créole de la Guadeloupe », in *Cercle linguistique d'Aix-en-Provence. Travaux 1. Les parties du discours,* pp. 73-85.

HOPPER, Paul J./THOMPSON, Sandra A., 1980, « Transitivity in Grammar and Discourse », in *Language* 56, pp. 251-299.

KLAIMAN, M. H.,1991, *Grammatical voice,* Cambridge.

KOCH, Peter/OESTERREICHER, Wulf, 1990, *Gesprochene Sprache in der Romania : Französisch, Italienisch, Spanisch,* Tübingen, Niemeyer.

KRIEGEL, Sibylle, 1998, « La suppression de l'agent entre l'oral et l'écrit : l'exemple de deux langues créoles françaises », in H. Geisler/D. Jacob (éds.), *Diathese, Transitivität, Informationsstruktur in den romanischen Sprachen. Beiträge zur Sektion 2 des XXIV. Romanistentages in Münster, 25-28/9/1995,* Tübingen, Niemeyer, pp. 141-154.

KRIEGEL, Sibylle, 1996, *Diathesen im Mauritius- und Seychellenkreol,* Tübingen, Narr, Collection ScriptOralia.

LAZARD, Gilbert, 1994, *L'actance,* Paris, PUF.

Linguistic Typology, Volume 5-2/3 (2001).

LUDWIG, Ralph, 1996, *Kreolsprachen zwischen Mündlichkeit und Schriftlichkeit. Zur Syntax und Pragmatik atlantischer Kreolsprachen auf französischer Basis.* Tübingen, Narr.

LUDWIG, Ralph/TELCHID, Sylviane/BRUNEAU-LUDWIG, Florence (en collaboration avec S. Pfänder et D. de Robillard), 2001, *Corpus créole. Textes oraux dominicains, guadeloupéens, haïtiens, mauriciens et seychellois : enregistrements, transcriptions et traductions,* Hamburg, Buske.

MCWHORTER, John, 2001, « The world's simplest grammars are creole grammars », in *Linguistic Typology* 5, pp. 105-166.

MICHAELIS, Susanne, 2001, « The Fate of Subject Pronouns : Evidence from Creole and Non-Creole Languages », in I. Neumann-Holzschuh/E. W. Schneider (éds.), Amsterdam/Philadelphia, Benjamins, pp. 163-184.

NEUMANN-HOLZSCHUH, Ingrid/SCHNEIDER, Edgar W. (éds.), 2001, *Degrees of Restructuring in Creole Languages*, Amsterdam/Philadelphia, Benjamins.

SYEA, Anand, 1993, « Null subject in Mauritian Creole and the pro-drop parameter », in Byrne/Holm (éds.), pp. 91-102.

SYEA, Anand, 1985, *Aspects of empty categories in Mauritian Creole*. Ph. D. thesis

THOMPSON, Sandra/HOPPER, Paul, 2001, « Transitivity, clause structure, and argument structure : Evidence from conversation », in J. Bybee/P. Hopper (éds.), pp. 27-60.

VÉRONIQUE, Daniel, 1993, « Effacement d'actants dans les énoncés en mauricien », in *Études Créoles* 16/1, pp. 130-142.

VÉRONIQUE, Daniel, 1984, « Typologie du prédicat et formes du passif en Mauricien », in *Cercle linguistique d'Aix-en-Provence. Travaux 2. Le Passif*, pp. 53-74.

VÉRONIQUE, Daniel, 1985, « *Gêj, fer* et quelques autres opérateurs sémantico-syntaxiques en Mauricien », in *Cercle linguistique d'Aix-en-Provence. Travaux 3. Les relations syntaxiques*, pp. 163-182.

YOUNG, Rodolphine, 1983, *Fables de La Fontaine traduites en créole seychellois*, Hamburg, Buske.

Y a-t-il une hypothèse superstratique ?[1]

Salikoko S. Mufwene
Université de Chicago

1. Préambule

Aujourd'hui, en créolistique, il est devenu courant de parler d'une position « superstratique », par opposition aux hypothèses dites « substratiques » et « universalistes » pour expliquer le développement des créoles. Je vais montrer dans les pages qui suivent que la dénomination *superstratique* est on ne peut plus ironique. En effet, contrairement aux universalistes et aux substratistes auto-proclamés, ni Robert Chaudenson ni moi-même n'avons revendiqué l'étiquette *superstratique* que l'on nous a attribuée, en référence à nos travaux posant l'hypothèse de l'évolution des parlers créoles à partir de leur langue de base. De plus, nous n'avons jamais soutenu que les créoles sont des dialectes des langues européennes dont ils auraient évolué, bien que je dise dans Mufwene (2001) que la plupart des locuteurs de ces nouveaux vernaculaires pensent qu'ils continuent à parler (des variétés non standard de) la même langue européenne. Ils attribuent ainsi à leurs vernaculaires le même statut évolutif qu'à d'autres nouvelles variétés coloniales parlées par les descendants des Européens ou par l'élite socioéconomique de leurs sociétés.

Comme je l'explique dans Mufwene (2005, 2006), mon observation sur l'attitude de ces locuteurs à leur parler a trait à la filiation génétique des vernaculaires créoles, qui n'exclut pas le contact de langues (tout comme pour les langues romanes). Cette filiation n'a rien à voir avec la façon dont les locuteurs identifient les nouveaux parlers, que ce soit comme de nouveaux dialectes de la même langue ou comme de nouvelles langues distinctes de la langue de base. En effet, la distinction entre « langue » et « dialecte » ne dépend pas du tout des processus de restructuration qui conduisent à la spéciation ni de la parenté typologique des structures des variétés en question. Les créoles nous invitent d'ailleurs à examiner plus attentivement dans quelle mesure les dialectes populaires à partir desquels ont évolué les vernaculaires créoles diffèrent typologiquement de leurs variétés standard.

De même que l'a souligné Chaudenson (1992), la distinction entre « dialecte » et « langue » n'a rien à voir avec le développement des créoles. Néanmoins, comme l'ont montré si clairement Sylvain (1936), Chaudenson (1992, 2001, 2003), et Corne (1999) pour les créoles français, on ne peut nier que beaucoup de structures dites « créoles » ont leurs origines dans les variétés populaires de la langue de base parlées par les

---

[1] Je tiens à remercier Cécile B. Vigouroux pour ses commentaires très pertinents sur le brouillon de ce chapitre. J'assume seul la responsabilité des faiblesses qui persisteraient.

engagés européens. Ces derniers, d'origine modeste, vivaient dans des conditions matérielles largement comparables à celles des esclaves qui ont produit les créoles et avec lesquels ils interagissaient régulièrement. Maintenant que certains des traits structurels qui nous intéressent ont disparu de la plupart des dialectes modernes des langues européennes en question, nous pourrions même affirmer que les créoles nous éclairent sur les particularités structurelles des variétés langagières parlées par les colons européens aux XVIIe et XVIIIe siècles (Mufwene, à paraître).

Qualifier notre perspective de « superstratique » est, comme je viens de le démontrer, incorrect et a surtout pour but, comme chez Lefebvre (2004) et McWhorter (2004) de justifier leurs hypothèses sur l'émergence des créoles, la première en invoquant un processus de relexification et le second celui d'une recréation à partir de ce qu'il décrit comme la « pulvérisation » méconnaissable de la langue européenne (McWhorter 2001). Ce dernier va même jusqu'à prétendre que Chaudenson et moi supposons que les esclaves auraient eu un accès limité à la langue cible (McWhorter 2000), alors que cette affirmation contredit aussi bien la position qu'il nous attribue que l'hypothèse que je suis en train de résumer ici. Le processus de « basilectalisation » que nous invoquons (voir Mufwene 1996, 2001), ainsi que le processus social d'« autonomisation » invoqué par Chaudenson (1992, 2003), remettent en question l'hypothèse d'une discontinuité ou d'une interruption dans la transmission de la langue coloniale européenne. Les Européens n'étaient pas forcément les seuls à transmettre les approximations linguistiques de la langue coloniale. Bien au contraire, la thèse selon laquelle la basilectalisation serait la conséquence d'« approximations des approximations » (ou « approximations au carré ») proposée par Chaudenson implique nécessairement une évolution continue et graduelle, donc un accès ininterrompu à la langue coloniale. La nature de celle-ci a en effet aussi divergé progressivement des variétés parlées au début des sociétés d'habitation. Nos détracteurs continuent à croire que les « transmetteurs » de la langue coloniale européenne devaient être des Européens et que l'émergence des sociétés de plantation et de la majorité démographique servile impliquait une « transmission » interrompue de la langue coloniale. L'histoire socio-économique des territoires en question suggère au contraire que la « transmission » de cette langue était surtout assurée – mais pas exclusivement – par les Créoles noirs. Jusqu'à la fin des sociétés d'habitation, ils parlaient la même variété non créole que les Créoles blancs, ou comme les esclaves acclimatés, qui parlaient eux des approximations moins basilectalisées que celles qui étaient développées petit à petit par les bossales devenus progressivement majoritaires.

Il est à souligner que les catégorisations de « superstratique », « substratique » et « universaliste » ont aussi pour origine un long refus, en créolistique, de reconnaître tant pour les parlers créoles et non créoles l'égalité des processus que Chaudenson (1992, 2003) appellent les « mécanismes d'autorégulation ». Selon Mufwene (2001) seules les particularités écologiques de leur émergence distinguent ces deux types de parler. Ces catégorisations des hypothèses génétiques témoignent aussi d'un refus d'admettre une partie de la thèse de Chaudenson (1992) selon laquelle les créoles auraient poussé à leur conclusion, dans des conditions écologiques particulières, des processus de changement déjà en cours dans la langue de base. Dans beaucoup de cas, il s'agissait de régulariser une pratique morphologique, syntaxique, et/ou sémantique déjà partiellement en cours dans le parler métropolitain (par exemple, la confusion et la réduction des flexions verbales de personne et de nombre ainsi que l'usage des formes interrogatives analytiques comme *ki moun, ki sa, ki koté*, et *ki lè* à la place des pronoms synthétiques *qui, quoi, où* et *quand*).

Dans ce chapitre, j'entends montrer que la caricature de notre position sur l'évolution des créoles et son opposition sont une des conséquences de l'« exceptionnalisme des créoles » que DeGraff (2003, 2004, 2005) a très clairement décrit et très bien remis en question. Nos détracteurs sont si attachés à l'idée d'exceptionnalisme des créoles qu'ils refusent de comprendre qu'il ne peut y avoir d'hypothèse superstratique sur l'évolution des créoles qui serait sur le même plan que les hypothèses substratiques et universalistes.

2. Petite épistémologie des hypothèses substratiques et universalistes

Comme nous le rappelle Goodman (1993), la notion de 'substrat' est née en dehors de la créolistique, chez les romanistes, en référence aux langues celtiques qui ont précédé le latin et influencé sa restructuration alors qu'il les remplaçait comme vernaculaire et se transformait en langues romanes[2]. Qu'elle soit sous forme d'apport à une langue donnée ou d'influence exercée sur l'évolution d'une forme ou d'une structure, « l'influence substratique » a donc à voir avec quelque chose qui est externe à la langue de base, identifiable au départ comme langue cible. Tel fut le cas du latin, par exemple, au cours de sa diffusion dans l'Empire Romain et, grâce à son contact avec les langues celtiques (ses substrats), sa transformation en langues romanes. Ceux qui, comme moi, ne croient pas que le latin soit vraiment mort (une position loin d'être irraisonnable) peuvent alors dire qu'il s'est seulement modifié sous l'influence des langues auparavant parlées par les populations celtiques qui se l'ont approprié. (Il a bien sûr continué à se transformer aussi sous l'influence des langues parlées par les colonisateurs germaniques pendant plusieurs siècles, après le départ des Romains.)

En créolistique, où la langue de base est souvent confondue avec la « langue superstratique », l'influence substratique a aussi été opposée à l'« influence

---

[2] Son usage originel en linguistique romane est calqué sur le modèle de *strate* en géologie. Le terme *substrat* désigne une couche linguistique chronologiquement antérieure (comme une strate géologique sous-jacente) à une autre, appelée *superstrat*. En géologie, la substance matérielle d'une strate peut être modifiée par la strate plus ancienne sur laquelle elle repose (son *substrat* dans le contexte langagier), tout comme elle peut être modifiée par une autre qui lui est superposée et donc moins ancienne (son *superstrat*, en linguistique). On peut ainsi parler de substrat celtique et de superstrat germanique dans le cas de l'ancien français ou de son ancêtre, le latin vulgaire. Le premier créoliste à avoir utilisé les termes *substrat* et *superstrat*, Hall (1950), a cependant modifié la relation diachronique qui les unit, leur substituant un rapport plutôt synchronique basé sur la stratification sociale des populations dans les colonies où se sont développés les créoles. Contrairement à ce que les termes suggèrent, les langues dites « substratiques » sont arrivées dans les colonies après ou au même moment que la langue coloniale européenne. Cette langue de base à partir de laquelle a évolué petit à petit le créole local (par le processus de basilectalisation), était généralement populaire (donc non standard) et différente des variétés acrolectales que les créolistes appellent indistinctement *superstrat, langue de base*, ou *langue lexificatrice*. Cette altération a beaucoup influencé le discours sur l'évolution des créoles, exagérant par exemple les différences entre leur genèse et celle des parlers non créoles, comme je le montre dans Mufwene (2005).

adstratique », désignation alors adoptée pour des langues autres que la langue de base et les langues substratiques qui ont aussi influencé les structures de la langue de base.[3] Si l'on s'en tient à cette idée, l'influence des langues germaniques sur l'ancien français (ou sur le latin vulgaire) parlé par les Gaulois, serait alors réinterprétée par les créolistes comme élément adstratique. *Mutatis mutandis* de l'arabe par rapport à l'ancien ibérien, à partir duquel ont évolué l'espagnol et le portugais modernes. On pourrait tout autant parler, pour l'évolution de l'anglais moyen en Angleterre, de l'influence substratique celtique et de l'influence adstratique normande, entre autres. Dans tous ces cas, il s'agit d'une langue qui se transforme au contact d'autres langues et qui néanmoins continue à être associée à son passé, même si elle ne reste pas exactement la même langue.

Bien qu'ils n'usent pas du terme *substrat*, c'est plus ou moins dans le sens évoqué *supra* que les substratistes du XIXe siècle tels que Baissac (1880) et Adam (1883) parlent du développement des créoles français, invoquant la « corruption » de la langue de base sous l'influence des langues africaines. C'est seulement dans la seconde moitié du XXe siècle que les créolistes vont tenir compte des langues autres que la langue de base et parlent de l'adstrat néerlandais, par exemple, dans le cas des créoles anglais du Suriname. Et l'on pourrait peut-être chercher des influences adstratiques anglaises sur les créoles français de Maurice, de Sainte Lucie, de la Dominique, ou de Trinidad. À ce jour, il y a encore beaucoup (trop) de créolistes qui font des langues substratiques le facteur principal expliquant la divergence des structures des créoles par rapport à leur langue de base, aussi mal identifiée que soit celle-ci.

Si aujourd'hui il existe aussi des hypothèses universalistes, c'est surtout en réaction aux excès des explications substratistes qui accordent trop d'importance aux influences ou éléments substratiques. Dans un contexte où l'on a toujours mal construit l'émergence des pidgins, les considérant comme l'aboutissement d'un échec total de communication entre des groupes parlant des langues différentes[4], les universalistes ont plutôt capitalisé sur les ressemblances entre les créoles, même entre ceux qui ont des

---

[3] La relation entre le « substrat » et le « superstrat » étant devenu plus sociale et synchronique que diachronique, le terme *adstrat* a été introduit pour désigner les langues européennes autres que la langue de base qui ont d'une façon ou d'une autre influencé l'évolution de celle-ci.

[4] En revanche, j'explique dans Mufwene (2005) que les pidgins se sont développés plus ou moins de la même façon que les créoles, par divergence progressive à partir des variétés plus fidèles parlées auparavant par les interprètes. Leur trajectoire évolutive est donc semblable à celle de la basilectalisation. En outre, je montre qu'en général les créoles et les pidgins se sont développés selon une distribution géographique complémentaire, les premiers dans les colonies de peuplement dépendant surtout de l'économie de plantation et les seconds dans les colonies de traite, bien que certains aient évolué en des *expanded pidgins* (aux structures plus complexes et plus « normalisées »), une fois les colonies de traite transformées en colonies d'exploitation. Bien que le cas d'Hawaii ait peu de ressemblances historiques avec les autres territoires créolophones et pidginophones, on peut aussi remarquer que le créole et le pidgin s'y sont développés simultanément, le premier en ville et le second dans les plantations (Roberts 1998, 2005 ; Mufwene 2004). La situation d'Hawaii est l'inverse de celle des Antilles et de l'océan Indien, où le créole s'est formé dans les plantations et où aucune forme ressemblant au pidgin ne s'est développée, du moins parmi les populations serviles. Selon Stewart (2002), le créole jamaïcain urbain aurait été importé des anciennes plantations.

langues de base différentes. Les universalistes ont alors invoqué soit des processus universels de restructuration ayant lieu lors de l'apprentissage de la langue par un groupe étranger (donc lors de son acquisition comme langue seconde) soit l'influence de la grammaire universelle. Cette dernière produirait, grâce aux enfants développant une langue maternelle à partir du pidgin parlé par leurs parents une langue toute nouvelle n'ayant plus aucune ressemblance structurelle avec la langue de base. Selon Bickerton (1981, 1984, 1999), cet ancêtre phylogénétique du créole n'aurait pas eu de grammaire, chaque locuteur produisant ses énoncés de façon plutôt aléatoire[5]. C'est plus ou moins dans ce contexte que, bien qu'il ne soit pas universaliste, McWhorter (2001) parle des enfants qui auraient créé, à partir du pidgin parlé par les parents, des langues nouvelles, donc des créoles. Comme je l'ai observé ci-dessus, le pidgin serait selon lui, le résultat de la « pulvérisation » de la langue de base.[6]

Depuis les années 1970, Robert Chaudenson n'a cessé d'exprimer son désaccord avec ce que prétendent ces hypothèses ou ce qu'elles présupposent. Par exemple, il remarque que les ressemblances structurelles entre les créoles ne sont pas nécessairement imputables à la grammaire universelle, à laquelle, selon Bickerton, seuls les enfants auraient accès. Chaudenson attire aussi notre attention sur les ressemblances typologiques existant déjà entre les langues de base européennes, surtout entre les variétés populaires dont plusieurs structures sont (partiellement) semblables à celles des créoles et, pour certaines créolistes, à l'origine de ces derniers (Chaudenson 1992, 2001, 2003). La position de Chaudenson est particulièrement intéressante parce qu'elle s'accorde avec la loi du moindre effort que suit l'espèce humaine dans ses activités (Mufwene 2001). Il est généralement plus pratique, pour ne pas dire plus efficace, pour accomplir quelque chose de nouveau, de modifier une stratégie ou une technique que l'on connaît déjà que d'inventer une stratégie ou une technique toute nouvelle. L'évolution des structures grammaticales, même dans les variétés non créoles, suit ce principe, particulièrement parce que les modifications sont spontanées, progressives (s'appliquant à un petit détail à la fois), et pas du tout soudaines. L'explication universaliste bickertonienne est quant à elle trop « coûteuse » par rapport à l'alternative plus naturelle proposée par Chaudenson et moi-même, d'ailleurs corroborée par

---

[5] Comme nous le démontrons dans Chaudenson (1979, 1992, 2001, 2003) et Mufwene (1996, 2001, 2005), il n'y a rien dans l'histoire socioéconomique des territoires créolophones qui corrobore cette hypothèse. DeGraff (1999) démontre aussi que les enfants ont dû hériter de certains des traits linguistiques de leurs parents et les ont ensuite transmis à la prochaine génération d'apprenants de la langue coloniale. Chaque génération – tant les adultes que les enfants – a contribué ainsi à la restructuration de la langue de base en direction du créole émergent. Il n'y a donc aucune raison de privilégier les adultes (comme chez les substratistes) ou les seuls enfants (comme le fait Bickerton) pour rendre compte de la divergence des structures des créoles.

[6] Il apparaît aussi que, contrairement aux hypothèses substratiques, les hypothèses universalistes diffèrent selon qu'elles admettent ou pas une certaine continuité de la langue de base, sous forme modifiée. La version qui postule le rôle prépondérant des enfants n'admet aucune continuité autre que celle du lexique. La grammaire serait une création toute nouvelle n'ayant aucun rapport avec la langue de base ou les langues substratiques. Ceux qui invoquent les universaux d'apprentissage de langue seconde présupposent quant à eux une certaine continuité de la langue de base.

l'histoire de la colonisation. Les apprenants des langues européennes dans les colonies ont souvent retenu des constructions qui leur étaient familières, surtout quand elles coïncidaient (partiellement) avec des structures de plusieurs de leurs langues « substratiques ». Comme dans tous les cas d'apprentissage « sauvage » de langue seconde, il ne s'agit évidemment pas de rétentions fidèles[7]. Il est alors tout à fait normal que si les langues de base ont en commun de nombreuses structures, les créoles qui ont évolué d'elles manifestent aussi, entre eux, des ressemblances structurelles.

Or il se fait aussi que beaucoup de ces ressemblances sont trompeuses, parce que partielles. Comme le montre, par exemple, les contributions dans Singler (1990), les systèmes de référence temporelle varient d'un créole à l'autre et s'écartent du prototype stipulé par Bickerton (1975). Dijkhoff (1987) le montre également avec le système de la détermination nominale en papiamentu, qui a un pluriel indéfini alors que beaucoup de créoles n'en ont pas. Il est aussi devenu de plus en plus évident que la morphosyntaxe des créoles n'est pas aussi isolante qu'on l'a cru jusqu'à présent et qu'il y a même des retentions tant de la langue de base que des langues substratiques (par exemple, Kouwenberg 1994, Dijkhoff 1993, DeGraff 2001). Il apparaît de plus en plus évident que tous les apprenants, sans distinction d'âge, ont dû participer et ce de multiples façons à la divergence des structures des créoles par rapport à celles de leurs langues de base (DeGraff 1999). Mufwene (2001) ajoute que les grammaires créoles sont trop complexes pour n'être que des créations d'enfants.

Le problème fondamental des hypothèses substratiques est qu'elles exagèrent l'influence substratique sur les structures des créoles, bien que de nombreuses variantes attestent ou suggèrent une certaine continuité des éléments de la langue de base. Ni Chaudenson (1992, 2001, 2003) ni Mufwene (1986a, 1993, 2001, 2005) ne sont opposés aux influences substratiques. Si nous reconnaissons leur rôle c'est au même titre que celui qu'elles ont joué dans l'évolution des langues romanes et de l'anglais, c'est-à-dire, comme des éléments et/ou facteurs structurels externes à la langue de base qui transforment celle-ci pendant son appropriation par une population nouvelle de locuteurs. Selon nous, la place des éléments de la langue de base dans l'architecture d'un créole ne peut être réduite au même statut que les influences substratiques ; les contributions de la langue de base aux structures d'un créole ont plutôt à voir avec la continuation et la transformation d'une langue lors de son appropriation par une population étrangère. S'il y a des principes universaux qui s'appliquent pendant cette transformation, ils ne sont pas en conflit avec notre position. Ces principes universaux exercent surtout une contrainte sur la façon dont les transformations s'opèrent dans des conditions écologiques spécifiques. Ces principes devraient d'ailleurs nous éclairer sur la façon particulière dont les éléments substratiques (qu'ils soient des modèles

---

[7] De tels territoires existent en Mélanésie où aucune population importante ne parle couramment la langue de base et où les *expanded pidgins* anglais se sont développés sous l'influence de langues substratiques ayant beaucoup de traits structurels en commun. Dans ce cas, les structures des nouvelles langues divergent de façon importante de celles de leur langue de base, l'anglais. C'est ce qu'a bien démontré Keesing (1988), mais cette dimension du développement des créoles n'est pas particulièrement pertinente à la présente discussion. Voir Mufwene (2001, 2005) pour une discussion détaillée.

structurels ou des morphèmes particuliers) influencent la transformation de la langue cible, par opposition, par exemple, à des innovations fondées seulement sur le dynamisme des traits linguistiques des constituants traditionnels de la langue de base. Ils devraient aussi nous éclairer sur la manière dont les éléments nouveaux et traditionnels s'intègrent en un système nouveau régi partiellement par des règles qui distinguent maintenant le créole de la langue de base.

Dans ce contexte, il est donc erroné de parler d'une hypothèse superstratique comparable aux hypothèses substratique et universaliste bickertonienne. Il ne s'agit en effet que d'évolution linguistique normale, dont les aboutissements spécifiques varient selon la langue de base, les langues substratiques et adstratiques avec lesquelles elle est entrée en contact, et de nombreuses autres spécificités écologiques liées au contact.

Nous devons aussi nous rappeler que les évolutions d'une langue ne produisent pas nécessairement de nouveaux dialectes. Ces évolutions pourraient en effet conduire à la création de nouvelles langues, comme ce fut le cas des langues romanes par rapport au latin vulgaire. C'est parce que, comme je l'ai déjà souligné, la distinction entre « langue » et « dialecte » n'a rien à voir avec le type de nouvelles structures associées à la transformation de la langue que notre position évolutionniste ne se préoccupe pas de savoir si le résultat de la transformation est une langue nouvelle ou un dialecte nouveau. Le bien-fondé de notre hypothèse est justifié par le fait que, si les idéologues prétendent que les créoles sont de nouvelles langues, certains locuteurs, quant à eux, affirment qu'ils continuent à parler la langue de base (Mufwene 1988, 2001), alors que la majorité est complètement indifférente à cette question. Ces locuteurs sont tout simplement conscients de parler d'une façon différente et que leur parler a évolué à partir d'une langue européenne. Mais tel est aussi le cas des locuteurs de nouvelles variétés coloniales non créoles des mêmes langues européennes.

J'ai proposé dans Mufwene (1986a) que les hypothèses universalistes et substratistes étaient complémentaires. Par cela j'entendais que les principes universels et les influences substratiques ne s'excluent pas mutuellement dans les changements transformant une langue en un créole (comme d'ailleurs en n'importe quelle nouvelle variété langagière), et que les différences de restructuration étaient liées à la spécificité de l'écologie de contact (Mufwene 1996, 2006). Ce que je n'avais pas articulé correctement dans Mufwene (1986a) mais me suis engagé à corriger depuis Mufwene (1991 ; voir aussi Mufwene 1993) est que les principes universaux agissent plutôt comme un filtre sur le processus de restructuration, garantissant que la résultante de l'équation serait encore une langue. Cela signifie qu'il y a dans la restructuration langagière une « division du travail » entre ce à quoi les principes universels de l'architecture du langage contribuent et les influences que les langues substratiques exercent sur la langue cible. Les modifications que subit cette dernière lors de son appropriation par une nouvelle population de locuteurs sont conditionnées d'une part par des principes de compatibilité entre les éléments mélangés et les contraintes imposées par la langue cible, et d'autre part par des principes qui garantissent que le résultat reste toujours une langue naturelle, quelle que soit l'importance de la divergence de ses structures par rapport à celles du *terminus a quo*.

Dans Mufwene (2001, voir aussi Mufwene 2002), j'ai étoffé cette approche avec la notion de «*feature pool*», c'est-à-dire l'arène écologique où se déroulent la compétition et la sélection déterminant la composition structurelle d'une langue après sa transformation, même sous l'influence d'éléments de systèmes différents. Selon ce modèle, tout comme celui qui est proposé par Chaudenson depuis les années 1970, l'interaction entre l'écologie interne de la langue de base (ou langue cible) et l'écologie externe (l'influence exercée par les langues avec lesquelles celle-ci entre en contact) détermine aussi bien les variantes qui seront intégrées dans le nouveau système que les éléments étrangers qui y seront retenus.

C'est dans ce contexte de « *feature pool* » qu'on peut voir, en action, *l'osmose* dont parle Chaudenson (1992, 2001), dans la mesure où la nouvelle variété langagière intègre dans son système non seulement des éléments hérités de la langue de base mais aussi des éléments étrangers au système de départ, même dans les cas où la transformation de la langue de base n'est pas très importante. La proportion des éléments substratiques étrangers varie selon les cas. Si l'on considère une langue comme un système intégré se distinguant d'autres langues par ses spécificités structurelles, on retrouve donc ce genre de mélange variable dans toutes les évolutions transformationnelles qui rendent compte de la spéciation langagière. On peut citer à titre d'exemple le cas de la diversification du proto-indo-européen et du proto-bantou, celui de la spéciation du latin en langues romanes ou encore du proto-arabe en des variétés vernaculaires de l'arabe moderne, et enfin le cas de l'anglais et de toutes ses variétés modernes (créoles et non créoles).

Hjelmslev (1938) devait certainement avoir pensé à quelque chose de semblable quand il affirmait que toute langue est, dans une certaine mesure, mixte, car constituée de certaines spécificités empruntées à d'autres parlers[8]. La distinction entre parlers « créoles » et « non créoles » devient alors une question sociohistorique, comme je l'explique dans Mufwene (2001, 2005), développant la thèse de Mufwene (1986b). Compte tenu de cela, on comprend alors mieux ce qui a conduit DeGraff (2003, 2004) à remettre en question le traitement des créoles comme phénomène exceptionnel tant par leur évolution que par leurs structures. Il met en évidence l'idéologie linguistique et raciale sous-jacente à beaucoup d'études sur les créoles, et qui empêche les linguistes de reconnaître l'évidence : les créoles se sont développés par les mêmes processus de restructuration que l'on peut aussi observer dans les parlers non créoles (Mufwene 2001).

On pourrait arguer que la position sur l'émergence des créoles que je défends avec Chaudenson est somme toute assez proche de l'hypothèse universaliste qui soutient que les créoles reflètent aussi les influences étrangères opérées sur une langue lors de son acquisition comme langue seconde. Ces influences, dues aux interférences, seraient alors associées à une population exclusivement adulte. Cette position suggérerait aussi que les créoles n'auraient pas d'éléments substratiques s'ils avaient été

---

[8] Il est ainsi évident que l'on doit rejeter la notion de « langue pure » qui, au XIXe siècle, était sous-jacente à la distinction entre parlers « créoles » (prototypes de « langues mixtes ») et idiomes « non créoles » (Mufwene 2006). Bien que les contacts des peuples et des langues à partir desquels les créoles ont évolué relèvent des facteurs historiques bien particuliers, il n'y a aucune raison de traiter comme anormal le fait que leur développement a été influencé par le contact de langues en beaucoup de points typologiquement différentes les unes des autres.

formés seulement par les enfants, comme le prétend Bickerton (1981, 1984, 1999). Cependant, DeGraff (1999) a déjà démontré avec raison qu'il n'est pas nécessaire d'attribuer l'émergence des créoles à l'action exclusive des adultes, pas plus qu'à celle des seuls enfants. Il convient néanmoins de souligner que ces derniers assurent la transmission des traits substratiques antérieurement sélectionnés et réorganisés par leurs parents à la nouvelle génération d'apprenants à qui ils servent de locuteurs modèles. C'est grâce aux préférences opérées par les enfants que certains des traits substratiques finissent par appartenir de façon permanente au *feature pool* communautaire. Ils constituent alors une réserve disponible dans laquelle de nouvelles générations d'apprenants peuvent puiser (voir aussi Mufwene 2004). DeGraff (1999) montre ainsi que, dans une situation de contact de langues, c'est l'ensemble (et non une partie) des locuteurs qui a contribué d'une façon ou d'une autre à la restructuration produisant un créole ou n'importe quelle nouvelle variété langagière résultant de l'appropriation d'une langue par une nouvelle population de locuteurs.

La ressemblance des positions de Chaudenson et des miennes avec l'hypothèse universaliste non bickertonienne évoquée ci-dessus est correcte, sauf qu'aucun de nous ne nie la filiation génétique des créoles à la langue de base. Contrairement à Thomason (2001), nous n'affirmons pas que l'introduction d'éléments extérieurs à la langue de base dans le système du créole rompe sa connexion génétique avec cette dernière. À mon avis, les structures des créoles ne divergent pas plus des structures de leurs langues de base que les langues romanes par rapport au latin vulgaire. Tout d'abord, nous sommes bien en mal de déterminer dans quelle mesure leurs structures sont divergentes, parce que nous ne disposons d'aucune comparaison exhaustive entre, d'un côté, les variétés langagières parlées par les colons et engagés européens et, de l'autre, les créoles qui ont évolué à partir d'elles. De plus, nous ne pouvons pas non plus déterminer la composition exacte de la version coloniale de la langue de base, bien que nous sachions que celle-ci était le produit de nouveaux mélanges de dialectes populaires métropolitains, des koïnès encore émergentes et variables d'une colonie à l'autre.

La plupart des comparaisons faites entre les créoles et les langues standard pour déterminer le degré de leur divergence structurelle ne sont pas corroborées par l'histoire du peuplement des colonies. Ces comparaisons nous donnent une idée des populations européennes qui ont émigré dans les colonies et de la diversité des variétés langagières non standard qu'elles ont parlées. Mais elles ne tiennent pas compte des *termini a quibus* (les 'points de départ') des créoles. Les données contemporaines dont nous disposons, tant sur les structures des créoles que des dialectes non standard des langues européennes correspondantes, nous permettent surtout de postuler des *feature pools* semblables mais pas strictement identiques dont sont issus les parlers coloniaux créoles et non créoles. Tout comme nous devons tenir compte de l'influence des langues substratiques sur la transformation des langues européennes coloniales en créoles, nous devons aussi bien comprendre la nature des structures linguistiques européennes ciblées par les apprenants serviles. Il est important de se rappeler que le fait même d'être ciblées conférait un avantage à ces structures, surtout par rapport aux structures substratiques. C'est parce qu'il présuppose que la langue cible a des structures différentes de la sienne que tout apprenant fait attention aux différences qu'il peut saisir et fait un effort pour les apprendre du mieux possible. Les interférences se fossilisent dans son idiolecte en dépit de lui-même (Mufwene 2001). L'apprenant aura par exemple un accent (ce qui sera perçu, au niveau communautaire, comme une influence substratique) en dépit de ses efforts pour parler comme les locuteurs modèles. Les possibilités de divergence entre la langue cible et les variétés émergeant de l'apprentissage (donc du contact) augmentent dans le cas où certains des locuteurs modèles ne sont pas eux-mêmes locuteurs natifs, comme on peut l'observer aujourd'hui dans les français africains ou les anglais indigénisés.

Ce que je viens de résumer est, à mon avis, précisément le genre d'approche que préconise Chaudenson depuis les années 1970. Partant de cela, il serait bon de nous demander si certaines de nos idées reçues sur la spéciation et les filiations génétiques des langues romanes ou indo-européennes, par exemple, ne doivent pas être remises en question (Mufwene 2006). Les questions d'ordre génétique qui préoccupent certains créolistes aujourd'hui semblent tout aussi bien s'appliquer à ces langues. Sans vouloir aller jusqu'à dire, comme Schlieben-Lange (1977), par exemple, que les langues romanes sont des créoles, nous ne pouvons nier que celles-ci sont en grande partie le résultat de l'influence des langues celtiques sur la variation interne dans le latin vulgaire ainsi que la conséquence des éléments xénolectaux que ces parlers substratiques et, plus tard, des idiomes germaniques et arabes, ont contribué aux systèmes émergents.

Afin de mieux situer l'évolution des créoles par rapport à celle des variétés non créoles, il serait utile de porter davantage notre attention sur le début des langues romanes, ce qui correspond à l'étape évolutive actuelle des créoles. De même, nous devrions comparer les spécificités des structures des créoles par rapport à celles des koïnès coloniales, à partir desquelles ils ont évolué, à celles par exemple de l'ancien français par rapport au latin vulgaire. Nous ne pouvons pas oublier que les variétés standard des langues romanes aujourd'hui reflètent aussi d'une certaine manière la manipulation de ces parlers par des idéologues qui voulaient les façonner sur le modèle du latin classique idéalisé. Le même genre de standardisation pourrait tout aussi bien s'opérer sur certains créoles, une fois associés à un pouvoir économique important. Seul l'avenir pourra permettre de vérifier cette spéculation.

Une des questions fondamentales que Chaudenson et moi posons et qui distingue notre position des autres est dans quelle mesure les structures des créoles diffèrent vraiment de celles des variétés populaires à partir desquelles ils ont évolué. Nous ne supposons pas que les créoles aient des structures identiques à celles des parlers populaires européens coloniaux à partir desquels ils ont évolué. Bien que les origines de leurs structures soient principalement indo-européennes, nous sommes aussi conscients des influences substratiques qui ont influencé les sélections spécifiques opérées dans différents milieux de contacts langagiers. De même, la recombinaison des traits structurels particuliers en un système langagier nouveau a produit, dans chaque écologie de contact, des spécificités structurelles qui distinguent chaque créole, et chaque groupe régional de créoles des autres groupes, par exemple les créoles français des Antilles de ceux de l'océan Indien. Cependant, nous constatons aussi que les nouvelles variétés coloniales de mêmes langues européennes diffèrent non seulement des créoles et des parlers métropolitains mais aussi entre elles. Ainsi le québécois est différent du français louisianais, tous deux différents de celui de Saint-Barthélemy.

Toutes ces observations impliquent que nous tenions compte non seulement des différences structurelles entre les créoles, leurs langues de base, et les nouvelles variétés apparentées non créoles, mais aussi de leurs ressemblances. Comme je l'ai remarqué dans Mufwene (2003), et comme Chaudenson (2003) l'a clairement illustré, il y a entre les créoles des ressemblances familiales wittgensteiniennes, certains étant plus semblables que d'autres. On pourrait aussi identifier certains créoles comme ayant des structures plus proches des variétés métropolitaines (disons le gullah par rapport à l'anglais américain, par opposition aux créoles anglais du Surinam ou de la Guyane anglaise), tout comme, dans une famille, on pourrait identifier des enfants ressemblant davantage à leurs parents ou à certains de leurs arrières grands-parents que d'autres. Ces ressemblances ne s'opèrent pas nécessairement à partir d'une combinaison précise de traits qui permettent de mesurer constamment le degré de divergence par rapport à un ancêtre commun. Comme je l'explique dans Mufwene (2001), il se pose deux problèmes importants dans les travaux qui essaient de classer certains créoles par rapport à leur degré de divergence. D'une part, ils le font selon un continuum apparemment linéaire et, d'autre part, ils ne tiennent pas compte du fait que le *terminus a quo* diffère d'une écologie de contact à une autre. Si le degré de divergence est mesurable, il ne peut l'être que localement, c'est-à-dire en comparaison avec le mésolecte, le basilecte, et l'acrolecte, tenant ainsi compte du fait que, même sur le plan local, les influences substratiques n'ont pas la même importance dans tous les lectes. Le principal défaut que j'observe particulièrement dans les hypothèses du bioprogramme (Bickerton 1981, 1984, 1999) et de la relexification (*e. g.*, Lefebvre 1998, 2004), est que chacune à leur façon néglige la façon particulière dont les sociétés de plantation des Antilles et de l'océan Indien ont évolué à partir des sociétés d'habitation, favorisant un processus de basilectalisation graduelle dans lequel une langue européenne reste la cible. Lefebvre va même jusqu'à privilégier à outrance les ressemblances perçues entre le créole haïtien et le fongbe, négligeant le fait que certaines de ces structures sont partagées aussi avec la langue de base. Comme le montrent Corne (1999) et Mufwene (2001) en particulier, la congruence partielle des structures substratiques et de celles des langues de base doivent, par la loi du moindre effort, avoir favorisé des traits structurels déjà familiers à certains apprenants, augmentant leur importance statistique dans le *feature pool*.

Étant donné le nombre d'hypothèses qui ne cesse de croître sur le développement des créoles, il me semble important de souligner à nouveau les ressemblances entre les créoles et les variétés langagières non standard européennes à partir desquelles ils ont évolué, même si elles ne sont que partielles. Il est aussi important de reconnaître que certaines de ces structures ont été sélectionnées parce qu'elles sont partagées par certaines langues substratiques et non pas parce qu'une seule langue substratique aurait eu plus d'importance que les autres. De même, comme le montre Aboh (2006), l'intégration des traits structurels (qu'ils proviennent de la langue de base, de certaines langues substratiques, ou des deux groupes) dans le nouveau système d'un créole (ce que j'ai appelé « recombinaison » dans Mufwene 2001) est un processus complexe dans lequel très peu d'éléments sont répliqués littéralement à partir de la langue source. Il n'y a pas vraiment de relexification dans le sens où le prétend par exemple Lefebvre (1998, 2004).

Tout ceci nous paraît tout à fait normal parce que l'apprenant se rend compte assez vite que la langue cible est différente de sa langue source et qu'il doit faire un effort pour apprendre à communiquer ses idées et ses sentiments d'une nouvelle façon

(Mufwene 2001, 2005). On pourrait ainsi dire que les langues substratiques sont dès le départ défavorisées par les facteurs écologiques suivants : 1) il faut parler une langue autre ; et 2) il faut la parler le mieux que l'on puisse, donc il faut se débarrasser de toutes les interférences qu'on reconnaît et qu'on peut éliminer. Les influences substratiques subsistent donc en dépit des efforts des apprenants de parler comme les locuteurs natifs ou modèles. Si les enfants constituent une masse critique importante et qu'ils ont encore accès au modèle original, leur présence dans la communauté des apprenants diminue encore davantage l'importance des interférences dans les variétés xénolectales de leurs parents. Ce raisonnement s'applique autant au rôle des enfants dans le développement des créoles, bien discuté par DeGraff (1999 ; voir aussi Mufwene 2004) que, par exemple, à l'évolution de l'anglais parmi les Blancs alors non anglophones en Amérique du Nord et en Australie. Par exemple, les enfants des Italiens et des Allemands n'ont pas forcément retenu les accents de leurs parents immigrants. Bien sûr que toutes les populations coloniales n'ont pas été assimilées de façon identique. Cela a eu pour conséquence, entre autres, que les enfants d'esclaves n'ont pas réussi à échapper autant que les enfants de populations non serviles aux influences substratiques de leurs parents. Mais ils ont pu certainement éviter les traits les plus stigmatisés associés aux parlers xénolectaux de ceux-ci.

3. Conclusions

Nulle n'a été mon intention, dans ce chapitre, de chercher à démontrer la supériorité explicative de l'hypothèse dite « superstratique », attribuée à Chaudenson et à moi, par rapport aux hypothèses substratique et universaliste. Bien que j'aie implicitement cautionné la désignation 'superstratique' en expliquant par exemple en quoi consiste l'hypothèse chaudensonienne que j'ai intégrée à mon approche écologique de l'évolution linguistique, la question centrale demeure ici celle de la validité de la désignation « hypothèse superstratique ». Y a-t-il vraiment une telle hypothèse superstratique comparable aux hypothèses substratiques et universalistes ? Si l'on ne se place que du côté du modèle universaliste bickertonien, la réponse est négative, d'une part parce que notre hypothèse est purement évolutionniste et d'autre part parce que nous récusons la manière exceptionnelle dont les structures de la langue de base se seraient transformées pendant son appropriation par une population étrangère de locuteurs.

En revanche, si l'on fait référence à l'hypothèse des universaux de l'acquisition de la langue seconde, nous nous complétons, tout en soulignant néanmoins que ces universaux ne répondent qu'à une partie de la complexité des questions sur le développement des créoles. C'est précisément la raison pour laquelle j'ai adopté une démarche écologique qui me permet d'examiner concurremment plusieurs aspects d'une évolution fondamentalement multidimensionnelle. Invoquer des universaux n'est ni suffisant ni satisfaisant si on ne dit pas précisément comment ces universaux restructurent un système et dans quelles conditions ils s'appliquent. L'approche évolutive écologique s'attelle à toutes ces questions pertinentes, tenant compte d'une série de facteurs parmi lesquels on citera : la variation interne dans la langue de base, la structure de la population dans la colonie, les modes d'interactions entre les locuteurs de la langue de base et les apprenants, l'identité ethnolinguistique des locuteurs de la langue ciblée, la composition ethnolinguistique de la population d'apprenants à différentes phases de l'évolution socioéconomique de la colonie, le *feature pool* structurel qui en découle, les principes de marquage conditionnés par l'écologie qui influence la sélection, l'intégration des variantes particulières dans le système émergent, etc. Malgré les critiques qui nous ont été adressées par nos détracteurs, Chaudenson et moi pouvons nous targuer d'avoir réussi à élaborer un modèle qui rend toutes les autres alternatives trop partielles et inadéquates. Nul n'est besoin de désigner cette approche de « superstratique ». Elle représente l'étude de l'évolution normale d'une langue et met aussi en évidence certaines des failles de la linguistique génétique telle qu'elle s'est toujours pratiquée.

Je tiens néanmoins à réitérer que la position que Chaudenson et moi défendons n'implique pas du tout que les nouvelles variétés sont nécessairement des dialectes de la langue de base, pas plus que les langues romanes ne peuvent être considérées comme des dialectes du latin (vulgaire), du moins selon la plupart des romanistes. Les divergences structurelles que l'on relève sont des évolutions normales dans une situation où des ressortissants d'une métropole colonisent d'autres populations et leur imposent leur langue. Il va de soi que l'appropriation de celle-ci par les populations colonisées s'accompagne d'influences substratiques. Ce que nous réfutons ce sont les hypothèses qui attribuent certaines des divergences des nouvelles variétés coloniales produites par les colonisés (surtout ceux, comme il apparaît de plus en plus évident, de souche non européenne) aux seules influences substratiques ou aux universaux bioprogrammatiques.

Il me semble cependant évident que les nouvelles variétés façonnées par les nouveaux locuteurs incluent dans leurs structures aussi bien des éléments lexicaux et structuraux de la langue ciblée que des éléments et des influences xénolectaux. Il s'agit maintenant de savoir dans quelles proportions les « matériaux de construction » (Chaudenson 1992) issues de plusieurs langues (et dialectes) en contact sont mélangés, et quelles sont les conditions écologiques dans lesquelles les éléments et/ou influences substratiques peuvent dominer. Ce qui m'intéresse plus particulièrement est de comprendre le lien génétique indéniable entre le vocabulaire et un grand nombre de structures des créoles avec le vocabulaire et les structures de leur langue de base.

Notons que ce lien génétique n'implique pas du tout que les structures originales et leurs fonctions soient répliquées fidèlement. Sinon, on appliquerait aux liens génétiques des créoles une condition qui ne s'applique pas aux nouvelles variétés non créoles. Il est dommage que Boretzky (1993), à qui j'emprunte ce principe, ne l'ait appliqué qu'aux contributions des langues substratiques. En posant pour chaque nouvelle variété langagière un *feature pool* dont ses « matériaux de construction » et principes structurels auraient été sélectionnés (Mufwene 2001, 2002), la recherche sur l'évolution des créoles suggère à la linguistique génétique toute une série de questions intéressantes (Mufwene 2005). Il nous reste encore beaucoup de travail pour mieux comprendre comment procède l'évolution linguistique en général et pas seulement créole.

Références

ABOH, Enoch Oladé, 2006, *The role of the syntax-semantics interface in language transfer*, Manuscrit.

ADAM, Lucien, 1883, *Les idiomes négro-aryens et malayo aryens : essai d'hybridologie linguistique*, Paris, Maisonneuve.

BAISSAC, Charles, 1880, *Étude sur le patois créole mauricien*, Nancy, Imprimerie Berger-Levrault.

BICKERTON, Derek, 1975, *Dynamics of a creole system*. Cambridge, Cambridge University Press.

BICKERTON, Derek, 1981, *Roots of language*, Ann Arbor, Karoma.

BICKERTON, Derek, 1984, « The language bioprogram hypothesis », *Behavioral and Brain Sciences* 7, pp. 173-221.

BICKERTON, Derek, 1999, « How to acquire language without positive evidence : What acquisitionists can learn from creoles », in M. DeGraff (dir.), *Language creation and language change : Creolization, diachrony, and development*, Cambridge, MA, MIT Press, pp. 49-74.

BORETZKY, Norbert. 1993, « The concept of rule, rule borrowing, and substrate influence in creole languages », in S. Mufwene (dir.) *Africanisms in Afro-American language varieties*, Athens, University of Georgia Press, pp. 74-92.

CHAUDENSON, Robert, 1979, *Les créoles français*, Paris, Fernand Nathan.

CHAUDENSON, Robert, 1992, *Des îles, des hommes, des langues : essais sur la créolisation linguistique et culturelle*, Paris, L'Harmattan.

CHAUDENSON, Robert, 2001, *Creolization of language and culture*, Londres, Routledge.

CHAUDENSON, Robert, 2003, *La créolisation : théorie, applications, implications*, Paris, L'Harmattan.

CORNE, Chris, 1999, *From French to Creole : The development of new vernaculars in the French colonial world*, Londres, University of Westminster Press.

DEGRAFF, Michel, 1999, « Creolization, language change, and language acquisition : A Prolegomenon », in M. DeGraff (dir.), *Language creation and language change : Creolization, diachrony, and development*, Cambridge, MA, MIT Press, pp. 1-46.

DEGRAFF, Michel, 2001, « On the origin of creoles : A Cartesian critique of neo-Darwinian linguistics », *Linguistic Typology* 5, pp. 213-310.

DEGRAFF, Michel, 2003, « Against creole exceptionalism. Discussion note », *Language* 79, pp. 391-410.

DEGRAFF, Michel, 2004, « Against creole exceptionalism (redux) », *Language* 80, pp. 834-839.

DEGRAFF, Michel, 2005, « Linguists' most dangerous myth : The fallacy of creole exceptionalism », *Language in Society* 34, pp. 533-591.

DIJKHOFF, Marta, 1987, « Complex nominals and composite nouns in Papiamentu », in Ph. Maurer/Th. Stolz (dirs.), *Varia creolica*, pp. 1-10, Bochum, Brockmeyer.

DIJKHOFF, Marta B., 1993, *Papiamentu word formation : A case study of complex nouns and their relation to phrases and clauses*, University of Amsterdam, Doctoral dissertation.

GOODMAN, Morris, 1993, « African substratum : Some cautionary words », in S. Mufwene (dir.), *Africanisms in Afro-American language varieties*, Athens, University of Georgia Press, pp. 64-73.

HALL, Robert A. Jr., 1950, « African substratum in Negro English », *American Speech* 25, pp. 51-54.

HJELMSLEV, Louis, 1938, « Études sur la notion de parenté linguistique », *Revue des études indo-européennes* 1, pp. 271-286.

KEESING, Roger M 1988, *Melanesian Pidgin and the Oceanic substrate*, Stanford, Stanford University Press.

KOUWENBERG, Silvia, 1994, *A grammar of Berbice Dutch Creole*, Berlin, Mouton De Greuter.

LEFEBVRE, Claire, 1998, *Creole genesis and the acquisition of grammar : The case of Haitian Creole*, Cambridge, Cambridge University Press.

LEFEBVRE, Claire, 2004, *Issues in the Study of Pidgin and Creole Languages*, Amsterdam/Philadelphia, John Benjamins.

MCWHORTER, John H., 2000, *The missing Spanish creoles : Recovering the birth of plantation contact languages*, Berkeley, University of California Press.

MCWHORTER, John H., 2001, *The power of Babel : a natural history of language*, New York, Times Books.

MCWHORTER, John H., 2004, *Defining creole*, Oxford, Oxford University Press.

MUFWENE, Salikoko S., 1986a, « The universalist and substrate hypotheses complement one another », in P. Muysken/N. Smith (dirs.), *Substrata versus universals in creole genesis*, Amsterdam, John Benjamins, pp. 129-62.

MUFWENE, Salikoko S., 1986b, « Les langues créoles peuvent-elles être définies sans allusion à leur histoire ? », *Études créoles* 9, pp. 135-150.

MUFWENE, Salikoko S., 1988, « Why study pidgins and creoles ? », Column, *Journal of Pidgin and Creole Languages* 3, pp. 265-276.

MUFWENE, Salikoko S., 1991, Compte rendu de *Pidgins and creoles :* tome 1 : *Theory and structure* (1988) et tome 2 : *Reference survey* (1989) par John Holm, *Language* 67, pp. 380-387.

MUFWENE, Salikoko S., 1993, « African substratum : Possibility and evidence. Discussion of Alleyne's and Hancock's papers », in S. Mufwene (dir.), *Africanisms in Afro-American language varieties*, Athens, University of Georgia Press, pp. 192-208.

MUFWENE, Salikoko S., 1996, « The Founder Principle in creole genesis », *Diachronica* 13, pp. 3-134.

MUFWENE, Salikoko S., 2001, *The ecology of language evolution*, Cambridge, Cambridge University Press.

MUFWENE, Salikoko S., 2002, « Competition and selection in language evolution », *Selection* 3, pp. 45-56.

MUFWENE, Salikoko S., 2003, « Préface », in Chaudenson 2003, pp. 1-28.

MUFWENE, Salikoko S., 2004, « Multilingualism in linguistic history : Creolization and indigenization », in T. Bhatia/W. Ritchie (dirs.) Malden, MA, Blackwell, pp. 460-488.

MUFWENE, Salikoko S., 2005, *Créoles, écologie sociale, évolution linguistique*, Paris, L'Harmattan.

MUFWENE, Salikoko S., 2006, « Population movements and contacts in language evolution », *Journal of Language Contact* 1.

MUFWENE, Salikoko S. (à paraître), « Race, racialism, and study of language evolution in America », in M. Picone/C. Davis (dirs.), *Actes du colloque LAVIS III*, Tuscaloosa, University of Alabama Press.

ROBERTS, Sarah J., 1998, « The role of diffusion in the genesis of Hawaiian Creole », *Language* 74, pp. 1-39.

ROBERTS, Sarah J., 2005, *The emergence of Hawai'i Creole English in the early 20th century : The sociohistorical context of creole genesis*, Ph. D. dissertation, Stanford University.

SINGLER, John V., 1990, *Tense-modality-aspect systems in pidgins and creoles*, Amsterdam, John Benjamins.

STEWART, Michelle, 2002, « The emergence of basilectal varieties in Kingston 1692-1865 », communication au Xe Colloque International des Études Créoles, Corail, Réunion.

SYLVAIN, Suzanne, 1936, *Le créole haitien : morphologie et syntaxe*, Wettern, (Belgique), Imprimerie De Meester.

THOMASON, Sarah G., 2001, *Language contact : An introduction*, Washington, DC, Georgetown University Press.

À propos du patois de Güiria (Venezuela)

Ingrid Neumann-Holzschuh
Universität Regensburg

Introduction

Le créole français de Güiria (CrGüi), parlé dans l'État de Sucre au Venezuela, est peu connu jusqu'ici. Ian Hancock le mentionne brièvement dans un article de 1985, Byrne/Cabrera/Ruiz y font allusion dans une brève étude de 1989 ; il existe, en outre, quelques thèses et mémoires inédits soutenus aux universités de Caracas et Cumaná (Cañizares 1973, Feliciano/Sampson 1991, Llorente 1994), parmi lesquels je n'ai pu consulter que celui de Feliciano/Sampson. Le seul article accessible dédié exclusivement au patois de Güiria est celui de Llorente (1995), qui est toutefois assez décevant d'un point de vue purement linguistique. Tous les auteurs sont cependant d'accord pour considérer le créole de Güiria, appelé « patois » par les quelques locuteurs qui en restent[1], comme un créole dit « de la diaspora » – il s'agit, semble-t-il, en grande partie du créole de la Trinité (CrTri), transplanté au cours du XIXe siècle sur le continent sud-américain[2], où il a pu subsister jusqu'au début du XXIe siècle. Ses caractéristiques linguistiques, ainsi que la relation de ce parler avec les autres créoles de la zone américano-caraïbe, n'ont pourtant été traitées que très superficiellement.

Dans cet article, qui représente un premier pas vers un projet de recherche plus ambitieux, j'essayerai de fournir quelques observations sur ce créole mal connu qui est, sans aucun doute, un élément intéressant de la mosaïque des créoles français de la Caraïbe. De même que pour les créoles moribonds de la Trinité et de la Grenade, tous deux des « rejetons » du créole des Petites Antilles (CrPA)[3], il s'agit ici d'un créole

---

[1] Selon Feliciano/Sampson (1991 : 39), les locuteurs s'appellent eux-mêmes « patuaseros » ; la désignation de la langue est soit *patois*, soit *un papiamento del francés* ou *un francés mal hablado* (39), mais jamais « créole ».

[2] Selon Hancock (1985 : 29)
> it is an extension of the Trinidadian dialect, and may prove to be the extremity of a chain of communities extending along the southern shore of the Paria Peninsula and across the Dragon Mouths islands

Llorente est beaucoup moins précise pour ce qui est de la provenance du patois :
> Se piensa que el criollo francés de Güiria está emparentado con el dialecto antillano puesto que la mayoría de la inmigración provenía de las Antillas menores (1995 : 9).

[3] Que le créole ait été importé à la Trinité par des colons français venus des autres îles de la zone à la fin du XVIIIe siècle, c'est là un fait que confirme le père Massé, dont le *Journal* tenu entre 1878 et 1884, contient de nombreuses citations en créole (*cf.* Rézeau 1995 et le compte rendu de Chaudenson 1995). Pour la question de l'origine du CrTri *cf.* aussi Buscher (1969 : viii) et Prudent, qui parle d'une « souche grenado-martiniquaise » (1993 : 345). Le créole de la Trinité

importé, qui semble cependant, notamment au contact de l'espagnol, avoir connu certaines évolutions spécifiques.

La base des observations suivantes est le mémoire inédit de Feliciano/Sampson (1991) ainsi que quelques documents polycopiés que j'ai pu obtenir grâce à la gentillesse de Mme R. Bosch, de la *Sociedad Conservacionista de Güiria*, district de Valdez[4]. Il s'agit de matériel distribué dans les cours de patois proposés par cette société dans les années 80. Je suis, naturellement, parfaitement consciente du fait que ces documents établis par des non-spécialistes doivent être utilisés avec toute la prudence requise et ne peuvent servir de base qu'à une description rudimentaire de ce parler. Je crois pourtant qu'un tel inventaire provisoire peut agréer au récipiendaire de cette *Festschrift*, tant il est vrai que pour Robert Chaudenson, la confrontation avec les réalités linguistiques concrètes a toujours primé les spéculations théoriques reposant sur de maigres données.

Un peu d'histoire

La zone patoisante, au Venezuela, se trouve dans l'État de Sucre, sur la péninsule de Paria, notamment dans la ville de Güiria (fondée en 1767) et quelques villages avoisinants[5].

Dès la fin du XVe siècle, la péninsule de Paria appartint à l'empire colonial espagnol, mais elle resta relativement marginale au siècle suivant. Au carrefour de divers peuples, cultures et langues, la côte est du Venezuela a été successivement occupée par diverses nations (Français, Anglais, Espagnols ; Feliciano/Sampson 1991 : 15). La présence des Français dans la région de Paria date de la moitié du XVIIe siècle (*cf.* Pelleprat 1655/1965 : 51). C'est avant tout pour des raisons économiques que les Français venant des autres colonies de la Caraïbe entretenaient des contacts sporadiques avec la péninsule de Paria ; en outre ils étaient alliés aux Amérindiens locaux dans leur lutte contre les Espagnols. Mais ce n'est qu'à partir de la fin du XVIIIe siècle, quand les Français s'installèrent à la Trinité, que les contacts avec la *tierra firme*

---

n'a guère suscité d'intérêt depuis la description systématique de J. J. Thomas en 1869. Mis à part les travaux de Gertrud [Aub-] Buscher (1968, 1969), il n'existe pas d'étude récente de ce créole moribond à base française ; on ne dispose ni de données exactes sur le nombre des locuteurs, ni de descriptions traitant des aspects comme l'érosion linguistique, l'influence de l'anglais, le contact entre le créole français et le créole anglais trinidadien, etc. Celui-ci a connu plus d'attention, *cf.* les travaux de Winer (1984, 1993). Pour le créole de Carriacou (Grenade), aujourd'hui éteint, *cf.* Kephart (1991).

[4] Mes remerciements vont également à la famille Hoffmann (Mérida, Venezuela) qui a établi le contact avec Mme Bosch.

[5] Notamment à La Salina, Río Salado, Punta de Piedras, La Campiña, El Cedrito, San Juan et Los Mangos (Feliciano/Sampson 1991). *Cf.* aussi Byrne *et al.* (1989 : 21) ainsi que Llorente (1995 : 10), qui mentionne encore les villages de Irapa, Macuro, Río Caribe et Carúpano. Pour ce qui est de l'autre créole français parlé au Venezuela, celui de l'isolat d'« El Callao » dans l'État de Bolivar, plus au sud, *cf.* Byrne *et al.* (1989). Apparemment ce créole a une histoire indépendante de celle de Güiria.

devinrent de plus en plus fréquents⁶. Après l'annexion de l'île par les Anglais en 1797, une partie des colons français s'enfuirent avec leurs esclaves à Paria, où ils établirent une société de plantation.

Le fait qu'on parle un créole français à Güiria est donc dû à la mobilité, traditionnellement élevée aux XVIIIe et XIXe siècles, des planteurs français venant des Antilles. Tandis que l'intérêt des Espagnols pour cette partie de leur colonie a toujours été minime, les liens économiques et culturels entre Paria et la Trinité furent florissants pendant tout le XIXe siècle. Si l'on prend encore en considération le fait que le Sud de la Caraïbe était traditionnellement une place de transbordement pour les marchandises et les esclaves, on comprend que la situation linguistique de la côte caraïbéenne du Venezuela était tout à fait complexe.

Le début de la guerre d'indépendance du Venezuela en 1813 mit fin à la société de plantation sur la péninsule de Paria. Tandis que les planteurs français se réfugièrent majoritairement aux Petites Antilles, un certain nombre d'esclaves resta sur le continent. Dans les années suivantes, la région de Güiria resta pratiquement isolée du reste de pays, les Espagnols n'exerçant pas un contrôle effectif sur le nouvel État. L'installation d'autres ethnies à Güiria au cours du XIXe siècle – entre autres des immigrants corses et des hindous – a fait de Paria une région multilingue avec l'espagnol comme langue officielle.

Après l'abolition de l'esclavage (1833/1848), le nombre de créolophones augmenta encore quand grand nombre d'anciens esclaves venant des anciennes possessions françaises de la Caraïbe vinrent s'installer à Paria. Ainsi, le créole français y demeura la langue quotidienne la plus importante sur les plantations. Pendant tout le XIXe siècle, les contacts économiques entre la région de Paria et les anciennes colonies françaises de la Caraïbe restaient intenses et le créole français, parlé par toutes les couches sociales, était la *lingua franca* du commerce antillais au XIXe siècle⁷.

Ce n'est qu'au début du XXe siècle que commence le déclin du créole de Güiria. D'une part, l'industrie pétrolière se substitue à la culture du cacao et du café, mettant fin

---

⁶ Pour l'histoire complexe de l'île de la Trinité, *cf.* Buscher 1969, Holm 1989, Winer 1984, 1993 ; *cf.* aussi les remarques sur le CrTri dans Prudent 1993, pp. 340-348. Cette île, qui n'a jamais été une véritable colonie française, fut fortement marquée par les colons francophones et leurs esclaves, et ce, depuis 1777, comme le montre une source contemporaine :

... aussi la Trinidad ressemblait-elle à une colonie française dont l'Espagne aurait nouvellement fait l'acquisition. Sauf les troupes et les hauts fonctionnaires, on n'y voyait que des colons français, parmi lesquels un petit nombre d'Espagnols et de rares Irlandais et Anglais se trouvaient comme noyés. Mœurs, coutumes, langage, tout y était français ; le doux patois créole des îles françaises, relevé et comme assaisonné de mots espagnols bizarrement prononcés, en était et en est resté la langue populaire » (P. G. L. Borde, *Histoire de l'île de Trinidad sous le gouvernement espagnol*, Paris 1876, vol. 2, pp. 264-265 ; cité d'après Buscher 1969 : x).

Cet état de fait persista même après la conquête de l'île par les Anglais ; jusqu'à la fin du XIXe siècle, l'anglais y était une langue minoritaire (Winer 1984 : 18). Pour l'île avoisinante de Tobago *cf.* James/Youssef 2002.

⁷ Eran muchos los vínculos que unían a Paria con las Antillas. Puede afirmarse que hubo un período de fuerte influencia antillana en esta región (s. XIX y principios del XX) que se verifica en las construcciones, el folklore y los platos típicos de la zona (Llorente 1995 : 10).

à l'ancienne société plantocratique, d'autre part, les contacts avec les Antilles s'affaiblissent à mesure que l'influence de l'État vénézuélien se renforce. Par conséquent, beaucoup de *Güireños* ont quitté Paria et se sont installés dans les grands centres pétroliers du pays ainsi que dans les grandes villes plus à l'ouest. L'espagnol a définitivement remplacé le patois.

Observations sociolinguistiques

Il est hors de doute que l'existence du patois de Güiria est intimement liée à l'époque de la culture du cacao et que la main d'œuvre travaillant sur les plantations était originaire des possessions des Français dans la Caraïbe, notamment de la Trinité. Étant donné que le CrTri, lui aussi, est un créole importé, le CrGüi semble être, pour ainsi dire, un créole de troisième génération (*cf.* Chaudenson 2003 : 84 *sq.*) parlé dans une diaspora de deuxième génération. Du point de vue linguistique, les différences entre le créole de Paria et celui de la Trinité tel qu'il est décrit par Thomas (1869) sont en fait minimes[8] ; la question de savoir dans quelle mesure le CrGüi a développé des particularités langagières reste cependant ouverte.

Pour ce qui est de la situation actuelle du CrGüi, le patois est une langue marginale depuis le début du XXe siècle. Selon Feliciano/Sampson (1991), les gens qui maîtrisent encore le patois à l'époque ont plus de 60 ans, les gens entre 30 et 60 ans le comprennent, au moins en partie, mais ne le parlent plus, et les jeunes ne le parlent plus du tout ; pour eux, le patois est une « cosa de viejos » (Llorente 1995 : 12)[9]. Comme le souligne l'anthropologue Omaira Gutiérrez dans un entretien datant de l'année 2005 :

> [...] son nuestros abuelos que hablan Patois, y además son viejos que van desde los 65 hasta los 95 años, estamos hablando de la última generación de Patoisparlantes que hay en Venezuela, y además es una lengua que está en franco proceso de desaparición que si en este momento no se toman acciones para su promoción y su fortalecimiento, desaparace[10].

Dans une communication personnelle (octobre 2005), l'ancienne institutrice R. Bosch estime le nombre des locuteurs du CrGüi à 80 personnes[11].

Outre le fait que le CrGüi est encore partiellement parlé par les personnes âgées, le patois est encore vivant dans certains aspects de la culture orale comme la musique locale, notamment dans le fameux calypso *Ambacailá*, dans quelques traditions liées au

---

[8] Structurally it does not differ in any significant way from TCF, although its phonology seems to have been modified to some degree, probably due to the pressure of Spanish (Hancock 1985 : 29).

Cf. aussi Chaudenson (1995).

[9] Les données de Llorente semblent indiquer une répartition par âge analogue des informateurs de Feliciano/Sampson, mais l'auteur ne donne aucun chiffre précis.

[10] *Cf.* http ://www.redsocioculturaldesucre.org/entrevista05.htm

A punto de desaparecer, el patois del sur de la península de Paria es una de las últimas huellas de la presencia francesa en esta región (Llorente 1995 : 7).

[11] Pour les années 90, les estimations de Feliciano/Sampson et Llorente sont un peu plus élevées :
el promedio de patois-parlantes fluidos puede deducirse del porcentaje de la población güireña mayor de 70 años que actualmente se estima en un 3% del total de los habitantes del pueblo (Llorente 1995 : 12),
ce qui ferait entre 859 et 1433 locuteurs selon Feliciano/Sampson (1991 : 13).

carnaval comme la célébration de *El Yu vé* ('Jour Ouvert')[12] ou de *La comparsa de Calalú*[13].

Depuis quelques années, le CrGüi, langue purement orale jusqu'ici, semble sortir quelque peu de l'oubli. Comme on l'observe dans d'autres communautés où l'on parle une langue moribonde, quelques intellectuels essaient d'attirer l'attention du public sur cette langue et sur la culture qu'elle véhicule. Ainsi a eu lieu à Güiria en septembre 2005 le *Primer Encuentro de Patoisparlantes*, où l'on a débattu de la survie et de la promotion du créole et de la culture créole au Venezuela. Cette rencontre a rassemblé non seulement les militants locaux de Paria et El Callao, mais aussi des représentants de la Martinique, de la Guadeloupe, de Sainte-Lucie, de Trinité-et-Tobago et de la Dominique. Selon R. Bosch (communication personnelle), on y a lancé un programme pour promouvoir le créole dans les écoles primaires grâce à des chansons et des jeux, et en outre, on veut intensifier les relations avec la Trinité.

Particularités phonétiques

Il n'existe pas de description exhaustive et fiable du système phonétique du CrGüi[14]. Apparemment, la variation est considérable ; les interférences avec l'espagnol sont évidentes.

(1) Le trait phonologique qui semble différencier le CrGüi des autres créoles des Petites Antilles est apparemment que la vibrante R y est remplacée par les plosives [g] ou [k] en début de syllabe et en position intervocalique : *guimed* 'remède', *gom* 'rhum', *gui* 'rue', *guesté* 'rester' ; *magui* 'mari', *digui* 'riz', *tigué* 'tirer', *pagol* 'parole', *vigué* 'virer', *amugué* 'amoureux', *buguik* 'bourrique', *faquin* 'farine'[15]. La vélarisation semble aussi affecter la semi-voyelle [we/wa] : *güé* 'voir', *güi* 'oui' ; il faut retenir, cependant, que <gü> soit une graphie courante en espagnol pour noter le [w] à l'initiale.

(2) Après consonne, R est vocalisé comme dans les autres CrPA : *apuan* 'apprendre', *matues* 'maîtresse', *antué* 'entrer', *apue* 'après', *tuop* 'trop', *eqüi* 'écrire'.

(3) Dans le CrGüi, on observe une dénasalisation dans certains mots, dont la voyelle est nasalisée dans les autres créoles de la région : *mué* 'je, moi' (CrTri : *mwen*), *lué* 'loin', *demé* 'demain', *ta* 'temps', *gazó* 'garçon'.

(4) Sans savoir dans quelle mesure on peut tirer des conclusions à partir de graphies variant considérablement selon les auteurs, il semble qu'il y ait des confusions importantes entre /B/ et /V/, sans doute par interférence avec l'espagnol.

---

[12] Il s'agit d'une espèce de cortège bruyant où l'on chante en créole. Cette tradition a été revitalisée depuis quinze ans.

[13] Lors du carnaval, des gens masqués entrent dans des magasins et demandent aux commerçant les ingrédients pour faire un calalou (potage créole à base de gombos et de crabe ou de porc).

[14] Pour quelques observations *cf.* Hancock (1985), Llorente (1995) et Feliciano/Sampson (1991).

[15] Pour ce qui est l'intervocalique, la réalisation du phonème /g/, en espagnol, est une fricative [γ], très proche du [R] uvulaire français. La question se pose donc, si le graphème <g> correspond effectivement à [g] ou s'il ne s'agit pas plutôt de la notation du [R] en le différenciant du [r] apical de l'espagnol.

[b] > [ß] : *lavié* 'la bière', *lavé* 'abbé', *blé/vlé* 'vouloir'.

[v] > [b]/[ß] : *dubá* 'devant', 'adelante' ; *subá* 'souvent', *ba* 'vert', *bib* 'vivre', *bie* 'vieux, *bini* 'venir', *buesin* 'voisin'.

(5) /K/ devant *e* et *i* est prononcé [š] : *shilot* 'culotte', *shec* 'quelques' ; sous l'influence de l'espagnol sud-américain, la fricative palatale sourde est souvent remplacée par la variante aspirée [χ] : *koshon, kochon* [kohon].

(6) Dans mes sources, le phonème français [ž] est représenté par le graphème <y> (*yu* 'jour', *yen* 'jeune', *yodi* 'aujourd'hui), ce qui correspond, sans doute, au phonème [j][16].

Particularités grammaticales[17]

- Les déterminants

L'*article défini* est *–la, –a* postposé et *se ... la* au pluriel :
 kai-la 'la maison' ; *por-a* ' le port' (F/S 52)[18]
 Gazo-á bisué ñon shes 'El joven necesita una silla' (C 5)
 Mué blé cupé shive-a 'Yo quiero cortarme el cabello' (C 5)
 Dila Jerod quillé an cigüé se Mayi-à 'Entonces Herodes llamó en secreto a los Magos' (C 8)

L'*article indéfini* est **ño, ñon**[19] :
 Li tini ño kanot 'El tiene una lancha'(F/S 52)
 mue te ñon fil la kai mamá mué 'yo era una niña en la casa de mi mamá' (C 1)
 u ca tini ñon lib 'tu tienes un libro' (C 2b)
 Isit la Güil nu tini ñon guivié (C 3) *'Ici à Güiria nous avons une rivière'

Le *déterminant possessif* est postposé au nom comme dans le CrPA et le CrTri[20] :
 *Yo ca viv an la kai a tant **mue*** 'Ellos viven en la casa de mi tía' (C 1)

---

[16] Notons que le mot français *l'argent* est *lallá* en CrGüi ; en espagnol sud-américain, le graphème<ll> correspond au phonème [j] ; le nasal [ã] est dénasalisé.

[17] N. B. : (1) Dans les exemples, j'ai gardé l'orthographe telle que je l'ai trouvée dans mes sources, tout en sachant bien qu'elle n'est ni consistante ni scientifiquement rigoureuse. En dehors des exemples, j'ai noté les marqueurs verbaux ainsi que les pronoms commençant par *qu-*, *c-* ou *k-* (notations de [k]) d'une façon uniforme par <k>. J'ai de même gardé les traductions espagnoles de mes sources ; dans les cas où la traduction manquait, j'ai traduit l'exemple en français en le marquant par un astérisque. (2) Les informations grammaticales fournies dans cette esquisse sont loin d'être complètes ; selon la catégorie, faute de documents plus extensifs, l'information peut être très fragmentaire ; (3) Dans le cadre limité de cet article, une analyse comparative du CrGüi avec les autres créoles de la région ainsi qu'avec les citations créoles dans le *Journal* du père Massé n'est pas possible.

[18] Les abréviations sont les suivantes : F/S = Feliciano/Sampson (1991), C + x = Cours de patois (huit fichiers au total ; matériel polycopié inédit ; notons que C 8 est la lecture en CrGüi de l'Évangile de Saint Matthieu), Ll = Llorente (1995).

[19] La forme respective en CrTri est *yõ, yon* (Thomas 1869).

[20] En CrGua le possessif est formé par *–an/a-mwen* postposé.

À propos du *patois* de Güiria (Venezuela) 107

>*Cuma quillé mamá ú. U tini fué ?* '¿Cómo se llama tu mamá. Tu tienes hermana?' (C 1)
>*Tifi-a alé epi fiancé li* 'La jovencita se va con su novio' (C 1)
>*Nu ca alé epi gran-pá nu* *'Nous allons avec notre grand-père' (C 1)
>*Io vigué an peyí yo pu lot shimen* 'Ellos regresaron a su pueblo por otro camino' (C 8)

Les *déterminants démonstratifs* sont *–sa-a* postposé ou *sa* antéposé au singulier et *se ... sa-la* au pluriel :

>*la ané sa-á* 'este año' (C 1)
>*Ba mue sa creyón* 'Dame este lapiz '(C 3)
>*Play la sal. Io di mue io que netuey an se yú sa la* 'La playa está sucia. Ellos me dijeron que van a limpiarla en estos días' (C 6)

- Les pronoms

Les *pronoms personnels* du CrGüi correspondent largement à ceux du CrTri : ***muè*** (Tri : *mwen*), ***u, i/li, nu, sot, y***

>*mué ka palé epi sesè mué* 'yo hablo con mi hermana' (F/S 54)
>*U ble pén ?* '¿Tu quieres pan?' (C 5)
>*Li ca quillé Rosa* 'Elle s'appelle Rosa' (C 1)
>*I tini de papié* 'El tiene dos cuadernos' (C 2b)
>*Nu ca alé* 'Nosotros nos vamos' (C 1)
>*Sa sot ca vand ?* '¿Qué venden ustedes?' (C 5)
>*Io tigué chec tabla.* 'Ellos sacaron algunas mesas (C 5)

Les *pronoms interrogatifs* attestés dans mes sources sont les suivants :

>***ki, ki mun (qui mun)*** 'qui'
>Ki vini a sué ? '¿Quien vino anoche?' (F/S 102/98)

>***sa*** 'que'
>U malat ? Sa u ca tini ? '¿Estás mal? ¿Qué tienes?' (C 2)
>Sa io ca vand ? '¿Qué venden ellos?' (C 5)

>***ki sa*** 'que'
>Ki sa/Ki sa yé ? '¿Qué es eso?' (F/S 104/102/98)

Les *pronoms relatifs* attestés sont :

>***sa*** 'ce qui, ce que'
>*Mue pa sonyé sa u di mue* 'No me acuerdo lo que me dijiste' (C 5)

>***ki se*** 'ce que'
>*alé an Belén e informé epi atenció qui se io conet de ti mamai-la* 'vayan a Belén e infórmense con cuidado qué saben del Niño' (C 8)

>***ki ke*** 'qui'
>*apué di ú que sotí ñon shef qui que se pasté peyi mué Igael* 'pues de tí saldrá un Jefe que será el pastor de mi pueblo Israel' (C 8)

>***ki*** 'que' (non humain)
>*e tubandi setuel-la qui io te güé sotí* 'y de pronto la estrella que ellos vieron salir' (C 8)

Les *pronoms indéfinis* relevés sont :

sa 'ce, ceci, cela, ça' (*Sa se io dí ; se con sá io di* 'Así dicen ellos' (C 6))

ki mun 'quelqu'un' (*mué pa tubé epí ki mun palé patuá* (F/S 107) *'je n'ai pas trouvé quelqu'un qui parle patois') ; **añe** 'rien' ; **anpil** 'beaucoup' ; **tutbagai** 'tout' ; **tut mun** *'tout le monde' (C 6).

- Les marqueurs verbaux

Bien que mes données soient lacunaires, les convergences avec le CrTri et le CrPA sont nettes[21]. Les marqueurs attestés dans le corpus sont les suivants : **ka, ke, Ø, te, te ka.** Pour les marqueurs *sa* (postériorité), attesté à El Callao[22] et *se* (conditionnel), attesté à la Trinité[23], mes données ne fournissent pas d'exemples.

ka exprime[24]

a) l'imperfectif présent et le duratif :

Mue ca manyé 'Yo estoy comiendo' (C 2)

Kóté u kalé ? Mué kalé la plai, ashté puesón fué. (F/S 105) *'Où vas-tu ? Je vais à la plage acheter du poisson frais'.

b) l'habituel :

U epi sésé u ka alé a Gui subá '¿Tu y tu hermana van a Güiria a menudo?' (F/S 107, C 6)

Nu pa ca alé suvá, nu ka alé defuá tan nu tini shec comison pu fe laba 'Nosotros no vamos a menudo, vamos a veces cuando tenemos que hacer alguna comisión allá' (F/S 10, C 6)

Dimash nu ca alé la bitación 'El domingo nos vamos al campo (a la hacienda)' (C 3)

Mué ca meté sic an café 'Estoy poniendo azucar al café (C 2)

Di qui coté u ca vini ? '¿De dónde vienes tu?' (C 5)

Comie sa ca costé '¿Cuánto cuesta?' (C 5)

c) la postériorité :

U pa conet la lesón la matues u ca puni epi u ca meté ñon shapó epi plim an tet 'Si tu no sabes la lección la maestra te castigará y te pondrá en [sic] sombrero con plumas en la cabeza' (C 2b)

Demé apué mindi nu ca alé ponné pu la gui 'Mañana después del mediodía (o tarde) vamos a pasear por la calle' (C 2b)

I ka vini a pué demé (F/S 106) *'Il viendra après-demain'

Qui ta u ka vini ? '¿Cuándo vienes?' (Ll 17)

---

[21] *Cf.* Thomas 1869, Hancock 1985, Ludwig *et al.* 1990. L'observation de Llorente (1995 : 14) : « en patois existen solamente tres tiempos verbales : el presente, el pretérito y el futuro » est définitivement simplificatrice ! Il en va de même pour sa classification des marqueurs comme particules d'origine africaine (pp. 15-16).

[22] El Callao *sa* : *u sa fe mwen favie la* 'You will do me the favor (Byrne *et al.* 1989 : 16) ; CrTri : *sa* 'may' : *u sa kud* 'you may sew' (Hancock 1985 : 34).

[23] CrTri : *se* 'should', *se va/te va* 'should have' (Thomas 1869 : 51, 56) ; *u se kud* 'you should sew' (Hancock 1985 : 34).

[24] À El Callao, cette fonction est exprimée par le marqueur *ke* ; ici *ka* signifie : 'savoir, pouvoir', *te ka* 'could' : *li pa te ka apwa lesion* 'she could not study the lesson' (Byrne *et al.* 1989 : 5, 13).

d) le perfectif[25] :

Liblá ca tombé (C 3) 'El libro se cayó'

Mué ca ashté ñon shilot pu fam mué. Comié ca costé shilot la ? Shilot la ca costé cagant bolivá 'Compré un pantalón para mi mujer. ¿Cuánto costó el pantalón? El pantalón costó 40 bolívares (C 5)

Pas nu te güé sotí setuel-li e nu ca vini adoguei li 'Porque hemos visto su estrella y hemos venido adorarlo' (C 8)

ke exprime également la postériorité[26] :

muè ke tini 'yo tendré' (F/S 51)

Mue que manyé 'Yo voy a comer' (C 2)

Nu que ba u diguí dudú 'Nosotros te vamos a dar arroz dulce' (C 2)

Il est intéressant de noter que les marqueurs *va* et *a*, attestés à la Trinité[27], ne sont pas présents dans mon corpus. Apparemment la variation formelle était plus grande en CrTri, comme le suggère aussi la remarque de Holm (1989 : 377) :

> The earlier migration apparently established the Lesser Antillean variety of creole French on Trinidad, with the preverbal marker *ka* for progressive/habitual aspect and *ke* for the future. However, other immigrants brought competing forms : Hancock (1985 : 30) notes that other future markers still current in Trinidad CF include *a* and *va* (Haitian), *kay* (St. Lucia and Grenada), and *kale* (Guyane, […])[28].

La forme non marquée exprime :

a) le perfectif

Mue apuán palé patuá depí mue te timamay 'Yo aprendí a hablar patuá desde que era muchachita' (C 6)

U obliyé empé patuá á ? '¿Tu olvidaste un poco el patuá?' (C 6)

Osuá cuencé la lesón epi ampil pagol nev 'Esta noche comenzó la lección con muchas palabras nuevas' (C 2b)

b) le présent

Io vi isit la Güi 'Ellos viven en Güiria' (C 7)

mue manyé : 'yo como' (C 2)

La matues alé la butic ashté digui epi sic 'La maestra va a la bodega a comprar arroz y azúcar' (C 2b)

Comme à la Trinité, *te* marque l'antériorité et *te ka* antériorité + imperfectif[29] :

mue té manyé 'yo comí' (C 2)

Gran-pa mue te ale la Caracas 'Mi abuelo se fué a Caracas' (C 2)

---

[25] L'emploi de *ka* en tant que marqueur du perfectif n'est pas attesté par Thomas (1869), en CrTri *ka* n'exprime que le 'non completive' (Hancock 1985).

[26] Mes données ne permettent pas une analyse des différences sémantiques entre les différents marqueurs.

[27] Tandis que Thomas n'atteste que *c'aller* et *va* pour exprimer la postériorité en CrTri (Thomas 1869 : 50) ; Hancock relève les formes *ke, kale, kay, a, va* 'future'.

[28] *kay* et *kalé* sont aussi des marqueurs de postériorité en CrGua.

[29] La forme correspondante à El Callao est *te ke* : *li te ke vini* (Byrne *et al.* 1989 : 13).

Sa se matues lecol-la ; li te vini di la Martinic (C 3) *'C'est la maîtresse d'école, elle est venue de la Martinique'

muè te ka tini 'yo tenía' (F/S 51)

Tan u te yen u ka tant tut mun ka palé patuá ? Gui, pas isit la kost tut mun te ka palé patuá (F/S 107, C6) *'Quand vous étiez jeune, vous entendiez tout le monde parler patois ? Oui, parce qu'ici sur la côte tout le monde parlait patois'

- La copule

Comme en CrGua et en CrTri, le CrGüi conserve les prédicateurs neutres explicités *sé* et *yé*, qui peuvent être combinés avec le marqueur d'antériorité *te*.

se

la pli se bon pu la bitasió (F/S 53) *'la pluie est bonne pour les champs'

Finet-la se uvè (C 3) 'La fenêtre est ouverte'

yé[30]

Cuma ú yé ? '¿Como estas?' (C 1)

Cumá yé gran-ma ú ? '¿Cómo está tu abuela?' (C 2)

Eti compé mue yé ? I pa ye isit. '¿Donde se encuentra mi compadre? El no está aquí.' (C 5)

Eti yé sésé li ? '¿Donde está la hermana de ella?' (C 1)

te

Ye osuá mue te lué isit 'Ayer en la noche yo estaba lejos de aquí' (C 5)

te ye

Di qui coté papa-u te yé ? ¿De dónde era tu papa? (C 6)

Le patois a la possibilité de former un prédicat sans prédicateur explicite ; seules des recherches plus détaillées permettront de voir si ces constructions sont en distribution libre avec *se*.

tutbagai shé 'todas las cosas están caras' (C 5)

Play la sal 'La playa está sucia' (C 6)

Reyina Koko du pasé sigo 'Regina Koko es más dulce que el melao' (F/S 55)

- La négation

Le négateur *pa* est préposé au verbe :

Mue pa tini ish 'Je n'ai pas d'enfants' (C 1)

I pa sotí pu la guí. I ca alé la bitación planté pié. 'El no salió para la calle. El fué para la hacienda a sembrar árboles' (C 5)

Nu pa ca alé suvá 'Nosotros no vamos a menudo'(C 6)

- L'impératif

L'impératif s'exprime soit par la forme non marquée, soit avec la particule *anu* :

(1) *Eqüi la lesón an papié epi ampua la pagol nev* 'Escribe la lección y aprende las palabras nuevas' (C 2b)

Ba nu café 'Danos café' (C 3)

---

[30] La position de *yé* semble variable. Cette particule se trouve avant tout dans les questions.

Femé la pot-là 'Cierra la puerta' (C 3)
Uvé la finet 'Abre la ventana' (C 3)
(2) *a nu manyé* 'vamos a comer ' (F/S 81)

- Quelques prépositions

ba 'pour, à'
Pa di añé bai Rosa tutalé 'No le digas nada a Rosa ahorita' (C 5)

pu 'pour, à, dans'
U ca alé pu lecol 'Tu vas para la escuela' (C 2b)
Mue ca antué pu la potlá 'Yo entré por la puerta', *Gazón soti pu la finet* 'El joven salió por la ventana' (C 2b)
nu ca alé ponné pu la gui 'vamos pasear por la calle' (C 2b)

Quelques emplois de *pu* sont sans doute dus à l'influence des prépositions espagnoles *por* et *para*.

a 'à'
mue ca alé a la cai mue (C 5) 'me voy a mi casa' (mais aussi : *mue ca alé la cai mue* C 5)
Li tuabay a la bitacion (C 3) *'Il travaille dans les champs'

an/en 'dans, en, sur'
Meté ñon fei an café 'Ponle una hoja al café' (C 2)
an se yú sa la 'en estos días' (C 6)
en tan di güa Jerod 'en tiempo del rey Herodes' (C 8)
an cigüé 'en secreto' (C 8)

yis 'jusqu'à'
Yis demé si Bindié vlé 'Hasta mañana si Dios quiere' (C 1)

di 'de'
Mué ka vini di kái mué *'Je viens de ma maison' (F/S 105)
Mue ca vini di la butic 'Vengo de la bodega' (C 5)

- Quelques conjonctions

sa 'que'
Nu cue sa yo tini ampil lallá 'Nosotros creemos que ellos tienen tanto dinero' (C 2)

tan, ta ka 'quand'
Tan lavé aguivé i di [...] 'Cuando el Cura vino y dijo [...]' (C 3)
Tan la pli pa ka tombé nu ke alé 'Cuando la lluvia no caiga, iremos' (Ll 17)
tan ú te yen ú ca tant tut mun ca palé patuá 'cuando tú eras joven, ¿oías a la gente hablando patuá?' (C 6)
ta ka labé aguibé (F/S 111) *'quand le curé est arrivé'

pas 'parce que'
Güi, mue obliyé empé pas apuesá io pa ca palé patuá 'Sí, me olvidé un poco porque ahora ellos no hablan patuá' (C 6)

pu ki 'parce que'
Matues-la ca ale a Caracas pu qui i se tuop malat (C 3) *'La maîtresse va aller à Caracas parce qu'elle est trop malade'.

Il s'agit sans doute d'une interférence avec l'espagnol *por que*.

pu 'pour que'
U bisué palé patuá suvá pu ú pa obliyé ? '¿Tu necesitas hablar patuá a menudo para no olvidarte?' (C 6)

depi 'depuis que'
Mue apuan palé patuá depi mue te timamay 'Yo aprendí a hablar patuá desde que era muchachita' (C 6)

epi 'et'
Pedro epi Luis ka dansé mem vagai 'Pedro y Luis bailan igual' (Ll 17)

o 'ou'
Nu ke sotí bon maté o apué midi 'Saldremos por la mañana o por la tarde' (Ll 17)

- L'interrogation

ki, ki les 'quel, quelle'
qui yú se yodí ? '¿Qué dia es hoy?' (C 3)
Ki les bombón pli meyer//Ki bombón pli bon '¿Cual merienda es más sabrosa?' (F/S 102/104/98)

ki kote, kote 'où'
Qui coté u yé ? '¿Dónde estás?' (Ll 17)
Kóté u te ye ? '¿Dónde estaba usted?' (F/S 104, 98)
Coté yé güá le Yidá qui te fet ? '¿Dónde está el Rey de Judá que ha nacido?' (C 8)

di ki kote 'd'où'
Di qui coté u ca vini ? '¿De dónde vienes tu?' (C 5)

eti ' où, d'où'[31]
Eti u te yé osua ? '¿Donde estabas anoche?' (C 5)

komié 'combien'
Comié ca coste shilot la ? '¿Cuánto costó el pantalón?' (C 5)
Combié la ané ú tini ? Mue ca tini suatant siz ané. '¿Cuantos años tienes tú? Yo tengo 76 [sic] años' (C 6)

kuma 'comment'
Cuma cuillé papá ú ? '¿Cómo se llamaba tu papá?' (C 6)

ki ta 'quand, combien de temps'
Qui tá ú ca palé patuá ? '¿Cuando aprendiste a hablar patuá?' (C 6)

pu ki 'pourquoi'
Pu ki shién ka layé ? '¿Por qué ladra el perro?' (F/S 104/98)

- Les interférences avec l'espagnol

Les interférences avec l'espagnol méritent une analyse plus détaillée qui ne pourra être effectuée qu'à partir d'un corpus plus large. Le petit corpus dont je dispose offre les exemples suivants :

---

[31] Hancock n'atteste que *oti* pour le CrTri ; v. aussi Chaudenson (1995, 2003 : 293 *sq.*).

Demé apue mindí nu ca alé ponné pu la gui 'Demain après midi nous allons nous promener dans la rue (C 2b) (esp. *por la calle*)

I tini shalé 'El tiene calor' (C 2b)

Matues-la ca ale a Caracas pu qui i se tuop malat (C 3) *'La maîtresse va à Caracas, parce qu'elle est trop malade' (esp. *por que*)

Papá ú tiní tuop tá di mó ? '¿Tu papá tiene mucho tiempo de muerto?' (C 6)

Li blé i a Makú 'Ella quiere ir a Macuro' (F/S 104) (*i* < esp. *ir*)

Les constructions suivantes avec la particule *ka* correspondent au *gerundio* de l'espagnol :

Qui tá ú tini ca viv La Salin (C 6, F/S 46) '¿Qué tiempo *tienes viviendo* aquí en la Salina?'

Mué tiní plis di cagánt la ané ca viv establ isit 'Yo tengo más de 40 años *viviendo* estable aquí' (C 6) (F/S 107)

Apué, tuá güá Mayi di le io guivé an Yeguisalem ca mandé 'Entonces, 3 reyes Magos del Oriente llegaron a Jerusalén *preguntando* (C 8)

- Particularités lexicales

Le cadre de cet article ne permet pas une analyse lexicale des données disponibles. La thèse de Feliciano/Sampson (1991) contient un vocabulaire de 435 mots dont 92% sont d'origine française selon les auteurs. Une moindre proportion des mots est d'origine amérindienne (par ex. *mabi* 'boisson caraïbe', *kamayok* 'variété de manioc'), espagnole (par ex. *pagué* 'mur' < esp. *pared*, *lap* 'moisi' < esp. lapa), anglaise (p. ex. *organaiz* 'organiser' < angl. *organize*, *yinyebié* < angl. ginger beer', *gal* 'prostituée' < angl. *girl*) et indienne (par ex. *masalá* 'condiment indien', *talkarí* 'un plat').

Sans vouloir anticiper sur une analyse plus approfondie, selon toute vraisemblance, le lexique du CrGüi devrait correspondre à celui du CrTri, mis à part un nombre d'hispanismes sans doute sous-estimé jusqu'à présent et quelques amérindianismes.

Conclusion

« Only much more extensive fieldwork combined with a perusal of archives for historical evidence will offer any sort of definitive answer » – ce résumé de Francis Byrne *et al.* au sujet de l'origine de certaines structures grammaticales, du créole d'El Callao (Byrne *et al.* 1989 : 11) peut être repris pour le patois de Güiria. Étant donné l'étiolement linguistique avancé de ce parler, le temps presse pour faire des recherches supplémentaires sur place, puisque seule une analyse approfondie d'un corpus plus large peut fournir des données linguistiques fiables sur ce parler moribond et donner une réponse aux questions suivantes :

(1) Quelle est la situation actuelle du patois de Güiria ?
(2) Dans quelle mesure le CrGüi a-t-il acquis des traits individuels au cours du temps ?
(3) Quelles sont les convergences et les divergences entre les créoles français de la région ?
(4) Le CrGüi ainsi que le CrTri ont-ils subi un processus de koinèisation ?
(5) A-t-il existé d'autres variétés créolisées à base française au Venezuela ?[32]

---

[32] Pour l'existence possible d'un espagnol créolisé dans la région côtière du Venezuela *cf.* par exemple Megenney (1999).

Sur la base lacunaire de la documentation dont je dispose, il faut se limiter à constater que le patois de Güiria, créole français de troisième génération dont la base est le créole des Petites Antilles, notamment celui de la Trinité, a réussi à survivre jusqu'à nos jours dans un contexte hispanophone, mais que son avenir est plus qu'incertain.

Bibliographie

BUSCHER, Gertrud, 1968, « Notes pour un glossaire du parler créole de la Trinité », *Revue de linguistique romane* 32, pp. 334-340.

BUSCHER, Gertrud, 1969, « Introduction », in J. J. Thomas (1869), pp. iii-xvii.

BYRNE, Francis/CABRERA, Milagros/RUIZ Liduvina, 1989, « A first look at El Callao, Venezuela, French Creole », *Amsterdam Creole Studies* X (1989), pp. 1-31.

CAÑIZARES, Nidia Rojas, 1973, *Estudio general del Patuá hablado por algunos habitantes de la población de Güiria*, School of Education, Universidad de Oriente, Cumaná.

CHAUDENSON, Robert, 1995, Compte rendu de D. et P. Rézeau, *De la Vendée aux Caraïbes. Le Journal d'André Massé* (Paris, L'Harmattan 1995), *Études Créoles* 18/2, pp. 97-110.

CHAUDENSON, Robert, 2003, *La créolisation : théorie, applications, implications*, Paris, L'Harmattan.

FELICIANO, Hector/SAMPSON, Josefina, 1991, *El criollo francés de Güiria, una aproximación a su estudio,* Caracas (Fundacion de Etnomusicología y Folklore, Dirección de Formación de recursos Humanos), Caracas.

HANCOCK, Ian, 1985, « A preliminary structural Sketch of Trinidad Creole French. With a note on the related dialect of Güiria, Venezuela », *Amsterdam Creole Studies* 8, pp. 27-39.

JAMES, Winford/YOUSSEF, Valerie, 2002, *The Languages of Tobago*, St. Augustine, Trinidad.

KEPHART, Ronald, 1991, « Creole French in Carriacou, Grenada. Texts and Commentary », *Florida Journal of Anthropology* 7, pp. 81-89.

LLORENTE, María Luisa, 1995, « El patois de Güiria : una lengua criolla del estado Sucre », *Montalbán* 28, Universidad Católica Andrés Bello, Caracas, pp. 7-21.

LLORENTE, María Luisa, 1994, *Materiales para el estudio del patois de Güiria*, Tesina de Licenciatura, Caracas, Universidad Católica Andrés Bello.

LUDWIG, Ralph/MONTBRAND, Danièle/POULLET, Hector/TELCHID, Sylviane, 1990, *Dictionnaire créole français*, Paris, Servedit/Éditions Jasor.

MEGENNEY, William W., 1999, *Aspectos del lenguaje afronegroide en Venezuela*, Madrid/Frankfurt a. M., Vervuert.

PELLEPRAT, Pierre P., 1655 (1965), *Relato de la Misiones de los Padres de la Compañia de Jesús en las Islas y en la Tierra Firme de América Meridional*, Caracas, Fuentes para la historia colonial de Venezuela.

PRUDENT, Lambert Félix, 1993, *Pratiques langagières martiniquaises : genèse et fonctionnement d'un système créole*, Thèse de Doctorat d'État, Université de Rouen.

RÉZEAU, Dominique et Pierre, 1995, *De la Vendée aux Caraïbes. Le Journal (1878-1884) d'Armand Massé missionnaire apostolique*, 2 tomes, Paris, L'Harmattan.

THOMAS, John Jacob, 1869 (1969), *The Theory and Practice of Creole Grammar*, With an Introduction by Gertrud Buscher, London/Port of Spain, New Beacon Books Ltd.

WINER, Lise, 1984, « Early Trinidadian Creole : The Spectator Texts », *English World Wide* 5/2, PP. 181-210.

WINER, Lise, 1993, *Trinidad and Tobago*, Amsterdam/Philadelphia, Benjamins.

Une lecture du Grand Robert en deux volumes :
de la créolistique à l'alterlinguistique ?[1] Pour désenclaver les études créoles, une approche « créole » des sciences humaines ?

Didier de Robillard

JE 2449 Dynadiv, Université François Rabelais, Tours

Un des compères de Robert, à l'époque où celui-ci, il y a une vingtaine d'années s'est avisé qu'il pouvait sans doute traduire son expérience des terrains créoles vers des situations africaines, Thierry Arnold, lui avait trouvé un surnom. Thierry avait coutume d'user du syntagme figé « Le Grand Robert en deux volumes » pour désigner Robert. Chacun y lisait l'une ou l'autre des caractéristiques constitutives de l'image de Robert : une allusion à sa grande taille de basketteur ? Au fait que devant un buffet bien garni qui lui aiguise l'appétit, il aime à rappeler qu'à l'armée, cette haute stature lui donne réglementairement droit à une double ration ? Aux multiples ouvrages qu'évoque son érudition savante ? Pour ma part, ici, je préfère postuler que, derrière ce que l'on a l'habitude de lire dans les travaux de Robert Chaudenson, se trouve un gisement bien plus riche que ce que l'on y cherche et donc trouve habituellement, ce que j'appelle donc son « second volume ».

Je vais donc interpréter, extrapoler sans doute, ce « second volume ». Un aspect saillant du lexique, thématique qui a longtemps préoccupé Robert, et je pense être fidèle en cela à ses enseignements, est, malgré les efforts méritoires de certains lexicologues, son caractère chaotique[2] :

> « L'optimisme régulateur des modèles théoriques de la linguistique, facteur et moteur de progrès scientifique, cède le pas devant l'effroyable complexité du fait lexical empirique et de ses implications. Le *lexique* des linguistes, composante du système abstrait de la langue, est un modèle théorique cohérent, mais dérisoire par rapport au *lexique*, objet historique et anthropologique énorme et confus » (Rey 1977 : 5).

J'assume pleinement personnellement ce que je vais écrire plus bas en hommage à celui auprès de qui j'ai tant appris depuis maintenant plus de vingt ans, sans exiger de moi le moindre conformisme à ses idées. Robert, tout en m'inspirant beaucoup, a su me laisser libre, y compris de mes désaccords. Je vais donc, dans ce texte tenter de montrer ce que je vois comme un mixte complexe de continuité et de différence.

---

[1] Je remercie mes collègues de la JE 2449 Dynadiv de l'Université François Rabelais, Tours, de leur aides, critique, tout en restant responsable des imperfections qui peuvent demeurer dans ce texte. Je remercie également Inès Oseki-Depré de sa lecture critique.

[2] Au sens épistémologique : ni tout à fait (im)prédictible (Robillard 1998, 2001-a, 2001-b, 2003).

Le second volume

Robert a tellement l'habitude de donner à voir ce personnage truculent qu'il aime tant jouer pour déstabiliser ses adversaires au fil des diverses polémiques qui animent son parcours, que cet aspect masque parfois, aux yeux des timorés ou des distraits, certains aspects de ses travaux qui me semblent pourtant centraux, et, à certains égards, d'une ampleur bien plus vaste que ce qu'on en tire habituellement.

Robert approche les créoles d'abord sous l'aspect lexical, insistant souvent sur le fait que le lexique est la partie des langues la plus « poreuse », « sensible » aux influences de ce qu'il appelle l' « extra-systémique » (Chaudenson/Mougeon/Beniak 1993). C'est ainsi qu'il s'intéressera assez peu aux secteurs souvent considérés comme les plus « systématiques », tels la phonologie, la morphologie et la syntaxe. Ainsi, lorsqu'il s'intéresse aux prépositions (Chaudenson/Mougeon/Beniak 1993), c'est moins leur rôle à proprement parler structurant qu'il traite (hypotaxe, phénomènes de dépendance) que leur coloration lexicale. Il en tire d'ailleurs un argument magistral dans son débat sur la (poly/mono) genèse des créoles de l'océan Indien. Pour être convaincant en matière de travaux glottogénétiques, soutient-il, il est plus efficace d'aller chercher des arguments dans les secteurs des langues où la prédictibilité est la plus faible (donc ailleurs que dans la phonologie, la morphologie ou la syntaxe), pour se donner de bons indicateurs, parce que c'est dans les produits du chaos que se niche l'identité, et pas dans ce qui serait susceptible de se (re)construire mécaniquement selon des forces « homéostatiques » ou « autorégulatrices ». C'est ainsi qu'il récuse jusqu'aux exemples lexicaux où une ressemblance physique entre des plantes et des objets familiers pourrait s'observer car les dénominations pourraient alors être (re)construites indépendamment de tout lien historico-génétique, et suggérer des noms, indépendamment des filiations historiques. Il cherche au contraire les exemples lexicaux où s'observe l'arbitraire entre la dénomination et le référent (Chaudenson 1991).

Cela le conduit, en somme, et lorsqu'on y réfléchit un peu sereinement, à privilégier les aspects les plus erratiques des créoles : lorsqu'il reconstruit l'évolution historiques des termes du créole de la Réunion (Chaudenson 1974), il a vite fait de dépêcher les cas d'évolution prédictible, pour se pencher avec intérêt sur les exemples qui résistent à la logique du linguiste, comme le fameux exemple du créole mauricien : [la:jaz] (graphie approchée : « ariaz » < fr. ancien : « enrayage » = fr. mod. approx. : « frein »). En résumant les choses abruptement, il suggère que le visage synchronique du cours de l'évolution diachronique est le chaos. En effet, si l'histoire est nécessaire, c'est que son cours n'en est pas prédictible. Si cela n'était pas le cas, il suffirait, comme le prétendent avec excès les scientifiques depuis I. Newton, de faire jouer les règles de la prédictibilité à l'envers, vers le passé, pour le reconstruire magiquement, comme lorsqu'on passe un film à l'envers. Puisque cela n'est pas possible, on a besoin d'historiens, pour le reconstruire patiemment, événement imprédictible après évolution inattendue, comme le fait Robert pour la genèse des créoles. Si l'on accepte cela, chaque tranche synchronique de l'histoire montre le visage du chaos : un ensemble complexe de facteurs prévisibles, mêlés à des influences non prédictibles, ce qui fait que, sur le plan des approches « L'histoire n'a pas de méthode » (Veyne 1971 : 146), ce que P. Veyne explicite ainsi :

« L'explication historique ne peut faire appel à aucun principe, à aucune structure permanente (chaque intrigue a son dispositif causal singulier) ; aussi les historiens de métier ont-ils beaucoup moins d'idées sur l'histoire que les amateurs. Quelque surprenante que la chose puisse paraître, la méthodologie historique n'a pas de contenu déterminé [...] » (Veyne 1971 : 149).

Robert, orfèvre en la matière, se plaît aussi à rappeler que l'on ne *cherche* pas des étymologies, mais qu'on les *trouve*, pour exactement les mêmes motifs.

Cela le conduit d'ailleurs en toute cohérence à poser l'histoire comme élément indispensable de la créolistique génétique, en dissuadant ses collègues de se laisser prendre aux mirages des analogies purement formelles et non fondées sur des éléments socio-historiques, donc aléatoires, chaotiques, apparemment arbitraires (Chaudenson 1990). Chacun sait combien la connaissance de l'histoire de la Réunion et du français irrigue les travaux de Robert sur la genèse des créoles. Cela le conduit à interpréter l'histoire :

« Il demeure que les rapports de la conscience et de l'action sont la plus grosse difficulté de la synthèse historique, comme ils en sont la pièce la plus importante ; l'histoire est centrée sur nos fins, or celles-ci nous sont obscures à nous-mêmes » (Veyne 1971 : 274)

Une grande partie des polémiques qui ont stimulé la trajectoire de Robert, je pense, ont trait à ce que décrit P. Veyne ici : les théorisations de la créolisation de Robert ont gêné des visions bien-pensantes et/ou réductrices des langues/sociétés créoles, et des langues tout court, ce en quoi les travaux de Robert doivent être désenclavés du strict domaine des études créoles. Ce n'est évidemment pas par ce qu'ils disent du passé révolu des créoles et de l'humanité que ces travaux ont été attaqués, c'est pour ce que cette interprétation du passé rend plausible, possible dans l'avenir. Les polémiques récentes en France, autour de la tentative, de la part d'une partie de la classe politique, d'assigner des interprétations du passé aux historiens, la réaction de certains de ceux-ci visant à récuser toute forme d'action législative en matière d'interprétation de l'histoire, et le procès fait à Olivier Pétré-Grenouilleau à propos de son ouvrage (2004) en attestent (le hors série du *Monde 2* de mai-juin 2006, intitulé « Colonies. Un débat français », résume bien ces problèmes). L'œuvre de Robert, qui traite de ces questions à bien des égards, à travers l'histoire des aires créoles, et indirectement, à propos de l'origine des langues, peut se lire comme une longue recherche, de manière éminemment pratique, et dans les actes, de la posture la plus efficace pour aménager cet avenir, en pratiquant la linguistique : interpréter l'histoire pour aménager l'avenir ? Former des linguistes (actions au sein du CIRELFA, notamment en direction de l'Afrique ? Orienter des programmes de recherche vers des finalités pratiques (appels d'offre du CIRELFA) ? Agir au sein des institutions comme l'AUPELF, AUPELF-UREF, AUF ... ?

Robert met en œuvre une autre caractéristique soulignée par P. Veyne dans le travail historique, la faculté de se décentrer, de se mettre à la place de l'autre, décalé dans le temps. Qui n'a pas entendu Robert raconter à ses étudiants la créolisation, en se mettant à la place des différents protagonistes de la créolisation pour en souligner les logiques contradictoires, a manqué un prodigieux numéro de maestria didactique. Cette faculté de raconter la créolisation comme s'il avait été présent est liée au fait que, comme l'historien selon P. Veyne, à partir de quelques traces, il est capable, en s'imaginant dans la situation qu'il reconstitue, de réinventer la réalité telle qu'elle a pu être, et de la traduire, en essayant de ne pas trahir l'altérité des acteurs de cette époque, pour des hommes de notre temps. C'est aussi la même faculté qui fait de Robert un si redoutable polémiste : en se plaçant du point de vue de l'autre, il parvient à simuler par avance ses arguments, et à les battre en brèche par anticipation.

Je pourrais multiplier les exemples à l'infini, de caractéristiques de la démarche de Robert dont j'ai pu m'inspirer : je m'arrête ici parce que je crois en avoir assez dit pour pouvoir poursuivre mon cheminement, en en conservant encore un peu pour les 100 ans de Robert.

De la créolistique à l'alterlinguistique

Je propose depuis quelques temps, à mon sens par simple traduction et transfert de domaine, une approche que l'on peut caractériser comme insistant sur la pluralité, le chaos, l'histoire, la réflexivité, la contextualisation[3]. Contrairement à la lecture que beaucoup en font, cela me semble pétri de nombre des caractéristiques énumérées ci-dessus.

Il est impossible de citer ici l'ensemble des lectures qui m'ont permis de construire ces propositions. Il me semble qu'en citant P. Ricœur, J.-L. Le Moigne, E. Morin, I. Stengers, B. Latour, pour les généralités, et Ph. Blanchet et M. Heller pour les collègues plus proches thématiquement, je m'acquitte d'une bonne partie de mes dettes intellectuelles.

Pour commencer à entrevoir une approche autre que celle qui est actuellement hégémonique, qu'on peut appeler soit « positive » soit « galiléo-cartésienne » soit encore « structurale élargie » soit « systémiste » selon les contextes et le trait que l'on souhaite mettre en lumière, il suffit, pour cela, de cesser de croire au Grand Soir scientifique que nous promettent depuis si longtemps ces approches, où, après des années de travaux minutieux, fastidieux et tant rigoureux, le monde trouvera enfin son explication rationnelle. En inversant la problématique, on peut partir d'une évidence telle que l'on ne peut se dire que si on l'a repoussée si longtemps, c'est qu'elle occupait tout le champ de vision au point qu'on l'a prise pour un élément inamovible du paysage.

Cette évidence n'est, en somme, qu'une caractéristique importante des sciences humaines et de leur travail de/dans/avec/contre/sur l'altérité dans la mesure où leur dénominateur commun et leur tâche centrale consistent à comprendre comment un « autre » (puisqu'il n'est ni soi synchroniquement, ni de son groupe à soi) se comporte, en quoi cela est particulier, en quoi cela conduit à des produits culturels marqués de son originalité.

Le focus de la linguistique/sciences du langage, de ce point de vue, ne peut demeurer ce qu'on entend parfois appeler au singulier l'« objet-langue », disons plutôt plus charitablement déjà, les objets langues. Malheureusement, ceux-ci sont le doigt qui montre l'objectif lointain qui est vraiment pertinent, à savoir comment, dans la

---

[3] Une synthèse en sera présentée dans *Perspectives alterlinguistiques. Métaphores et traductions de l'autre parlant*, L'Harmattan, coll. « Perspectives discursives », 2 volumes à paraître, 2006.

dimension langues-langage-discours, on travaille, on construit de l'humain, jamais tout à fait le même, jamais tout à fait différent ?

Si l'altérité devient centrale, une partie indispensable de la tâche à accomplir consiste à montrer, synchroniquement, comment cet autre se distingue des autres, et, diachroniquement, comment il évolue de manière historique et chaotique (dès lors qu'il y a prédictibilité, une formule suffit, et il s'agirait d'une bien piètre altérité si elle était prédictible, donc manipulable). Les linguistes structuralistes ont fait de la « langue » leur objet, mais il serait facile de montrer comment cet objet est culturellement et historiquement situé, à un moment où, pour aller vite, on peut considérer qu'un des rôles de la linguistique est de participer à la construction des États nations, notamment en soulignant que les langues germaniques ont des origines au moins aussi prestigieuses que celles des langues romanes, ce qui constitue un moteur de la linguistique historique et comparée. Par la suite, les sociologues avec É. Durkheim insistent sur l'idée de norme et de coercition comme principe social fondateur, ce qui influence F. de Saussure qui invente le « système », fiction stabilisante et homogénéisante à l'image des états homogènes en construction. Dans une telle époque, on n'avait évidemment que faire de l'altérité, sinon pour l'esquiver comme le montre G. Bergounioux (1992), tout particulièrement pour la linguistique française. De nos jours la notion d'altérité me semble essentielle à la compréhension des phénomènes de transnationalité (Heller/ Budach 1999 ; Heller/Labrie 2003), de mondialisation, de francophonie même, surtout depuis qu'elle se prend à douter d'elle-même, et devient donc sensible à une altérité qu'elle a si longtemps ignorée. Si le structuralisme contribue à la légitimation des États nations, ce n'est pas étonnant qu'une époque où ce monde est mis en cause ait besoin d'une autre linguistique que structurale, peut-être celle fondée sur l'altérité ? Si le structuralisme était construit sur *l'unimodalité* (qu'on peut décliner : hiérarchie des structures, stabilité, homogénéité, substantialisation, synchronie, décontextualité), cette linguistique pourrait s'imaginer sur le mode de la *plurimodalité* (parité, instabilité, hétérogénéité, processus constructifs, temporalité, contextualité). Avec bien plus de conséquences qu'il n'en a l'air au début.

Si tel est le cas, les travaux effectués dans des domaines tels que la créolistique, qui ont permis de passer de la binarité de la vision diglossique à la complexité de la vision interlectale, et qui ont présenté des arguments pour illustrer l'idée que l'on n'y comprend rien sans recours à la temporalité, à la dimension socio-historique, peuvent sans doute inspirer cette linguistique.

On s'aperçoit en effet que les caractéristiques mises en relief plus haut parmi les tendances fortes de la linguistique telle que pratiquée par Robert, que les pratiques créoles plurielles, instables, chaotiques, que les langues créoles instables, aux frontières incertaines peuvent souffler quelques idées pertinentes à une telle pratique de la linguistique.

Les structuralismes ont parié sur la stabilité, la synchronie (qui rend inobservables les processus temporalisés), la décontextualité, l'homogénéité, la hiérarchie des paramètres et catégories pour construire les « systèmes », à l'aide de méthodes considérées comme universelles, acontextuelles et achroniques. La congélation du monde dans l'instant synchronique, sa stabilisation à cœur légitimait l'utilisation de protocoles métaphorisés comme des instruments censément mis en œuvre de manière uniforme par des chercheurs qui considéraient leur propre interchangeabilité et celle des locuteurs comme une garantie de l'objectivité de leurs travaux. L'obsession de la stabilité et de l'homogénéité (l'idéal de ce type d'approche est celui de la terminologie technologique, censée être biunivoque entre signifiant et signifié[4]) a entraîné la nécessité de la synchronie, qui interdit d'imaginer l'instabilité parce que celle-ci a besoin de temps pour pouvoir s'imaginer, s'observer, comme la durée du film s'oppose à la recherche d'instantanéité de la photographie. La fiabilité de l'instrument et du protocole invariable et reproductible, clés de cette linguistique, repose sur la prédictibilité du monde.

Une alterlinguistique se construit à la créole, sur l'instabilité, la contextualité, l'hétérogénéité, la prise de sens dans l'histoire, en considérant ces dimensions non comme des obstacles à vaincre, mais comme des alliés. Le sens des segments linguistiques n'est pas biunivoque, et cela n'est nullement gênant, puisque la contextualité peut pallier, de manière radicalement écologique, les oscillations du sens tout en y contribuant par ailleurs. Mieux : *l'investissement* des acteurs sociolinguistiques, leurs interactions, pallie les éventuels malentendus. L'instabilité des discours n'est pas, dans ce type d'approche, considérée comme un handicap. Bien au contraire, l'instabilité du discours, en exigeant le co-investissement des acteurs sociolinguistiques dans le discours, favorise le lien social, le travail de l'altérité là où l'uniformité assignée aux langues par les structuralismes postule des comportements d'une uniformité peu réaliste de la part d'êtres humains en situation autre que très formelle. C'est dans ce type de situation échappant aux normes, comme Robert le souligne bien, que naissent les créoles, qu'évolue le français, dans une indétermination décidément chaotique qui ne se laisse réduire ni à la continuité comme le pensaient les premiers créolistes du courant romaniste, ni à des déterminismes économiques, cognitifs, linéaires. Cela inspire une linguistique dans laquelle, en extrapolant à l'extrême, et en radicalisant le saussurisme lui-même à la suite d'A. Cornillet (2005) mais autrement que dans le sens étroitement pragmatique que ce dernier lui donne, on peut considérer que la valeur des signes linguistiques n'est effectivement pas positive, mais négative. Un signe n'est pas une classe de sens, mais de sens interdits : un signe dénote les significations qui lui sont inaccessibles, et laisse béant l'espace de sa signifiance, à investir selon le contexte. Le signe linguistique, dans les situations informelles, bien plus nombreuses que les formelles, vient désambiguïser le contexte là où cela est nécessaire et seulement là où cela l'est, et dans la mesure où cela l'est, de manière complémentaire. L'investissement dans les activités discursives-linguistiques est considéré comme un acte qui a pour résultat autant de construire les êtres parlants, que du lien social rendu possible par l'investissement relationnel nécessaire à des communications radicalement écologiques[5], que du sens linguistique, dans l'acception

---

[4] La socioterminologie nuance cependant considérablement ce propos, et montre bien que, même dans ce domaine où cela est pourtant plausible, il s'agit d'un fantasme : voir, en bibliographie, les articles de J.-Cl. Boulanger, Y. Gambier, F. Gaudin.

[5] Dans une approche radicalement écologique – on pense à L.-J. Calvet (2001) évidemment – il est *a priori* aussi plausible que la résultante (sens) vienne de la composante « intralinguistique » que de l'« extralinguistique ».

restreinte de ce terme : on se dit autant qu'on dit, on se construit dans une socialité en construction dans l'interaction autant qu'on fait passer des sens.

Dans cette alterlinguistique, l'être humain est conçu comme, à défaut de démonstration contraire, instable, hétérogène, contextualisé, historicisé, puisqu'il se construit en permanence, sans qu'on puisse lui attribuer une quelconque « vérité » de base à laquelle on pourrait ramener ses variations comme le linguiste le fait avec la lemmatisation. Cette construction permanente, évolutive, diversifiée, chaotique, se fait en partie par le biais des activités linguistiques-discursives, en réaction à celles de l'autre, dans le temps. Il s'agirait d'une linguistique qui étudierait plutôt des *résultantes* (comment, immergé dans le monde, l'homme parlant parvient à peser sur des composantes en s'y investissant) que des *résultats*. C'est une manière de dire l'insignifiance possible de l'entrée par l'analyse des signifiants, qui sont une composante de ce processus complexe : le fait d'avoir identifié un signifiant ne permet pas de « prédire » grand-chose de son sens.

Cela signifie que ces activités de langue-langage-discours ont un double rôle contradictoire et complémentaire. Elles permettent la construction d'un soi diversifié, réactif, évolutif, adaptable à l'autre, au contexte, aux objectifs des interactions. Elles permettent à ce soi de se produire dans la continuité temporelle, d'articuler, d'historiciser ces soi apparemment multiples en un soi cohérent dans le récit producteur de soi. Les activités linguistiques-discursives permettent donc la construction du tissu de contradictions dont nous sommes faits : autant tissu[6] que contradictoire, et la parole est à la fois ce qui diversifie et ce qui rassemble.

Ce qui permet au soi, qui, du point de vue unimodal, risque l'éclatement dans la diversité exigée par les moments d'action avec l'autre, de se produire, c'est l'interprétation de ces autres participant à ce processus chaotique en un soi cohérent par le biais de l'histoire, qui raconte la mise en cohérence de ce processus, unifié par une interprétation rétro-anticipatrice informée par les objectifs changeants qu'il se donne. Ce qui lui donne sens, c'est la faculté d'interpréter le passé comme aboutissant au futur.

Quelles sont les conséquences, sur le plan de la méthode, de tout cela ?

Il est probable que le fétichisme de la *trace*, caractéristique du linguiste depuis qu'il se raconte scientifique, se voie fortement nuancé. En effet, une forte solidarité lie la synchronie, la stabilité, la décontextualité, l'homogénéité, et l'insistance sur la fonction communicative qui a fondé les structuralismes. Si on veut qu'un signe linguistique soit décodable indépendamment de toute prise en compte de l'histoire, du contexte, de l'identité des interactants, des enjeux de l'interaction, etc., ce signe doit se rapprocher autant que possible de la biunivocité, puisque l'on se prive, dans cette approche, de tout ce qui permettrait de lever d'éventuelles ambiguïtés.

En effet, si l'on considère que le centre d'intérêt de la linguistique n'est pas l'« objet langue », mais la résultante d'activités parmi lesquelles l'activité linguistique-discursive, et si l'on admet que la communication n'est ni la seule finalité des interactions, ni même peut-être la principale (Le Page/Tabouret-Keller 1985), si l'on

---

[6] On pense évidemment au tissu appelé *métis*, fait de deux matières différentes.

conçoit l'échange linguistique-discursif comme un acte ontologique (production d'êtres et de sociétés) socialisé, contextualisé-historicisé, cela change singulièrement la donne.

Le chercheur n'est plus sommé de montrer les « traces » de ce qu'il avance, puisque l'on n'affirme plus que le sens se trouve dans des traces univoques : s'il vient autant du contexte, de l'histoire, des représentations, que des traces linguistiques, à quoi bon privilégier les traces linguistiques ? Pire, et donc mieux, si le sens s'articule, comme cela est sans doute le cas, sur des représentations du contexte, de l'histoire, l'essentiel dans le travail de l'autre et donc de soi, *dans, avec, par* la langue et le discours n'est pas constitué par les traces, mais par *l'expérience*, donc l'interprétation de l'autre, la transformation de son apparent tissu de contradictions en histoire les articulant dans une cohérence, et téléologiquement, en fonction de celui à qui l'on s'adresse, et des objectifs poursuivis. Le discours du chercheur devient une sorte de politique linguistique-discursive : une forme de construction de l'autre pour un autre, d'action.

Si l'expérience de l'altérité de l'autre parlant est placée au centre de la linguistique, cela signifie que le processus qui permet de transformer le passé en expérience, à savoir la *réflexivité*, devient centrale, la recherche devenant le récit d'une expérience de l'autre accessible par la réflexivité.

Cette expérience de l'autre peut s'opérer selon des modalités diverses, par exemple celles qui sont extrêmement instrumentalisées, en mettant en œuvre une batterie d'outils, de notions a priori, qui organisent le processus expérientiel de l'autre, le standardisent souvent en standardisant les modalités selon lesquelles l'autre est autorisé à déposer les traces qui seront considérées comme pertinentes par le chercheur, ce qui est sans doute un peu contradictoire avec l'idée d'en montrer l'originalité. Si on les appelle les « protocoles » « armés », ce n'est peut-être pas que par hasard. Et si ces chercheurs tentaient de brider, de se défendre, d'amortir de choc de l'altérité pour le rendre supportable ?

L'approche qui se trouverait à l'autre extrémité du spectre, celle que l'on peut appeler ethnographique (M. Heller), ethno-sociolinguistique (Ph. Blanchet), considérerait pour ainsi dire que le chercheur s'expose à l'autre comme on le ferait d'une plaque photographique. Une fois cette expérience faite, le chercheur, par un processus réflexif, lit l'altérité qui l'a bousculé, l'interprète dans son langage à lui, se le traduit, ou se le traduit à un autre, dans le cadre de sa recherche.

La linguistique, ainsi considérée, peut être vue comme le fait de tenter de raconter, de traduire « l'autre parlant » à un autre. Traduire et pas « comprendre » pour insister sur la responsabilité de médiateur du chercheur, pour souligner que l'on ne peut totalement « comprendre » l'autre sans attenter à son altérité, et que le mieux que l'on puisse faire est d'en proposer une traduction, téléologique elle aussi, influencée par le destinataire, les objectifs.

Le second volume de R. Chaudenson, créoliste ontolinguiste réflexif et alterlinguiste ?

À la réflexion, si personne ne pouvait prévoir que les études créoles pourraient être un des lieux où se réfléchit une « alterlinguistique », une « linguistique critique » (Heller 2002), une « ethno-sociolinguistique » (Blanchet 2000), personne ne peut rétrospectivement s'en étonner. En effet, les sociétés et langues créoles ont manifestement du mal à se constituer parce que la perception de leur altérité est complexe. En effet, sociétés minorées dans l'ensemble occidental, elles doivent se construire « autres », sans apparemment vraiment le faire dans la rupture claire : quel laboratoire idéal pour une alterlinguistique, si l'alterlinguistique se faisait en laboratoire !

Si l'on pense, comme dans le paradigme positif, que le chercheur risque d'être « happé », altéré par l'altérité (les métaphores de l'adhésion au terrain sont fréquentes, le terrain étant une métonymie de l'autre, celui que le positiviste ne peut pas même pas nommer autrement qu'indirectement), il faut, logiquement s'en méfier, le « mettre à distance », s'autoriser à le rencontrer seulement bien encadré par des méthodologies, protocoles, instruments qui amortissent le choc des altérités, les émoussent. C'est le paradigme galiléo-cartésien, avec ses ruptures, son binarisme, son instrumentation compliquée, et parfois superfétatoire[7].

Si l'on pense que les approches ou méthodes en sciences humaines ont pour focus l'altérité, il faut s'en faire un allié. Le savoir-être créole en donne des exemples : on peut *être avec* l'autre pour en faire l'expérience, sans crainte de se faire happer par lui, parce que le chercheur réflexif a appris à savoir qui il est, comment il se construit, et que le chercheur réflexif élaboré à la façon de *l'être avec créole* peut à la fois être avec plusieurs autres à la fois. La question de l'adhésion, tant redoutée par le positivisme, est non pertinente dans cette approche. Le risque, dans ce type d'approche, n'est pas *d'être avec* mais *d'être entièrement avec* ou de *n'être qu'avec* un seul autre à la fois, en renonçant à sa pluralité constitutive et à la réflexivité qui permet de dégager des enseignements de l'expérience de l'autre.

Une autre façon de traduire cela, qui rappellera les propos de R. Balibar (1985) sur le « colinguisme », sur la fonction centrale de la traduction, consisterait à s'inspirer de cette pratique, où, après avoir fait l'expérience de la construction de sens dans un premier environnement (linguistique, culturel, historique ...), le traducteur le reconstruit réflexivement, obligatoirement autrement s'il veut rester « fidèle », parce que dans un autre environnement.

---

[7] « On sait, en effet, qu'il existe une tentation de la méthodologie superfétatoire, qui nous pousse à retrouver, mal et au prix de méthodes laborieuses, des données que nous ne chercherions même pas si nous ne les comprenions déjà ; c'est la tentation scientiste de recomposer l'immédiateté. Plus d'un sociologue « feindra ainsi d'aborder le fait social comme s'il lui était étranger, comme si son étude ne devait rien à l'expérience qu'il a, comme sujet social, de l'intersubjectivité ; sous prétexte qu'en effet la sociologie n'est pas encore faite avec cette expérience vécue, qu'elle en est l'analyse, l'explicitation, l'objectivation, qu'elle bouleverse notre conscience initiale des rapports sociaux, il oubliera cette autre évidence que nous ne pouvons dilater notre expérience des rapports sociaux et former l'idée des rapports sociaux vrais que par analogie ou par contraste avec ceux que nous avons vécus, bref par une variation de ceux-ci » (Veyne 1971 : 148, citant M. Merleau-Ponty, *Éloge de la philosophie et autres essais*, NRF, p. 116).
Cela est bien caractéristique d'une approche en sciences humaines qui, se méfiant de l'altérité, mise sur de la méthodologie soit pour masquer la question (comme on le fait en parlant d' « objet » de recherche) soit pour donner l'impression que l'on a les moyens de la traiter par le moyen d'instruments, de méthodologies, de protocoles, etc.

Une dernière traduction consisterait sans doute à utiliser les tropes comme archétypes méthodologiques. L'approche positive est une activité d'extraction, de prélèvement de « données » que l'on postule « représentatives », comme la métonymie évoque le tout par la partie. L'approche multimodale esquissée ici utiliserait plutôt la *métaphore*, qui est opératoire parce qu'elle ne renonce pas à la tension entre deux pôles qu'elle doit maintenir différents pour produire du sens, en faisant fonctionner un ensemble articulé à un autre, sans les confondre, puisque l'efficacité de la métaphore dépend, justement, de cela.

Dans le même esprit, cet article, de mon point de vue, est une tentative de traduire les travaux de Robert et de nombre de créolistes pour les désenclaver du domaine des études créoles, afin d'en montrer la pertinence dans un champ beaucoup plus vaste, qui serait celui de la linguistique bien sûr, mais également celui des sciences humaines en général.

Dans une épistémologie positive, qui dit traiter d'« objets » et qui va chercher son inspiration dans les sciences « dures » qui dit savoir traiter les objets, ma proposition est inenvisageable, puisque l'épistémologie est réputée achronique, atopique, universelle, *unique*, comme le monde. Cela masque en fait des rapports de pouvoir bien évidents dès lors qu'on pose l'altérité comme focus des sciences humaines. Qui *peut* dire le monde unique en ignorant les autres ?

Si *l'autre* est le centre des sciences humaines, il est logique et nécessaire de chercher l'inspiration dans les pratiques de l'autre que sont les cultures empiriques. Pourquoi pas la culture occidentale, segmentante, rationalisante et binarisante, mais pourquoi pas alors, et aussi, le modèle anthropologique créole des pratiques de l'autre, que Robert a contribué à construire, et que j'ai essayé ici de contribuer à traduire en pratique de recherche, m'inspirant, en cela, de la démarche de P. Ricœur (1969), lorsqu'il va s'inspirer de la tradition herméneutique pour fonder sa propre méthodologie de recherche ?

Bibliographie

BALIBAR, Renée, 1985, *L'institution du français, essai sur le colinguisme des Carolingiens à la République*, Paris, PUF.

BERGOUNIOUX, Gabriel, 1992, « Linguistique et variation : repères historiques », *Langages* 108, pp. 114-125.

BLANCHET, Philippe/BOTHOREL, Arlette/ROBILLARD, Didier de, 2003, *Langues, contacts, complexité = Cahiers de sociolinguistique* 8, Université de Rennes 2.

BLANCHET, Philippe, 2000, *La linguistique de terrain. Méthode et théorie. Une approche socio-linguistique*, Presses Universitaires de Rennes.

BOULANGER, Jean-Claude, 1991, « Une lecture socio-culturelle de la terminologie », in F. Gaudin et A. Allal (éds.), *Terminologie et sociolinguistique, = Cahiers de linguistique sociale* 18, pp. 13-30.

CALVET Louis-Jean, 1999, *Pour une écologie des langues du monde*, Paris, Plon.

CHAUDENSON, Robert/MOUGEON, Raymond/BENIAK, Édouard, 1993, *Vers une approche panlectale de la variation du français*, Paris, Didier Érudition.

CHAUDENSON, Robert, 1974, *Le parler créole de la Réunion*, Paris, Champion.

CHAUDENSON, Robert, 1978, « Phylogenèse et ontogenèse », *Langue française* 37.

CHAUDENSON, Robert, 1992, *Des îles, des hommes, des langues : essai sur la créolisation linguistique et culturelle*, Paris, L'Harmattan.

CHAUDENSON, Robert, 1993, « Francophonie, "français zéro" et français régional », in D. de Robillard et M. Beniamino (éds.), 1993, *Le français dans l'espace francophone*, vol. I., Paris, Champion, pp. 385-404.

CHAUDENSON, Robert, 1995, *Les créoles*, Paris, P.U.F.

CHAUDENSON, Robert, 1998, « Variation, koïnéisation, créolisation : français d'Amérique et créoles », in P. Brasseur (éd.), *Français d'Amérique : variation, créolisation, normalisation*, Avignon, CECAV, pp. 163-179.

CHAUDENSON, Robert, 1990, « Du mauvais usage du comparatisme : le cas des études créoles », in *Travaux du CLAIX* 8, pp. 123-158.

CHAUDENSON, Robert, 1991, « From Botany to Creolistics. The contribution of the Lexicon on the flora to the Debate on Indian Ocean Creole Genesis » in F. Byrne et T. Huebner (éds.), *Development and Structures of Creole Languages*, pp. 91-100.

CORNILLET, Alban, 2005, *Discours de l'émotion, du contrôle au management. Pour une sociolinguistique de l'efficace*, Thèse de doctorat, Université de Rennes 2 et Université catholique de Louvain.

GAMBIER, Yves/GAUDIN, François/GUESPIN, Louis, 1990, « Terminologie et polynomie », in *Actes du colloque international des langues polynomiques = P.U.L.A.* 3-4, pp. 202-217.

GAMBIER, Yves, 1991, « Terminologie et sociolinguistique », *Cahiers de linguistique sociale* 18, pp. 31-58.

GAUDIN, François, 1990, « La praxématique : un apport pour une théorie du terme ? », *Langage et praxis, documents de travail, = Praxiling*, pp. 71-82.

GAUDIN, François, 1994, « L'insécurité linguistique des scientifiques. À propos d'une enquête socioterminologique », *Cahiers de lexicologie*, 1994-2, pp. 47-58.

HELLER, Monica/BUDACH, Gabriele, 1999, « Prise de parole : la mondialisation et la transformation de discours identitaires chez une minorité linguistique », *Bulletin suisse de linguistique appliquée* 69/2, pp. 155-166.

HELLER, Monica/LABRIE, Normand, (dirs.), 2003, « Discours et identités : La francité canadienne entre modernité et mondialisation », Fernelmond (Belgique), Éditions modulaires européennes.

LATOUR, Bruno, 2006, *Refaire de la sociologie. Changer la société*, Paris, La Découverte.

LATOUR, Bruno/WOOLGAR, Steve, 1979, *Laboratory life : The SocialConstruction of Scientific Facts*, Sage.

LATOUR, Bruno, 1996, *Petite réflexion sur le culte moderne des dieux Faitiches*, Les empêcheurs de penser en rond.

LE MOIGNE, Jean-Louis, 1994, *Le Constructivisme. Tome 1 : des fondements*, ESF éditeur.

LE PAGE, Robert/TABOURET-KELLER, Andrée, 1985, *Acts of Identity : creole based approaches to language and ethnicity*, Cambridge MA, Cambridge University Press.

MORIN, Edgar, 1973, *Le paradigme perdu : la nature humaine*, Paris, Seuil.

MORIN, Edgar, 1977, *La méthode. 1. La nature de la nature*, Paris, Seuil.

MORIN, Edgar, 1986, *La méthode. 3. La connaissance de la connaissance*, Paris, Seuil.

PÉTRÉ-GRENOUILLEAU, Olivier, 2004, *Les Traites négrières, essai d'histoire globale*, Paris, Gallimard.

REY, Alain, 1977, *Le lexique: images et modèles. Du dictionnaire à la lexicologie*, Paris, Armand Colin.

RICŒUR, Paul, 1955, *Histoire et vérité*, Paris, Seuil.

RICŒUR, Paul, 1969, *Le conflit des interprétations, essais d'herméneutique*, Paris, Seuil.

RICŒUR, Paul, 1975, *La métaphore vive*, Paris, Seuil.

RICŒUR, Paul, 1990, *Soi-même comme un autre*, Paris, Seuil.

ROBILLARD, Didier de, 1998, « Insularité, langues, chaos », in *Plurilinguismes* 15, pp. 48-66.

ROBILLARD, Didier de, 2001a, « Sociolinguistique, villes, créoles : des fenêtres sur une linguistique chaotique ? », in L.-J. Calvet et A. Moussirou-Mouyama (éds.), *Le plurilinguisme urbain*, Paris, Didier érudition, pp. 463-480.

ROBILLARD, Didier de, 2001b, « Peut-on construire des "faits linguistiques" comme chaotiques ? Quelques éléments de réflexion pour amorcer le débat », *Marges Linguistiques* 1, M. Santacroce (éd.) www.marges-linguistiques.com, pp. 163-204. Paru également dans M. Santacroce (éd.), *Faits de langue – faits de discours. Données, processus et modèles. Qu'est-ce qu'un fait linguistique ?*, Marges linguistique 1, vol. 2, (édition papier), pp. 137-232.

ROBILLARD, Didier de, 2003, « What we heedlessly and somewhat rashly call 'a language' : vers une approche fonctionnelle du (dés)ordre linguistique à partir des contacts de langues : une linguistique douce ? » in Ph. Blanchet/A. Bothorel, (éds.), *Épistémologie de la sociolinguistique des contacts de langues = Cahiers de sociolinguistique* 8, Université de Rennes 2, pp. 207-231.

STENGERS, Isabelle, 1993, *L'invention des sciences modernes*, Paris, La Découverte.

STENGERS, Isabelle, 1996, *Cosmopolitiques*, t. 1, « La guerrre des sciences », Paris, La Découverte.

VEYNE, Paul, 1971, Comment on écrit l'histoire. Essai d'épistémologie, Paris, Seuil

Le créole seychellois en 1882 : les textes récoltés par Hugo Schuchardt

Peter Stein
Humboldt Universität, Berlin

J'ai reçu dernièrement, avec recommandation postale, une lettre qui a été pour moi et qui sera pour mes lecteurs un sujet d'étonnement ; c'est un professeur de l'Université de Graz (Autriche), qui me demande des renseignements sur les écrits publiés dans le patois de l'île Bourbon, dont il s'occupe.

Ainsi commence l'étude intitulée *Les origines du patois de l'Île Bourbon*, qu'Auguste Vinson publia en 1882 dans le *Bulletin de la société des Sciences et des Arts de l'Île de la Réunion*[1]. Le professeur dont parle Auguste Vinson était Hugo Schuchardt, un des grands pionniers de la créolistique de la fin du 19e siècle. Il menait une correspondance copieuse pour se procurer des spécimens de nombreuses langues et familles de langues parlées dans le monde entier[2]. Les créoles, et surtout les créoles à base portugaise[3], occupe une place préférée dans ses recherches et dans ses publications. Mais son regard se dirigeait également vers les îles de l'océan Indien : les Mascareignes et les Seychelles avec leurs créoles à base française. Alors que son intérêt pour le créole de l'Île de la Réunion est bien documenté par l'article d'Auguste Vinson cité ci-dessus, ainsi que par quelques petits travaux de Schuchardt[4] lui-même, sa correspondance avec les Seychelles et les textes créoles récoltés par lui ont été ignorés par les créolistes, faute de publication à ce sujet. Les documents, pas très nombreux, ont toutefois été conservés et se trouvent aujourd'hui à la bibliothèque de l'Université de Graz, où Schuchardt enseignait et menait sa correspondance de 1876 jusqu'à sa mort en 1927[5].

---

[1] Auguste Vinson, 1882, « Les origines du patois de l'Île Bourbon », *Bulletin de la Société des Sciences et des Arts de l'Île de la Réunion*, pp. 88-129.

[2] Plus de 13 000 lettres reçues par Hugo Schuchardt sont conservées dans le *Schuchardt-Archiv* et se trouvent à la bibliothèque universitaire de Graz ; *cf.* Michaela Wolf, 1993, *Hugo Schuchardt Nachlass*, Graz, Leykam.

[3] *Cf.* à ce propos Peter Stein, 2005, « Hugo Schuchardt und die portugiesischen Kreolsprachen, in A. Endruschat/A. Schönberger (éds.), *Portugiesische Kreolsprachen : Entstehung, Entwicklung, Ausbau und Verwendung*, Frankfurt, DEE, pp. 201-215.

[4] « Sur le créole de la Réunion », *Romania* 11, 1882, pp. 589-593 ; compte rendu de L. Héry, *Esquisses africaines. Fables créoles ...*, Paris ²1883, *Literaturblatt für germanische und romanische Philologie* 5, pp. 369-371 ; compte rendu de Volcy Focard, *Du patois créole de l'Île Bourbon*, Saint-Denis 1885, *Literaturblatt* 6, pp. 513-515.

[5] Je remercie très cordialement Michaela Wolf de m'avoir fait connaître le « trésor Schuchardt ». Sans son secours, ce travail n'aurait pas pu être réalisé.

Nous ne connaissons pas la première lettre de Schuchardt adressée à son correspondant aux Seychelles, Monsieur Henry M. Warry[6], mais nous connaissons les trois lettres qu'il adressa par la suite à Hugo Schuchardt et les textes créoles, accompagnés de traductions, qu'il lui expédia.

La première est en langue française, ce qui présuppose une lettre précédente de la part de Hugo Schuchardt[7] dans la même langue[8] :

14 juilliet /82

Cher Monsieur, j'ai reçu avec plaisir votre lettre par la malle passé, jaurai été content de faire tout dans mon pouvoir pour vous aider. Comme je ne pas été ici longtemp dans le Seychelles je ne connait pas beaucoup la langue, chansons, et proverbes etc dans ce pays. Jai entendu dire d'un gentilhomme qui voudra je suis sure me donné l'information que vous me demander comme il est un native de ce pays. Vous pouvez dépandre dentendre de moi dans le cour dun mois ou deux. Je fini cher Monsieur, votre devoué H. M. Warry

La seconde, expédiée quatre mois plus tard, est la plus importante, car elle accompagne les documents en langue créole. L'auteur des textes n'est donc pas M. Warry lui-même, mais un certain M. Collie, un créole des îles :

Church Missionary Station, Capmain, Seychelles   Nov 3rd 1882

Dear Sir, I have much pleasure in forwarding to you the accompanying specimens of the patois spoken here, songs, proverbs, phrases etc. I hope it will be what you required and give you satisfaction. The gentleman who has kindly prepared the paper for me is a Mr Collie and being himself a Creole of the Island he of course has been able to give a good idea of what you required. I should much like to hear if it reaches you safely and is adapted for the purpose of your journal. I remain, Dear Sir, yours faithfully, H. M. Warry. Missy. C.M.S.

La troisième, rédigée apparemment après le retour de Warry en Angleterre, contient quelques renseignements supplémentaires, demandés par Hugo Schuchardt :

---

[6] Celui-ci lui avait été recommandé par un correspondant à Londres, Robert Curt, qui lui proposa dans sa lettre du 17 mai 1882 entre autres :
   As regards Seychelles you may write to Mr. Henry Warry, Church Missionary Society, In mutual Home [?], Seychelles, via Mauritius.

[7] Cette lettre ressemblait probablement à celle adressée à Auguste Vinson, son correspondant à La Réunion :
   Monsieur, Je vous demande bien pardon de l'importunité que je vais me permettre. Occupé d'une étude sur les patois créoles, je cherche à réunir tous les matériaux nécessaires. [...] M. Francis Garnier, à Shangaï, et M. Cerisier, à Paris, m'ont dit que vous avez écrit des fables (et peut-être autre chose) en créole de la Réunion. Est-ce que vous auriez un exemplaire à la disposition d'un étranger qui s'intéresse vivement à la littérature créole ? J'ose encore vous prier, Monsieur, de me donner toutes les indications bibliographiques positives sur le patois de l'île de la Réunion. Même les plus petites choses ont leur importance pour moi. Je vous serez infiniment obligé, si vous aviez la bonté de m'aider dans mes études et mes recherches. Vous agréer, Monsieur, [etc.] (A. Vinson, *op. cit.*, pp. 91 s.).

[8] L'orthographe n'a pas été modifiée. Elle nous paraît fournir un excellent exemple pour démontrer les difficultés de l'orthographe française actuelle et la nécessité d'une réforme profonde.

Dover House, West Chiff, Ramsgate, May 29th, 1883
Dear Sir, I am afraid I cannot give you much help, as I never went into the subject before you very thoroughly. Certainly the Mauritius and the Seychelles are continually having intercourse with each other. The mail steamers besides many sailing vessels from Mauritius touch at Mahé, and often bring residents from the former place for a few months to the Seychelles ; and occasionaly they settle in the latter place, being so much healthier. The present population is a very mixed one, composed of Indians from Madras, liberated African slaves, a few French, and a few English families. Te Chinaman has not yet reached the Seychelles, but there are many of them in Mauritius. The same patois is spoken throughout the Archipelago. I am not familiar with the patois spoken in Réunion. I remain, Yours truly   [H. M. Warry]

Les documents en langue créole qui vont suivre, à notre connaissance la plus ancienne attestation écrite du créole seychellois, ont donc été rédigés et écrits en 1882 ou avant[9]. La date indiquée pour la *Conversation*, 1862, paraît plutôt fictive que réaliste, tout en témoignant d'un événement concret :

Spécimen du Patois Seychellois.
Phrases, Conversations, Proverbes, Énigmes, Historiettes, Chansonnettes

Phrases

– *J'ai vu votre père, votre mère, vos frères et votre sœur se promenant ce matin*
– **Moi ti voir vous papa, vous maman, vous frères avec vous sère après prom'ner bon matin**
dans le jardin de votre oncle, votre tante s'y trouvait aussi.
dans zardin vous tonton, vous tantine aussi ti là.

5 – *Lundi dernier je vous ai vus passer mes enfants, où alliez-vous ?*
– **Lindi passé moi ti voir zautes passer, mon zenfants, cot' zautes ti allé ?**

– *Nous allions prendre un bain de mer.*
– **Nous ti alle bengner dans di l'eau salée.**
(Nota : On pourrait dire également *dans la mer*).

10 – *Nous aurons de la pluie bientôt.*
– **Nous va gagne la plie n'a pas longtemps.**

– *Les chevaux que mon grand-père a vendus à Mademoiselle N. sont revenus ;*
– **Souvals qui grand-papa ti vende Mamzelle N. fine tournés ;**
nul doute, ils ont brisé leurs écuries.
15 **sans manqué, zautes fine casse zautes parcs.**

– *Le feu est une chose que l'on doit craindre.*
– **Di fé ein' quiq'çose di monde doit gagne pè'r.**

– *Je préfère le bœuf au mouton.*
– **Moi plis content bef qui mouton.**

20 – *Je sais que vous n'aimez pas les légumes ; tout le monde le dit.*
– **Mo connais vous n'a pas content léguimes ; tout di mounde li dire ça**

---

[9] Les *Fables de La Fontaine*, ont été traduites par Rodolphine Young vers 1900, selon l'éditrice des textes, Annegret Bollée. *Cf.* Rodolphine Young, *Fables de La Fontaine, traduites en créole seychellois*, éd. par Annegret Bollée et Guy Lionnet, Hamburg : Buske (Kreol. Bibl. 4), 1983.

– *Dieu défend de mentir*
– **Bondié li empèce menti.**

– *Pourquoi ces personnes que je vois là-bas, dans la forêt pleurent-elles ?*
25 – **A cause ça zenses qui moi voir là bas, dans di bois li ploré ?**

– *Ils*[(a)] *elles remerciaient Dieu de les avoir sauvés de la mort.*
– **Zautes ti dire grand merci Bondié li ti empèce zautes mort.**
[(a)] Ils, elles, eux, elles se rendent toujours par *zautes*

– *Avez-vous quelque chose à me demander ?*
30 – **Vous y ein a quiq'çose pour dimande moi ?**

– *Les dames n'ont-elles pas acheté des marchandises au magasin No. 6 de la rue B. ?*
– **Ça madame là n'a pas ti aceté marçandises dans magasin No. 6 la rie B. ?**

– *Le meilleur moyen de traverser cette rivière, est de se déshabiller et se jeter à l'eau.*
35 – **Plis bon manière pour saute ça la rivière-là, reinque**[(b)] **tire linze,** [(c)]**zette li corps dans di l'eau**
[(b)] *rien que* ; [(c)] *on pourrait aussi bien dire :* **tombe dans di l'eau** ; *mais* **zette &c.** *est plus usité*

– *Les oiseaux aquatiques de ce pays ne ressemblent pas à ceux de Maddagascar*
40 – **Zozos qui restent dans di l'eau dans païe-ci n'a pas pareils zozos Malgace**

– *La maison de ce vieillard est tombée sur lui, et lui a cassé la cuisse ; heureusement*
– **La case ça bonhomme-là ti tombe làhaut li, ti casse son la couisse ; par bonhère**
le chirurgien est arrivé à temps pour en faire l'amputation.
doctère ti arrive assez temps pour coupe li.

Conversation[10]

qui eut lieu entre Bazile* et Fanny sa fille, en Décembre 1862, deux mois après le Cataclysme qui fit un si grand ravage à Mahé, la principale des îles Seychelles

[*Bazile arrivait de Maurice où il s'était établi depuis plus d'une année]

Bazile : *Qui to gagné, mon fie ; à cause to maigue comme ça ? To ti malade ici ? to fine boucoup çanzée dipis mo fine quitte toi.*

Fanny : *Ah mon Dié, papa ! moi n'a pas ti*
5 *malade. Si vous voir moi maigue comme ça, l'avalace qui la cause. Zamais Seycelles n'a pas ti trouve quiq'çose comme ça. 12 Octobre quatre hè'res bon matin (divent ti fine commence souffler bien fort dip'is la*
10 *veï'e), montangne St. Louis fine cassée, tout ça la terre rouze qui ti descende dans*

Bazile : Qu'as-tu ma fille ; pourquoi es-tu si maigre ? As-tu été malade ici ? Tu es beaucoup changée depuis que je t'ai quittée.

Fanny : Ah mon Dieu ! père, je n'ai pas été malade. Si vous me trouvez maigre, c'est par suite de l'inondation ; jamais les Seychelles n'ont vu une pareille chose. Le 12 octobre à 4^h du matin (le vent ayant commencé dès la veille, à souffler avec force, la montagne St-Louis s'est éboulée, toute cette terre rouge qui est descendue

---

[10] Dans le manuscrit, le texte créole et la traduction se suivent sur deux feuilles différentes. Pour faciliter la lecture, nous les avons mis l'un à côté de l'autre, comme l'auteur du manuscrit l'avait fait déjà fait à propos de l'*Historiette*.

grand' la rivière St. Louis, ⁺ti bouç'e son cimin, [⁺ litt. a bouché son chemin], ti ein a boucoup la plie, la terre ti tremblé, blancs li dire trombes qui ti faire ça ; nous noirs, n'a pas conné qui ci ça. Eh ben ! papa, di l'eau# [# la boue] la rivière, ti fané fané ; tous la ries ti pleins, tous la cases, tous dibois, tous zanimaux qui ti dans courant fine allés ; couvent (ein belle la case) ti tombée. Père Zérémie (nous préfet qui ti après donne l'extrème onction ein pauve madame qui ti gagne 'crasé quand son la case ti tombe là-haut li, ti manque mort, tous les sères, zélèves qui ti là-dans ti saute par la fenète, y ein a qui ti vine à bout trouve la porte, quand couvent ti après craquer pour tomber. Si ein masse zouvriers n'a pas ti arrive vitement, nous pauve Père ti flambé, quand zautes ti fine vine à bout casse casse ein pei tout ça paquet dibois qui ti là-haut li, zautes ti voir li enterré dans la boue avec ein côté nénez déhors ; si ti tarde encore ein' minite, n'a pas ti va yein a nouvelle. Quand zautes ti tire li, li ti fine boire la boue ; son côtes ti fine gagne di mal ; li ti yen a ein zeine fie à cot' li qui ti fine mort, Mamzelle Me...⁺ [⁺Père ti fine tiombo son la main]. Ti y ein a encore ein Sère sarité qui zautes ti trouvée mort.

A présent, papa, moi# [# mo] fine perdi mon mari qui ti v'lé sauve son tantine qui ti après descende dans di l'eau la boue ; Comment li tiombo li, ein gros pied tamarin qui ti après vini (li n'a pas ti trouvé) ti tappe li dans son li-dos av'là qui zautes couri zisqu'à dans di l'eau salée. reinque dés zours après qui la Police ti trouve zautes li corps. Eh ben ! papa, n'a pas assez ça pour faire dimounde vine maigue ?

Bazile : Si fait mon pitit y ein a di quoi. Bon Dié soulaze vous ! va donne vous mari t-à-l'hère !

Fanny Papa, vous pour tourner Maurice ?

Bazile Comment moi capabe tourner, toi qui tout sèl à présent ; non mon pitit moi reste touzours avec toi zisqu'à to fine gagne mari.

dans la grande rivière St. Louis, en a intercepté le cours ; il pleuvait beaucoup ; il y a eu tremblement de terre ; les blancs disent que cela a été occasionné par des trombes ; nous noirs nous ne savons ce que c'est qu'une trombe. Eh bien ! mon père, les eaux bourbeuses de la rivière s'étaient répandues dans toutes les rues ; toutes les maisons, les arbres, les animaux qui étaient rencontrés par le courant ont été emportés ; le couvent (beau bâtiment) s'est écroulé ; le Père Jérémie, notre préfet - qui administrait l'extrème onction à une pauvre dame qui avait été écrasée dans la chute de sa maison - était près de mourir ; les sœurs et les élèves qui s'y trouvaient se sont jetées par les fenêtres ; il y en a qui ont réussi à gagner les portes lorsque le couvent craquait avant de tomber. Si une quantité d'ouvriers n'étaient arrivés bien vite, notre pauvre Père était perdu. Lorsqu'ils ont eu réussi à enlever les débris qui le couvraient, on l'a trouvé embourbé (entièrement excepté une narine) et si l'on avait tardé d'une minute, c'en était fait de lui. Lors qu'il a été retiré, il avait avalé de la boue et ses côtes avaient été froissées et il y avait une jeune fille à côté de lui qui était morte, Mlle Me... dont le Père tenait la main ; il s'y trouvait encore une sœur de charité que l'on a trouvée morte.

Maintenant, mon père, moi, j'ai perdu mon mari qui voulait sauver sa tante qui descendait dans l'eau bourbeuse ; comme il la saississait un gros tamarinier qui venait derrière (sans qu'il l'eût aperçu) lui a frappé le dos, et voilà qu'ils sont partis à la mer ; ce n'est que deux jours après que la Police en a trouvé les les [sic] corps. Eh bien ! mon père, n'est-ce pas assez pour faire maigrir quelqu'un ?

Bazile : Oui mon enfant, il y a de quoi. Que Dieu vous console ! il vous fera t[r]ouver bientôt un autre mari.

Fanny : Mon père, devez-vous retourner à Maurice ?

Bazile : Comment pourrais-je y retourner toi qui es seule maintenant ? mon enfant je resterai avec toi jusqu'à ce que tu aies eu un mari.

Proverbes

Zacos li trouve la queué son camarade, n'a pas trouve pour li
Les singes voient la queue de leur semblable ; mais il ne voient pas la leur
(On voit la paille qui est dans l'œil de son prochain ; mais on ne voit pas la poutre qui est dans son propre œil.

La langue n'a pas li zos
La langue n'a pas d'os
(On ne réfléchit pas lorsque l'on parle)

Batté rendé n'a pas faire di mal
Un coup rendu ne fait pas mal
(On ne devrait pas se fâcher lorsque mal pour mal est rendu)

Énigmes

Di l'eau diboute ?   *Canne*
L'eau debout ?   Canne (à sucre)

Di l'eau en pendant ?   *Coco*
L'eau suspendu ?   Coco

Moi dans mon la case ; tout di mounde entoure mon la case,
mon la case passe par la f'nête et moi, mo' rest' prisonnier ?   *La seine*
Je suis dans ma maison ; tout le monde l'entoure
ma maison passe par la fenêtre et moi, je reste prisonnier ?   Seine ou gilet

Moi y ein a ein la case, 50 li étazes, ein la porte ?   *Bambou*
J'ai une maison qui a 50 étages et qui n'a qu'une porte   Bambou

Mon la terre li blanc (1) ; mon la semence (2) li noir ; mon li ziés (3) ti récolte tout ?
Ma terre est blanche, ma semence est noire et mes yeux ont tout récolté ?
(1) papier, (2) encre, (3) lecture

L'auteur termine la page par une remarque à propos de sa traduction et des documents qu'il a réunis :

Cette traduction du patois est aussi correcte qu'il m'a été possible de le faire en français ; j'ai été même obligé de manquer aux règles de la syntaxe pour que le célèbre professeur Autrichien puisse se retrouver.

Quant aux historiettes et chansonnettes, je ne puis vous en donner ; j'ai fait mon possible pour vous les procurer ; mais je n'ai pas réussi ; les anciens créoles noirs sons civilisés à un point où ils ne se souviennent plus de ces choses.

Hardweird, Baie Lazare   Ph. Collie
Mahé, Seychelles, 2 Octobre 1882

To H. Warry Esquire
Lay Missionary of the Church
S. Mation, Chasseron

Malgré cette remarque négative, il y a une *Historiette* dans la collection, que voici :

Historiette

Ti y en a ein bonhomme qui ti appelle Castor ; ça bonhomme-là ti y en a malade li ziés, Son famme Tanavoo qui ti ein pei plis vié' qui li, donne li conseï alle voir doctè'r pour gagne la tisane pour guéri' son li ziés. Castor n'a pas ti v'lé, à cause son frère Matoupa (qui conn' gris-gris) ti dire li : "malfaisant qui ti faire toi ça ; laisse-moi so'gne toi ; toi trouvé si to n'a pas va guéri dans ein simaine". Son famme ti entètée pour gagne docté'r ; mais Castor ti plis content faire so'gne li par son frère qui gagne zaffaires avec docté'r.

Avlà à présent qui papa Matoupa li arrivé pour so'gne son frère. "Salam Castor". "Salam Matoupa" "Qui nouvel' mon frère ?" "Ah bé ! to n'a pas trouvé ?" "Si fait, mo trouvé, n'a pas bouzé ; t'a l'hè're moi tiré ; dimounde fin emposonne ton li ziés ; mo trouve ein p'tit quiqc'ose qui pareï' bébète qui après marc'e-marc'er⁻ [⁺ qui fait le va-et-vient]." "Eh ben ! mon frère diboute divant moi, tir' ça bébète-là."

Matoupa li prend son p'tit calbasse cot' li mett'e son mazinga, li tire son bouç'on ; Maman ! zaffaires qui ti sorti là-dans ! ti y en a c'ivés, zongues, la viande di mounde, la graisse di mounde, p'tit-p'tit morceaux di bois avec ein paquet gonazes.

Av'la à présent qui papa Matoupa li commenc' man'évrer. li prend ein zongue, li cause avec li, li mett'e li proc'e son li ziés, avla di l'eau qui commenc' sorti dans son li ziés ; dans ça di l'eau-là, ti y en a coulèv'es, zangui', cent-pieds, mille-pattes, qui mo connais encore ? n'a pas ti vine à bout trouve son boute tous ça bebètes-là.

Av'la Castor qui commence ça va bien. Li dire Matoupa : "Bon Dié soulaze 'ous frère ! à présent mon connais 'ous n'a pas ti menti. Grégoire qui ti faire moi méc'ancêté à cause mo' ti vole fi'e son tonton. A présent comment mo 'a paye toi, moi n'a pas l'arzent ?" "N'a rien Castor ; alle travaï' ; quand to' 'a gagne morceau la monnaie to' 'a donne moi."

Il y avait un vieillard qui s'appelait Castor ; ce vieillard avait mal aux yeux. Sa femme Tanavoo qui était un peu plus âgée que lui, lui donna le conseil d'aller voir le docteur pour avoir de la médecine pour guérir ses yeux. Castor n'a pas voulu parce que son frère Matoupa (qui connaît le gris-gris) lui avait dit : "c'est un sorcier qui t'a fait cela, laisse moi te soigner ; tu verras si tu ne seras pas guéri dans une semaine." Sa femme s'entêtait d'avoir le docteur, mais Castor aimait mieux se faire soigner par son frère que d'avoir affaire à un docteur.

Voilà maintenant que maître Matoupa arrive pour soigner son frère. "Bonjour Castor". "Bonjour Matoupa". "Quelles nouvelles mon frère ?" "Eh bien ! tu ne vois pas !" "Si fait (ou oui) je vois ; ne bouge pas ; tout-à l'heure je vais le retirer ; quelqu'un a empoisonné tes yeux ; je vois quelque chose qui ressemble à une bête qui s'y promène." "Eh bien ! mon frère, mets-toi debout devant moi, et retire cette bête."

Matoupa prend sa petite calebasse dans laquelle il met ses articles de sortilège, en tire le bouchon. Matin ! que de choses en sont sorties ! il y avait des cheveux, des ongles, de la chair et de la graisse humaine, de très petits morceaux de bois et un tas de malpropretés.

Voilà maintenant maître Matoupa à l'œuvre : il prend une ongle avec laquelle il cause il cause [sic] il la met près de ses yeux, et voilà qu'il en sort de l'eau ; dans cette eau, il y avait des couleuvres, des anguilles, des cent-pieds, des mille pattes, que sais-je encore ? on n'en trouvait pas la fin de ces insectes.

Voilà Castor qui commence à bien se porter. Il dit à Matoupa : "Dieu vous bénisse, mon frère ! maintenant je sais que vous n'avez pas menti. C'est Grégoire qui m'a fait cette méchanceté parce que j'ai volé (enlevé) la fille de son oncle. Maintenant comment vais-je faire pour te payer n'ayant pas d'argent ?" "Ce n'est rien Castor ; va travailler ; lorsque tu auras gagné un peu d'argent, tu me le donneras."

50	*Lendimain, coq ç'anté, av'la Castor qui piqué pour alle rode l'ouvraze cot' blancs, à cause li ti pe'r (si li n'a pas ti payé,) son frère ti va faire entrer encore dans son li ziés tous ça bébètes avec tous ça gonazes qui li ti fine tirés. Ein banané fine passé, Castor n'a pas donne Matoupa <u>ein</u> casse, (Matoupa ti ti [sic] après veille li.) Ein zour*	*Le lendemain au chant du coq, voilà Castor qui se met en route pour aller chercher de l'ouvrage chez les blancs, parce qu'il craignait (s'il ne lui payait pas), que son frère aurait fait rentrer dans ses yeux toutes ces bêtes et toutes ces malpropretés qu'il en avait retirés. Une année se passe et Castor ne donne pas à Matoupa <u>un</u> sou. (Matoupa ne le perdait pas de vue). Un jour, de grand*
55	*grand matin, ~~Marianne~~ femme Castor 'tende son mari qui ti encore dans li lit crier : "Bon Dié ! qui ci ça encore ? Mais zautes v'lez touye moi ; n'a pas possib'e.["]*	*matin, la femme de Castor entend son mari qui était encore au lit, s'écrier : "Mon Dieu, qu'est-ce encore ? Mais l'on veut me tuer, ce n'est pas possible.["]*
60	*~~Marianne~~ allime la lampe avec tond'e qui li ti batté pour guetter qui ça, qui ti v'lé touye son mari ; qui li trouvé ? tous ça bébètes-là qui ti après entré dans son li-zies. "Han ! han ! mo' n'a pas ti dire toi paye ton frère ? to' n'a pas ti v'lé ? eh b'en, à présent to'*	*Tanavoo allume la lampe avec un tondre qu'elle avait battu pour voir ce que c'était ; qui voulait tuer son mari, que voit-elle ? toutes ces mêmes bêtes qui entraient dans ses yeux. "Ha ! ha ! Ne t'avais-je pas dit de payer ton frère ? tu ne l'as pas voulu ; eh bien ! maintenant tu es*
65	*fouti." N'a pas passe dés zours Castor li mort.*	*perdu (foutu). Deux jours ne se passèrent point que Castor mourut.*

Fin.

Tous les textes jusqu'ici présentés existent également dans une copie littéralement identique, écriture très fine, faite par un Mauricien inconnu, qui se présente comme tel par quelques remarques. Il explique que *mazinga* sont des « articles de sortilège » et que le terme « n'est pas mauricien ». Plus tard il constate que « *reinque* n'est pas mauricien » et encore plus tard qu'« *Matoupa* non plus n'est pas de chez nous ». Mais « Somme toute, la langue de ces textes est absolument la nôtre ».

Dans cette copie suit un *Séga*, que nous n'avons que dans cette copie :

1. couplet
Madame Dip'is, dipis le amouré,
ti n'a pas gagne dormi ;
Bon tous l'amour dans son figure
comme pomme zamalac.
5 *p'tit Zean ti batte tambour*
"To empêce Madame dormi,
Bon to prends l'évantaï
Pour faire Madame dormi."

2. couplet
10 *Caroline Caroline en bas pigonnier Madame,*
Madame dimandé : "Qui to faire, Caroline, là ?"
Mo veï' mo mari tous les sam'dis dans moutia". [danse créole].

Un dernier document porte le titre « Créole Seychellois » et le nom de Desmarais (Mahé). Il s'agit d'une liste d'expressions avec leur traduction française et des remarques explicatives pour quelques-unes :

	Passe en passant[1]	*Ne faire que passer*
	Taille en taillant[5]	*Courrir sans s'arrêter*
	Moâ bag ou	*Je vous battrai*
	Oû fine gagne bagué	*Vous avez été battu*
5	*Madégonde*[4]	*Fruit à pins*
	Li fine hâle la crasse sam moâ[8]	*Il m'a craché dessus avec mépris*
	Ein galant	*un amoureux*
	à cause !	*pourquoi*
	comé là[3]	*Dans le moment*
10	*Cou-ou-ou-ou !*	*Exclamation signifiant etonnement*
	Choke[5]	*plein*
	Cascavelle[6]	*montre*
	Vous a gagne planté ou bagué[2,8]	*vous serez battu*
	mo la faim[7]	*j'ai faim*
15	*mo la soif*[7]	*j'ai soif*

[1] *Passe en passant n'est pas un idiotisme mauricien/= (néque passe passé)*
[2] *planté & bagué n'ont pas ce sens à Maurice*
[3] *com é là n'est pas d'ici. é = est, sans doute*
[4] *madégonde le mot inconnu ici*
20 [5] *choke.., taillé connus*
[6] *cascavelle plante légumineuse à fleurs jaunes, dont la gousse sèche est bruyante*
[7] *mo la faim, mo la soif bourbonnais*
[8] *Li fine hale/vou a gagne c'est notre conjugaison*
<u>*pauvre récolte !*</u>

Étude

Une étude exhaustive des textes dépasserait la cadre de ce modeste travail et devra se faire ultérieurement. Les quelques remarques qui suivent voudraient éveiller la curiosité des lecteurs pour ces textes et montrer la richesse de cette récolte que nous devons à Hugo Schuchardt et ses correspondants :

Il y a tout d'abord la question de l'orthographe des textes anciens. Bien sûr, elle suit l'orthographe française et non pas la phonologie, et distingue ainsi le pluriel du singulier, l'infinitif du participe, le féminin du masculin, sans que la phonétique du créole corresponde à ces différenciations. En connaissance de la prononciation actuelle, l'orthographe permet néanmoins des conclusions sur l'état de la langue de cette époque. Il ne reste que quelques zones d'insécurité, quand il n'y a pas de correspondant français précis :

◊ Au cas sujet, il y a variation entre les pronoms *vous* et *'ous*, ainsi qu'entre *toi* et *to*, *moi*, *mo* et une fois *mon* (*à présent mon connais*), un des rares indices de la nasalisation des voyelles, plus avancée qu'à Maurice.

◊ La particule verbale *i* n'est pas utilisée dans les textes, mais nous avons des *il* ou *qui* dans des cas où l'occurrence du *i* est possible sinon probable ou même obligatoire selon les règles de la langue actuelle[11]. Est-ce que les *qui* et *il* représentent alors la prononciation de l'époque ou est-ce qu'il s'agit d'une « ré-analyse » du *i* dans le cadre des possibilités qu'offre la langue française ?

◊ La nasalisation des voyelles, dépassant celle du français, n'est attestée que dans les cas suivant : *bengner, montangne, mon mari, mon pitit, mon la caze, son famme, mon/son li ziés*. Mais, aux cas des possessifs, n'est-ce pas plutôt la forme française qu'un trait particulier de la prononciation créole ?

◊ L'origine de la forme *bagué* chez Desmarais n'est pas claire. S'agit-il d'une forme palatalisée de *batté ?

En ce qui concerne la morphosyntaxe, voici quelques points intéressants :

• Les pronoms sujets :

– Pour la 2e personne du singulier, *to/toi* est encore utilisé à côté de *(v)ous*, sans différence nette entre un tutoiement ordinaire et une forme de politesse. Il n'est pas toujours clair si *vous* se réfère à une seule ou à plusieurs personnes. *Zautes* est utilisé pour la 2e personne du pluriel. Les pronoms personnels sont identiques aux adjectifs possessifs, sauf la 3e personne où nous avons *son*. Nous avons les deux fonctions par ex. dans *zautes fine casse zautes parcs*.

– Les deux formes *mo/moi* et *to/toi* sont utilisées au cas sujet, sans que nous ayons pu trouver une différence dans l'emploi des deux formes.

– Il y a un cas de réflexivité : *zette li corps dans di l'eau*, 'se jeter dans l'eau'.

• Les marqueurs de pluralité :

Le marqueur du pluriel *ban* n'est pas attesté dans les textes, mais il y a d'autres éléments qui peuvent être interprétés dans le même sens : *ein masse zouvriers, ça paquet dibois, ein paquet gonazes,*

• La possession s'exprime par simple juxtaposition, le possesseur suivant l'objet possédé : *la case ça bonhomme-là, li trouve la queué son camarade, ti y en a malade li ziés, mo', en bas pigonnier Madame, ti fi'e son tonton*.

Le pronom possessif se marque par *pour* : (*li trouve la queué son camarade,) n'a pas trouve pour li*.

• La négation se fait toujours par *n'a pas*, *pa* tout seul n'est pas attesté dans les textes. Pour « avoir » et pour la copule « être », nous trouvons seulement *n'a pas* sans

---

[11] Voir plus bas.

autre verbe : *zozos qui ... n'a pas pareils zozos M. ..., n'a pas assez ça, la langue n'a pas li zos, moi n'a pas l'arzent.*

• Le fameux *i* du seychellois n'est pas utilisé comme tel, mais on le retrouve sous forme de reprise du sujet ou sous forme du pronom relatif *qui* : *tout di mounde li dire ça, Bondié li empèce menti, A cause ça zenses qui moi voir ... li ploré* (3e pers. du pluriel !), *Matoupa li prend ... ; l'avalace qui la cause, tout ça la terre rouze qui ti descende, blancs li dire trombes qui ti faire ça, av'la di l'eau qui commenc' sorti, av'la Castor qui commence ça va bien, Grégoire qui ti faire ...,*

Le *qui*, toutefois, peut également être pronom relatif, la différenciation n'étant pas toujours possible : *tous les sères, zélèves qui ti là-dans ti saute par la fenète, y ein a qui ti vine à bout trouve la porte, tout ça paquet dibois qui ti là-haut li,*

• En ce qui concerne les particules verbales, mentionnons seulement la fréquence relativement élevée pour un créole de l'océan Indien de *après* et de *fine*. Nous trouvons toujours la forme *après*, jamais *pe* ni *ape*.

Pour le futur, il y a *va*, mais également *'a*, et une attestation de *pour* : *Papa, vous pour tourner Maurice ?*.

Notons les phrases suivantes sans les étudier en détail : *ein pauve madame ... ti manque mort ; y ein a qui ti vine à bout trouve la porte ; n'a pas ti vine à bout trouve son boute tous ça bebètes-là ; quand zautes ti fine vine à bout casse casse ein pei tout ça paquet dibois ; quand couvent ti après craquer pour tomber,*

• Les formes courtes et longues du verbe sont également attestées et suivent la règle. Prenons deux exemples : *cot' zautes ti allé ?* et peu après, *nous ti alle bengner ; couvent (ein belle la case) ti tombée* mais : *La case ça bonhomme-là ti tombe làhaut li.*

• Le verbe *gagner* exprime la possession, « avoir », mais aussi le fait de « gagner/obtenir/recevoir quelque chose », ce qui mène au passif exprimé à l'aide de *gagner*, construction également attestée dans les textes : *qui to gagné ?, nous va gagne la plie, di monde doit gagne pè'r, son côtes ti fine gagne di mal, zisqu'à to fine gagne mari, ti n'a pas gagne dormi, ein pauve madame qui ti gagne 'crasé, où fine gagne bagué, vous a gagne planté ou bagué.* Les trois derniers exemples sont traduits par le passif français 'qui avait été écrasée, vous avez été battu, vous serez battu'.

• La réduplication du verbe se fait dans les phrases suivantes : *di l'eau la rivière ti fane fané ; zautes ti fine vine à bout casse casse ein pei tout ça paquet dibois ; ein p'tit quiqc'ose qui pareï' bébète qui après marc'e-marc'er.*

La genèse des créoles : au-delà du « superstrat » et du « substrat » ...

Georges Daniel Véronique
Université de Provence

Deux séries d'observations sont à mettre en relation quand on étudie l'émergence des langues créoles, celles des premiers témoins – du dix-septième siècle pour les créoles français – et celles, plus tardives, des linguistes et autres érudits qui abordent ces parlers dans l'optique de la science linguistique naissante, à la fin du dix-neuvième siècle. Comme L.-F. Prudent (1993) et G. Hazaël-Massieux (1996) l'ont relevé, les premiers termes employés par les contemporains, missionnaires et voyageurs, greffiers d'usages nouveaux dont ils ne savent s'ils vont perdurer, pour les désigner sont « jargon », « baragouin », « langage mêlé » et « patois ». Ces premiers témoins recherchent une dénomination pour les phénomènes linguistiques observés, en puisant dans les ressources lexicales qu'ils s'autorisent ; ce qui est parlé par cette population servile ne saurait être une langue. À l'époque, l'identification des langues est fortement liée à la possibilité de les écrire ; les *scripta* créoles restant à inventer, l'impossibilité de les nommer s'en trouve renforcée (voir R. Wright 2003). H. Merlin-Kajman (2003 : 79 et suivantes) ajoute qu'à l'époque, « les noms de langue ne sont pas fondés linguistiquement ». « La question ne porte pas sur la langue que l'on parle réellement, ou que l'on peut parler de part et d'autre d'une frontière géographique, mais sur l'inclusion théorique d'une langue sous tel ou tel *nom* ». Le terme « langue créole » et le glossonyme « créole » seront les dernières désignations à être utilisées, plus d'un siècle après les premières attestations d'une variété linguistique nouvelle aux Antilles.

Les premiers observateurs relèvent, de façon complémentaire, la qualité de la pratique du français au sein de la population servile, au moins en compréhension (voir Chaudenson *et al.* 1986), et la facilité relative de la tâche d'évangélisation. Il n'est pas besoin d'apprendre des langues exotiques pour catéchiser les esclaves.

La linguistique du dix-neuvième siècle découvre ces nouveaux parlers au moment où elle est en plein débat sur la genèse et la parenté des langues. La question des langues en contact vient s'inscrire au cœur de ces discussions. Au moment d'initier une réflexion sur ces nouveaux parlers, la linguistique emprunte aux premiers observateurs et aux usagers le terme de « créole » ainsi que le désir de ces inventeurs de mettre à distance les phénomènes langagiers observés dans la colonie, de la langue de la colonie, ou alors de les dissoudre comme variantes aberrantes de celle-ci. Elle n'oubliera pas, chemin faisant, le terme de « pidgin », apparu pour nommer les langues de contact qui se développent dans l'espace du Pacifique.

Dans le contexte du débat instauré par les néo-grammairiens et leurs prédécesseurs de la grammaire comparée sur les lois du changement phonétique, la question de l'emprunt et celle de la délimitation dialectale pèsent d'un certain poids.

Selon Baggioni (1987), on doit à Ascoli et à Schuchardt l'émergence d'une réflexion autour de la notion de substrat et de la question de la mixité des langues dans le cadre de l'étude de la filiation des langues. Schuchardt, au contraire d'Adam, ne croit pas à la thèse de l'hybridation pour expliquer le fonctionnement des langues créoles.

Ainsi, en cette fin de dix-neuvième siècle des questions sont posées sur les contributions respectives des langues mises en contact par l'expansion coloniale et l'esclavagisme dans la genèse des langues créoles. Il n'est pas indifférent que ces interrogations savantes, peu usitées chez les missionnaires et autres voyageurs des siècles précédents, surgissent à l'heure des empires coloniaux, de l'affermissement des sciences humaines comme l'anthropologie, et au moment où la linguistique inscrit ses préoccupations dans le temps de l'histoire (voir Baggioni 1986). Comme le montrent les travaux de Schuchardt et sa polémique avec A. Meillet, les créoles offrent à la linguistique un objet qui résiste aux thèses du moment. On ne peut exclure qu'une racialisation de la question des créoles, présente dès les premières remarques des missionnaires et des voyageurs, mais qui prend de l'ampleur au dix-neuvième, n'ait contribué à ce que les nouvelles entités linguistiques découvertes ne soient traitées comme une catégorie linguistique distincte *a priori* (Mufwene à paraître). On ne peut s'empêcher de mettre cette posture en rapport avec le regard porté sur l'Afrique comme terre d'esclaves, regard méprisant qui conduit à négliger, selon Jean Doneux (2003 : 238 et suiv.), l'étude des langues africaines durant la même période.

Les linguistes de la fin du dix-neuvième siècle formulent à propos des langues créoles l'essentiel des thèses encore discutées aujourd'hui : elles résultent d'un procès d'appropriation linguistique (Coelho 1880) ; les créoles sont les produits du métissage linguistique (Adam 1883) ou, encore, ces langues relèvent de la sphère des langues donatrices de leurs lexiques (Meillet [1914]1921). Dès les premiers travaux consacrés aux créoles, l'on peut observer que l'interrogation sur la genèse de ces langues, sur leur type ainsi que leurs descriptions s'accompagnent de considérations raciologiques. Plus d'un siècle plus tard, ces enjeux sont toujours présents. L'exception créole demeure jusqu'à la période contemporaine puisque les classements typologiques, à commencer par ceux de Stewart (1968), continuent de les distinguer des langues ordinaires.

Cela étant, on admettra, à la suite de Baggioni (1987), que la question du substrat ne s'inscrit plus dans le contexte du dix-neuvième lorsqu'elle ressurgit dans la période récente autour des travaux de Sylvain (1936) et de Faine (1937). En effet, dorénavant des enjeux sociaux, propres aux sociétés créoles, déterminent les analyses linguistiques. Comme le relève Chaudenson (1995), entre temps, les langues créoles sont passées, à partir des années 20, du « statut de simple lieu de vérification ou de réfutation des théories générales » à celui de secteur de recherche à part entière. Chaudenson (1995 : 868) ajoute, précisant le point de vue de Baggioni (1987), que la période qui s'étend de 1919 à 1945 voit émerger des « auteurs « natifs » (ce qui) fait que l'affrontement scientifique est désormais sous-tendu et parfois exaspéré par des considérations idéologiques ». Il pointe tout particulièrement le rôle de l'anthropologue américain M. Hersekovits dans l'« africanotropisme » (d'Ans 1987) de Sylvain.

C'est donc en parfait connaisseur de cette histoire et de ces débats que Robert Chaudenson bâtit son œuvre à partir des années 70. Il est conduit à prendre position dans le débat génétique et ne tardera pas à être mêlé à de nombreuses polémiques dont les dimensions idéologiques ne sont pas négligeables tant à propos de la genèse des créoles de l'océan Indien – l'hypothèse du bourbonnais – qu'au sujet du statut du descripteur des langues créoles – c'est la querelle autour du « linguiste natif ».

La question de l'origine des unités et des fonctionnements des créoles français occupe Robert Chaudenson dès son *Lexique du créole réunionnais* de 1974. Dans cet ouvrage, il résume, avec une grande clarté, l'état du débat entre les tenants de la mixité des langues créoles et d'une contribution majeure des langues des esclaves à la constitution de ces nouvelles langues et les partisans de la thèse que les créoles ne sont que le prolongement des langues pourvoyeuses de leur lexique. Il discute les termes des débats historiques et typologiques sur l'établissement des apparentements linguistiques qui se trouvent au centre des controverses. C'est ainsi qu'il est conduit à prendre position, dès cette période, sur l'usage des termes de « substrat » et de « superstrat ». Il ne variera d'ailleurs pas dans sa critique du mauvais usage de ces termes en créolistique (Chaudenson 1986).

Dans son analyse détaillée du lexique réunionnais, et accessoirement du mauricien, il décrit avec précision les contributions lexicales du malgache, de diverses langues de l'Inde et des langues de l'Afrique de l'Est au créole. Il conclut de l'analyse lexicologique de plus de 2000 unités lexicales du créole réunionnais à la faible influence des langues serviles dans l'élaboration de ce lexique et à l'importance de la fabrication des néologismes créoles dans ce processus.

Pour expliquer les faits de genèse, les identités et les divergences entre les créoles de l'océan Indien qu'il explore, Robert Chaudenson se tourne vers la grammaire historique comparée et la linguistique diachronique – j'y vois la source de sa thèse du bourbonnais comme protolangue créole de l'océan Indien et de sa théorie du français zéro (ce que confirme Chaudenson dans un article de 1999). Dans un autre registre, et à d'autres fins, il interroge également les recherches sur les analyses d'erreurs en langue étrangère et l'acquisition du langage et les travaux systémiques de Bateson. Chaudenson a explicité longuement en 1999 ses positions théoriques dans ce domaine. J'y reviens plus bas.

L'une des questions récurrentes que doit affronter tout créoliste est celui de la définition même de son objet d'étude. Qu'est-ce qu'un créole ? Depuis les débuts de la créolistique, une démarche aristotélicienne caractéristique conduit les chercheurs à tenter de cerner le genre propre et les différences spécifiques de ces langues. Ainsi, comparant les langues issues de situations de contact entre populations allogottes, l'on a posé que certaines propriétés linguistiques renvoyaient à la classe des créoles alors que d'autres relevaient en propre des pidgins. Chaudenson, Mufwene (1996) ou McWhorter (1998), entre autres ont apporté des réponses à cette question préjudicielle, les premiers en déniant toute propriété spécifique aux langues créoles, sinon leur *terminus a quo* social et historique tandis que McWhorter a avancé, lui, des traits définitoires fortement contestés.

Je souhaiterais envisager une voie, au-delà de la querelle du « substrat » et du « superstrat », pour une définition compréhensive des créoles et de leurs genèses, qui s'appuie sur l'acquis des travaux de Chaudenson et de ceux de l'école gradualiste en créolistique (Arends 1993, 1995, Arends [ed.] 1995). Il convient de sortir d'une problématique mise en place à la fin du dix-neuvième siècle, qui répondait aux polémiques scientifiques de l'époque, reprise sur des bases idéologiques à partir des années 1930, en intégrant les apports des travaux socio-cognitivistes sur l'appropriation linguistique et sur les mécanismes de la production/compréhension linguistique. Cela passe également par une remise en question de la distinction pidgin/créole, comme entités figées, extraites de situations de contacts de langues, qui produisent plutôt des continuums linguistiques. Dans ce cheminement, je ne ferai d'ailleurs que suivre R. Chaudenson qui m'y a précédé (voir, par exemple, Chaudenson 1999).

Mon propos s'organisera autour des deux questions suivantes :

- Comment caractériser le développement des langues créoles au sein de la diversité des situations de contact de langues ?

- Comment rendre compte de ces genèses et que faire des notions de « superstrat » et de « substrat » ?

1. Pidgins et créoles, pidginisation et créolisation ou de la diversité des formes de contacts entre langues

Bloomfield distingue, en 1933, les pidgins des créoles en des termes, souvent repris par la suite, selon lesquels un créole serait un pidgin devenu langue première de locuteurs dont les ascendants utilisaient un pidgin comme langue seconde. Ces définitions ont longtemps alimenté les travaux en créolistique, bien que contredites par les données socio-historiques. Hall (1966) envisage, quant à lui, ce processus sous la forme d'un cycle vital qui conduit de la création et de l'emploi de formes instables, les pidgins, langues non maternelles, à l'émergence des créoles, langues premières des générations subséquentes. Corollairement, les notions de pidginisation et de créolisation donnent lieu également à de nombreuses définitions. Retenons celle que propose Hymes (1971). Il indique que la pidginisation provient d'une réduction fonctionnelle et d'une simplification des matériaux linguistiques disponibles dans les échanges tandis que la créolisation correspond à une phase d'expansion fonctionnelle et linguistique des données antérieurement simplifiées.

À la proposition de Bloomfield/Hymes, s'opposent, partiellement, les analyses de Mühlhäusler (1986) qui soutiennent que la pidginisation et la créolisation résultent de dynamiques d'appropriation – apprentissage des langues secondes dans le cas de la pidginisation, et acquisition du langage en ce qui concerne la créolisation. Mühlhäusler isole les phases suivantes : i) l'émergence du jargon (phase rudimentaire et idiosyncrasique impliquant un recours au non-verbal) ; ii) la stabilisation, qui suppose la constitution en communauté linguistique et sociale de groupes de locuteurs maîtrisant ces variétés mixtes ; ce système présente des réductions et des simplifications fonctionnelles et formelles ; iii) l'expansion, qui implique une complexification morphosyntaxique et lexicale ainsi que des développements du point de vue de la variation stylistique ; iv) la créolisation, qui amène des changements syntaxiques et sémantiques. Selon Mühlhäusler, la créolisation et la pidginisation sont des processus qui s'inscrivent sur le double axe du développement et de la restructuration. Il peut se produire des complexifications sans phase de jargon, des situations de nativisation/ créolisation sans pidginisation préalable.

Ces hésitations définitoires et ces propositions contradictoires montrent qu'il est malaisé de distinguer avec netteté deux classes d'objets linguistiques, les pidgins – langues de contact éphémères – et les créoles – langues de socialisation, et deux types de processus, la pidginisation et la créolisation. Des pidgins établis de longue date – les *extended pidgins* (pidgins évolués) – comme le tok pisin (Nouvelle Guinée-Papouasie) ou le bislama (Vanuatu), montrent que ces langues sont susceptibles de manifester une certaine stabilité diachronique et de devenir langue première de certains segments des populations concernées. S'il n'est pas facile de distinguer la pidginisation de la créolisation, on peut ajouter, à la suite de Manessy (1995 : 22), que la mise en œuvre de ces processus ne conduit pas inéluctablement à l'engendrement de pidgins et de créoles.

On a souvent postulé que sous l'effet de la simplification – présumée constituer l'un des moteurs de la pidginisation, voire de la créolisation – un certain nombre de traits phonologiques et grammaticaux caractérisent les variétés linguistiques simples que sont les pidgins. Ainsi, les faits suivants seraient spécifiques :

- l'existence de marqueurs grammaticaux extra-propositionnels comme ceux du temps, de l'aspect, du mode et de la négation (Kay/Sankoff 1974),

- des paradigmes pronominaux simplifiés (Kay/Sankoff 1974, Mühlhäusler 1974),

- une alternance verbale restreinte (Kay/Sankoff 1974, Mühlhäusler 1974),

- une flexion verbale restreinte (Kay/Sankoff 1974, Givón 1979),

- l'absence de copule (Kay/Sankoff 1974, Mühlhäusler 1974),

- le recours à la parataxe pour construire des énoncés complexes en lieu et place de la syntaxe ou de l'hypotaxe (Givón 1979, Bickerton 1981),

- l'absence de complétives (Bickerton 1981),

- l'absence d'articles, de proposition relatives et d'anaphores pronominales (Bickerton 1981).

Pour Manessy (1995), tout comme pour Hymes (1971 : 73), ces propriétés d'invariance de forme, de correspondance bi-univoque forme – signification et de tendance à réduire les flexions et les dérivations favorisent la perception des messages et le traitement des productions du locuteur le moins compétent, faisant ainsi la part belle au lexique dans le procès de production/compréhension.

Cet inventaire de traits est assurément fondé et le processus de simplification linguistique ne saurait être nié. Cependant, comme l'indique Baker (1995), qui étudie quatorze propriétés grammaticales attestées dans des créoles et des pidgins à base française et anglaise, aucune des propriétés dont il tente de vérifier l'existence dans son échantillon de langues – de la forme analytique du morphème interrogatif à l'absence de copule – n'appartient en propre à un pidgin ou à un créole déterminé. L'auteur conclut que la dichotomie pidgin/créole n'est pas opératoire et appelle de ses vœux une approche semblable à celle préconisée par Mühlhäusler.

Suivant en cela l'enseignement de Chaudenson, il semble nécessaire de ne pas opposer pidgins et créoles comme deux ensembles de phénomènes linguistiques discrets. De même est-il inutile d'opposer les procès de créolisation et de pidginisation, qui ne semblent pas de nature différente, à des phénomènes de changement linguistique en situation de contacts interlinguistiques.

2. Un regard social, historique et cognitif sur la genèse des créoles

Par rapport aux débats de la fin du dix-neuvième siècle sur les propriétés des créoles et leur étiologie, la vision contemporaine s'est modifiée, en tout premier lieu par l'intégration de la dimension sociale et historique de l'émergence des créoles aux aspects linguistiques de ce procès.

2.1 Matrices sociales et ajustements en situation de communication

Il est révélateur que Bickerton, partisan du cycle vital pidgin-créole, et Chaudenson, partisan de la gradualité de l'émergence des langues créoles, aient tenté, l'un et l'autre, de fournir une typification des situations sociales les plus caractéristiques de la constitution des langues créoles, leurs matrices sociales. À la distinction de Chaudenson (1978) entre créoles exogènes, liés au déplacement de populations vers de nouveaux territoires, et créoles endogènes, élaborés à travers les contacts avec une population résidente, majoritaire et alloglotte, répondent les trois situations de genèse prototypiques de Bickerton (1986) : le fort, l'île et le navire. La créolisation à partir du fort correspond à la naissance des créoles endogènes de Chaudenson. Quant au navire, il s'agit de la circumnavigation dans le Pacifique qui entraîne des déplacements et des brassages de populations étrangères, d'où l'apparition des créoles. La dimension sociale de l'émergence de ces langues ne saurait manifestement être ignorée. Reste à l'articuler avec d'autres éléments déterminants.

Je ne rappellerai pas les propositions bien connues de Chaudenson sur les étapes de la constitution des créoles, au moins des créoles exogènes. Baker (1984), en se fondant essentiellement sur des données démolinguistiques, parvient à des conclusions identiques, qui confirment les rôles respectifs de l'habitation et de la plantation comme cadres sociaux de l'émergence des pratiques linguistiques nouvelles dans le contexte de l'esclavage. Chaudenson met au centre de son explication du développement des créoles les conditions socio-historiques et démographiques du passage d'une société d'habitation à une société de plantation.

Mufwene (1996) postule que les démarches communicatives des apprenants serviles et leurs ajustements réciproques en situations de contact sont au cœur de la genèse des langues créoles, au sein de matrices sociales historiquement déterminées. Dans des situations où il y a compétition entre plusieurs manières de dire, les « stratégies de communication » les moins marquées, c'est-à-dire les moins coûteuses tant sur le plan du traitement cognitif que des ressources linguistiques structurales à mobiliser, l'emportent. En termes cognitifs et structuraux donc, le degré de marque (*markedness*), résultant de facteurs tels que la régularité, l'invariabilité, la fréquence, l'extension, la transparence sémantique, et la saillance perceptuelle, explique les restructurations, les innovations et les grammaticalisations responsables de l'émergence au cœur de continuums linguistiques, de vernaculaires créoles. Ainsi, les créoles ont émergé du fait de restructurations et d'accommodements divers, comme des résultantes du processus de communication même.

2.2 L'autorégulation

Là où Mufwene évoque des stratégies de communication et d'appropriation des formes langagières les moins marquées, Chaudenson a recours, lui, à la notion d'autorégulation, empruntée à Bateson (voir par exemple, Chaudenson 1999). Cette notion fait intervenir une dimension supplémentaire dans l'étude du mécanisme du changement linguistique, le comportement du locuteur. En effet, alors que les travaux consacrés à l'évolution linguistique mettent habituellement l'accent sur le jeu des facteurs externes et internes, sur les convergences et les divergences, sur les faits de filiation génétique et sur les discontinuités, la notion d'autorégulation implique un ensemble constitué par le locuteur, son environnent sociolinguistique dont l'interlocuteur fait partie, et le système linguistique employé dans l'échange, avec ses « fragilités » propres. L'initiative du locuteur pour modifier inconsciemment des fonctionnements linguistiques, est contrainte par les possibilités typologiques de la langue et, en fonction de pressions normatives, par la recevabilité de ses productions. On peut citer ici Chaudenson/Mougeon/Beniak (1993 : 10) :

> [...] notre hypothèse est que le changement (dans la durée) s'opère par l'action conjointe de facteurs extrasystémiques, de processus intrasystémiques et intersystémiques (le cas échéant) et de différences (« modalités ») dans l'encodage et le décodage entraînant, à terme au plan du groupe (avec des durées opératoires diverses), des rétroactions de la parole sur la langue.

Persuadé dès le début de ses travaux de leur intérêt, Robert Chaudenson s'est également enquis des travaux consacrés à l'appropriation linguistique. Dans Chaudenson (1994 : 186), il réaffirme que

> pour un système donné (le français en l'occurrence), l'appropriation (pour un individu, *hic et nunc*), le changement (ou plutôt l'autorégulation dont les succès sont les changements proprement dits [...] et dont les échecs [...] constituent une part importante de la variation) et la créolisation témoignent de stratégies et de modes de restructuration largement homologues voire identiques.

La perspective systémique que retient Chaudenson doit être questionnée tant dans son contenu empirique que dans son pouvoir explicatif. Il est sans doute plus fructueux de poser que les stratégies ou modes d'appropriation à l'origine de l'émergence des langues créoles sont de nature cognitive. Dès lors, l'observation de l'appropriation des langues livre une partie des éléments pour comprendre la genèse de ces langues. Contrairement à ce qu'avance Chaudenson, sa théorie peut fort bien se passer de la notion d'autorégulation au bénéfice de la recherche sur l'appropriation.

2.3 Appropriation et autonomisation

Si l'on admet volontiers que les langues créoles sont déterminées par des conditions sociales et historiques particulières, l'on doit aussi relever que ce sont des communautés de locuteurs, de sujets cognitivement compétents qui façonnent l'idiome émergent.

L'une des questions majeures dans le domaine de l'étude des langues créoles, en l'espèce des créoles français, demeure celle du déchiffrage du mécanisme de cristallisation de la langue créole ou de rupture d'avec la langue dominante. Sur ce point, les propositions explicatives sont nombreuses : elles vont de l'assimilation de la prise d'autonomie des créoles à leur expansion fonctionnelle et structurale (Hymes 1971), à l'hypothèse de la nativisation ou de l'acquisition de locuteurs natifs, ou encore au postulat de la volonté de création d'un outil de communication interethnique (Baker 1995). Mufwene (1996) envisage une basilectalisation de la langue dominante, et une compétition en situation de contact entre variétés idiolectales, où les usages les moins marqués l'emportent.

Les observations de Manessy (1994) en Afrique francophone et sa notion de vernacularisation fournissent une piste de réflexion utile. Ce linguiste postule la création de variétés fluctuantes « basses », de variétés linguistiques issues de fonctionnements innovants conformes aux « tendances » de la langue lexifiante, de dialectalismes et d'archaïsmes, et d'interférences des langues sources, au sein de la diglossie coloniale. Manessy s'interroge alors sur les raisons et les mécanismes qui conduisent d'une diversité de systèmes individuels à un système commun. Il relève que la diglossie coloniale (français/langues indigènes) peut se transformer en diglossie emboîtée ; ce qui lui semble analogue à la situation pré-créole. Le français, langue haute, se scinde en deux variétés d'inégal prestige ; la variété basse, dite français endogène, demeure prestigieuse pour les « néo-francophones ».

Trois facteurs modèlent, selon cet auteur, la genèse et l'évolution du français endogène : i) un « apprentissage imparfait », générateur de fautes et de « fonctionnalisation » ; ii) un transfert de fonction qui confère à la variété linguistique émergente un rôle dans la communication ; iii) l'insertion de ce lecte dans un rapport de continuité avec les autres variétés du répertoire plurilingue des locuteurs. Les conditions sont alors réunies pour qu'une sémantaxe particulière se manifeste à travers des approximations d'approximations de la langue dominante.

Pour Manessy, la vernacularisation est une opération qui implique une simplification des structures grammaticales et l'élaboration compensatoire des moyens d'expression. Elle est la condition préalable à l'émergence de variétés autonomes.

Pour compléter la compréhension des mécanismes sociaux et linguistiques à l'œuvre au sein du continuum des variétés linguistiques créoles et qui conduisent à l'apparition d'entités linguistiques distinctes, il convient d'articuler les propositions de Manessy à celles de Le Page/Tabouret-Keller (1985). Ces auteurs postulent l'existence de mécanismes de focalisation (*focussing*) – d'affirmation d'une identité de groupe et de construction linguistique – et de dispersion (*diffusion*) – de création linguistique spontanée et contextualisée – chez les locuteurs créoles et au sein des communautés sociales créoles. On peut penser que la focalisation psychosociale et la vernacularisation des variétés basses de la diglossie coloniale ont contribué conjointement à la prise d'autonomie de lectes créoles dans le continuum de situations de contacts de langues engendré par la colonisation et l'esclavage. Ces phénomènes sont en consonance avec les faits démolinguistiques qui pour Baker sont à l'origine de la cristallisation de certaines pratiques langagières en pratiques intercommunautaires de communication.

3. La genèse des créoles, un procès diachronique complexe

Si l'on articule des conduites langagières individuelles et de groupes telles que celles de la vernacularisation et de la focalisation, les phénomènes de grammaticalisation, de réanalyse, d'influences translinguistiques, d'analogie et de fonctionnements iconiques qui constituent le mouvement interne des « approximations d'approximations », l'on obtient nécessairement un procès complexe, susceptible, entre autres, de provoquer des changements typologiques au sein de la même famille linguistique (Posner 1986).

Une conception de la pidginisation-créolisation comme procès de changement linguistique, ancré dans des situations socio-historiques spécifiques, alimenté par des ajustements de locuteurs engagés dans des démarches de socialisation spécifiques, qui mobilisent des savoir-faire cognitifs et sociaux, conduit à récuser l'inutile querelle du substrat et du superstrat. Cette dernière conceptualisation des rapports interlinguistiques renvoie à une problématique du contact des langues chez le locuteur, issue de la psychologie associationiste, qu'infirment les recherches en acquisition des langues étrangères. En ce qui concerne le bilinguisme, Myers-Scotton (2002), par exemple, propose une lecture nuancée de la relation entre les lexèmes issus du superstrat et des fonctionnements grammaticaux non visibles, une sémantaxe, provenant des langues des esclaves. La conceptualisation de la genèse des créoles ne saurait ignorer la complexité sociale de l'univers de la plantation, dans son organisation hiérarchique.

4. Conclusion

L'idée que la genèse des langues créoles est un processus graduel, fortement liée à des matrices sociohistoriques et à des données démolinguistiques, a beaucoup contribué à éloigner la créolistique de la problématique de la filiation et de la mixité des langues héritée du dix-neuvième siècle. Faire appel à l'autorégulation ou à des stratégies de communication pour expliquer le détail des mécanismes de constitution d'entités linguistiques nouvelles, c'est se rapprocher d'une perspective sociocognitive qu'il convient de retenir pour comprendre les structurations, quelques fois inédites, de matériaux linguistiques conservés des langues mises en contact. Il ne s'agit pas de nier l'apport des langues des esclaves aux créoles naissants ou de minorer le rôle de la langue dominante. Il convient d'aborder ces contacts de langue dans une perspective non associationiste, qui prête aux apprenants-créateurs de créoles des activités intra-psychiques de traitement des données langagières auxquelles ils sont exposés ou qu'ils possèdent déjà, et des capacités extra-psychiques d'échanges, d'ajustements réciproques et de socialisation. C'est dans cette socialisation que se trouve, évidemment, le moteur ultime des genèses linguistiques qui intéressent la créolistique.

Depuis l'invention, au sens étymologique, des créoles au dix-septième siècle, ces langues nouvelles ont suscité chez les contemporains, comme ultérieurement chez les linguistes, un complexe d'attitudes où l'imaginaire idéologique le dispute à l'observation des faits en fonction des thèses du moment. Il est frappant que la thématique de la mixité des langues, sous des formes diverses, y compris celle de la polémique entre substratistes et superstratistes, ait tant occupé l'espace scientifique.

Ce que l'on retiendra de la leçon de Robert Chaudenson, c'est que l'on ne saurait ramener la question de l'étude des conditions de genèse des créoles à celle de la querelle du substrat et du superstrat. Que le chercheur décide de ne retenir dans son étude de la pidginisation/créolisation que l'un ou l'autre des nombreux mécanismes qui sont à l'origine des langues créoles – des procès internes comme ceux de la grammaticalisation ou de la constitution d'une sémantaxe, ou externe comme celui de l'élaboration des actes d'identité que posent Le Page et Tabouret-Keller (1985) – relève de stratégies de recherche, dont la sociologie des sciences est susceptible de rendre compte. L'on devra se souvenir, cependant, que ces phénomènes cognitifs, linguistiques ou sociaux s'inscrivent dans un cadre historique et social sans lequel ils ne seraient pas advenus et qu'il convient d'inclure dans toute théorie de la créolisation.

Bibliographie

ADAM, Lucien, 1883, *Les idiomes négro-aryen et maléo-aryen. Essai d'hybridologie linguistique*, Paris, Maisonneuve et Cie.

ARENDS, Jacques (ed.), 1995, *The early stages of creolization?*, Amsterdam, J. Benjamins.

ARENDS, Jacques, 1993, « Towards a gradualist model of creolization », in F. Byrne/J. Holm (eds.), *Atlantic meets Pacific. A global view of pidginization and creolization*, Amsterdam, J. Benjamins, pp. 371-378.

ARENDS, Jacques, 1995, « Introduction », in J. Arends (ed.), *The early stages of creolization*, Amsterdam, J. Benjamins, pp. ix-xv.

BAGGIONI, Daniel, 1986, *Langue et langage dans la linguistique européenne (1876-1933)*, Thèse d'état, Université de Lille III.

BAGGIONI, Daniel, 1987, « Problématique du substrat et histoire de la créolistique (1879-1939) » in H. Aarslef/H. Kelly/H.-J. Niederehe, *Papers in the History of Linguistics. Proceedings of the Thirs International Conference on the History of the Language Sciences (ICHoLS III)* [Princeton, 19-23 August 1984], Amsterdam, J. Benjamins, pp. 553-564.

BAKER, Philip, 1984, « Agglutinated French articles in Creole French : Their evolutionary significance », *Te Reo* 27, pp. 89-129.

BAKER, Philip, 1995, « Motivation in Creole Genesis », in Ph. Baker (ed.), *From Contact to Creole and beyond*, London, University of Westminster, pp. 3-15.

BICKERTON, Derek, 1981, *Roots of language*, Ann Arbor, Karoma Press.

BICKERTON, Derek, 1986, *The Lexical learning hypothesis and the Pidgin-Creole Cycle*, L.A.U.D.T, Duisburg, A 166.

BLOOMFIELD, Leonard, 1933, *Language*, New York, Holt.

CHAUDENSON, Robert, 1974, *Lexique du parler créole de la Réunion*, Paris, Champion.

CHAUDENSON, Robert, 1978, *Les créoles français*, Paris, Nathan.

CHAUDENSON, Robert, 1986, « Évolution et genèses linguistiques : le cas des créoles », *Travaux du CLAIX* 4, pp. 81-100.

CHAUDENSON, Robert, 1994, « Créolisation et appropriation linguistique : de la théorie aux exemples », in D. Véronique (éd.), *Créolisation et acquisition des langues*, Aix-en-Provence, Publications de l'Université de Provence, pp. 171-190.

CHAUDENSON, Robert, 1995, « Les créoles français », in G. Antoine/R. Martin (éds.). *Histoire de la langue française 1914-1945*, Paris, CNRS-Éditions, pp. 861-870.

CHAUDENSON, Robert, 1995, *Les créoles*, Paris, P.U.F.

CHAUDENSON, Robert, 1999, « Créolisation, autorégulation et appropriation linguistiques. "On connaît la chanson" », *Études créoles,* 22/1, pp. 56-80.

CHAUDENSON, Robert/VALLI, André/VÉRONIQUE, Daniel, 1986, « The dynamics of linguistic systems and the acquisition of French as a second language », in *Studies in Second Language Acquisition* 8/3, pp. 277-292.

CHAUDENSON, Robert/MOUGEON, Raymond/BENIAK, Édouard, 1993, *Vers une approche panlectale de la variation du français*, Paris, Didier-Érudition.

COELHO, Francisco Adolfo, 1880, *Os dialectos romanicos ou neo-Latinos na Africa, Asia e America*, Lisbonne.

D'ANS, André-Marcel, 1987, *Haïti. Paysage et Société*, Paris, Karthala.

DONEUX, Jean-Léonce 2003, *Histoire de la linguistique africaine*, Aix-en-Provence, Publications de l'Université de Provence.

FAINE, Jules [1936], 1981, *Philologie créole. Études historiques et étymologiques sur la langue créole d'Haïti*. Genève, Slatkine Reprints.

GIVON, Thomas, 1979, *On understanding grammar*. New York, Academic Press.

HALL, Robert A., Jr., 1966, *Pidgin and Creole Linguistics*, Ithaca, Cornell University Press.

HAZAËL-MASSIEUX, Guy, 1996, *Les créoles. Problèmes de genèse et de description.* Aix-en-Provence, Publications de l'Université de Provence, 374 p.

HYMES, Dell, 1971. « Introduction », in D. Hymes (ed.), *Pidginization and Creolization of languages*, pp. 65-90, Cambridge, C. U. P.

HYMES, Dell (ed.), 1971, *Pidginization and Creolization of languages*, Cambridge, C.U.P.

KAY, Paul/SANKOFF, Gillian, 1974, « A language-universals approach to pidgins and creoles », in D. Decamp/I. F. Handcock (eds), *Pidgins and Creoles : Current trands and prospects*, Georgetown (Washington), Georgetown University Press, pp. 61-72.

LE PAGE, Robert B./TABOURET-KELLER, Andrée, 1985, *Acts of identity. Creole-based approaches to language and ethnicity*. Cambridge, C.U.P.

MANESSY, Gabriel, 1994, « Modalités d'appropriation d'une langue seconde (français d'Afrique et créoles français) », in D. Véronique (éd.), pp. 211-224.

MANESSY, Gabriel, 1995, *Créoles, Pidgins, variétés véhiculaire. Procès et genèse*, Paris, CNRS Éditions, 276 p.

MCWHORTER, John, 1998, « Identifying the creole prototype : vindicating a typological class », Communication à *International Symposium/Symposium International « Degrees of Restructuring in Creole Languages/Degrés de restructuration dans les langues créoles »*, U. de Regensburg, 24-27 Juin 1998.

MEILLET, Antoine, 1921, *Linguistique historique et linguistique générale*, Paris, Honoré Champion.

MERLIN-KAJMAN, Hélène, 2003, *La langue est-elle fasciste ?* Paris, Seuil.

MUFWENE, Salikoko S., 1996. « The founder principle in Creole genesis », *Diachronica* 13/1, pp. 115-168.

MUFWENE, Salikoko S., (à paraître), « Race, Racialism, and the study of language evolution in America », in M. Picone/C. Davis (dirs.), *Actes de la conference LAVIS III, Tuscaloos*, University of Alabama Press.

MÜHLHÄUSLER, Peter, 1986, *Pidgin and Creole linguistics*, Oxford, Basil Blackwell.

MÜHLHÄUSLER, Peter, 1974, *Pidginization and Simplification of Language*, Canberra, Pacific Linguistics, B-26.

MYERS-SCOTTON, Carol, 2002, *Contact Linguistics. Bilingual Encountersand Grammatical Outcomes*, Oxford, O.U.P.

POSNER, Rebecca, 1986, « La créolisation – altération typologique ? », *Études Créoles*, 14/1, pp. 127-134.

PRUDENT, Lambert-Félix, 1993, *Pratiques martiniquaises : genèse et fonctionnement d'un système créole*, Thèse pour le Doctorat d'État, Université de Haute-Normandie.

SYLVAIN, Suzanne, 1936. *Le créole haïtien, Morphologie et syntaxe*. Slatkine Reprints, 1979.

STEWART, William, 1968, « A sociolinguistic typology for describing national multilingualism ». in J. Fishman (ed.), *Readings in the Sociology of Language*, pp. 31-545, The Hague, Mouton.

WRIGHT, Roger, 2003, « La période de transition du latin, de la *lingua romana* et du français », in C. Lucken/M. Séguy (éds.), *Grammaires du vulgaire. Normes et variations de la langue française. Médiévales* 45, pp. 11-24.

VARIATIONS DU FRANÇAIS ET FRANCOPHONIE

« Français zéro » et variation phonétique du français québécois

Cristina Brancaglion
Università degli Studi di Milano

La réflexion de Robert Chaudenson est presque entièrement parcourue par le souci d'élaborer un modèle général de variabilité du français, déjà ébauché au début des années 1970 (*cf.* Chaudenson 1973) et sans cesse repris dans ses travaux postérieurs : sa théorie, qui se fonde sur une méthode comparative et historique, comporte la mise en relation de variétés diatopiques (les créoles français et les français d'outre-mer) et diastratiques/diaphasiques du français (le « français avancé » d'Henri Frei, le français populaire primitif ou contemporain et, plus tard, le « français ordinaire ») afin de reconnaître quelques tendances évolutives communes, c'est-à-dire des « points » ou « zones » de « faiblesse » ou de « fragilité » du système, où tendent à se manifester les phénomènes de variation. Ayant ensuite observé que des processus analogues se retrouvent dans l'acquisition du français langue maternelle et dans l'apprentissage du français L2, Chaudenson parvient à élaborer une théorie plus définie, qu'il présente au XXVIIe Congrès International de Linguistique et de Philologie Romanes (Chaudenson 1984).

Dans le cadre de ce travail, qui vise à préciser les modalités d'évolution du français au créole, le linguiste introduit deux concepts destinés à devenir les notions de base de son modèle de variation : le concept d'« autorégulation » et celui de « français zéro ». Le premier correspond aux processus de restructuration du système linguistique opérés par les locuteurs natifs, dont l'action s'exerce en raison inverse de la pression normative du contexte socioculturel. L'ensemble de ces processus autorégulateurs constitue le « français zéro », conçu comme un modèle théorique et abstrait intégrant tous les traits ou structures sujets à variation (les variables), lesquels peuvent se matérialiser par des solutions différentes dans les diverses variétés de français (les variantes)[1]. Pour illustrer ces phénomènes, Chaudenson a recours le plus souvent à des exemples concernant le système morphosyntaxique ; je cite le cas de l'interrogation totale, qui donne lieu à quatre variantes : inversion (v. 1) ; intonation (v. 2) ; *est-ce que* préposé à la phrase (v. 3) ; *–ti/–tu* suffixé au verbe « conjugué » (v. 4). On est là en présence d'un système fort complexe dans la mesure où des français excluent à peu près totalement certaines variantes, alors que d'autres les privilégient. Ainsi le français parlé au Québec use-t-il de *–tu* (dans l'usage urbain) et de *–ti* (dans certains usages ruraux) de façon systématique là où le français parlé et/ou populaire de France l'ignore aujourd'hui à peu près totalement au profit de *est-ce que*, au moins dans l'usage populaire parisien, souvent pris comme référence (*cf.* Gadet 1992 : 80-83). Les deux, en revanche, usent

---

[1] Cette théorie a été présentée dans plusieurs études ; on pourra lire des illustrations exhaustives, en particulier dans Chaudenson 1993, ch. 1 et Chaudenson 2003, ch. 6.

alternativement de v. 2 tandis que v. 1 a pratiquement disparu de la langue parlée (Chaudenson 1995b : 13).

Ce modèle de variabilité du français a retenu mon attention dans la mesure où Chaudenson a essayé de l'appliquer à la description des français régionaux, en identifiant quatre ensembles de traits linguistiques constitutifs d'un français régional, pour lesquels il a apporté comme exemples des faits lexicaux :

A. le « noyau dur », qui inclut les traits non sujets à variation dans le domaine central du français (par exemple les unités lexicales enregistrées dans les dictionnaires du français courant) ;

B. les variantes du français zéro à caractère non régional (par exemple les emplois considérés comme « fautifs » qui sont souvent l'objet de publications du type *ne dites pas... mais dites*, ou *améliorez votre vocabulaire*) ;

C. les variantes du français zéro à caractère régional (par exemple les termes désignant des réalités proprement régionales) ;

D. les variantes hors français zéro, concernant des points du système qui ne sont pas atteints ailleurs par la variation (par exemple des termes régionaux qui ne correspondent à aucune variable lexicale), (*cf.* Chaudenson 1993a : 35 *sqq.* et 1993b : 396 *sqq.*).

Ayant orienté mon activité de recherche vers l'étude du français parlé au Québec, il m'a paru intéressant de considérer, selon une orientation essentiellement intralectale, la possibilité d'utiliser le modèle de Chaudenson dans la description du système phonétique, qui retient tout particulièrement mon attention[2]. Je vais donc vérifier s'il est possible d'attribuer des variantes phonétiques québécoises à chacun des trois ensembles se situant hors du domaine central (ensembles B, C, D).

Pour l'ensemble B, concernant les variantes du français zéro à caractère non régional, on peut évoquer des phénomènes qui caractérisent essentiellement la variation diaphasique ou diastratique du français, lesquels se retrouvent dans plusieurs variétés régionales, surtout dans celles, comme le québécois, qui se sont développées dans un contexte socioculturel où la pression normative était très limitée.

Je pense, par exemple, à des faits tels que la simplification des groupes consonantiques finaux, un processus d'autorégulation analysé par Chaudenson lui-même, typique de la variation diaphasique du français (« français ordinaire ») qui est

---

[2] « L'information phonétique dans la lexicographie québécoise des années 1960 », sous presse dans la revue électronique *Mots Palabras Words* (http ://www.ledonline.it/mpw/) ; « Libertés et interdictions linguistiques dans trois répertoires lexicaux des années 1960 », in Giovanni Dotoli (dir.), *Canada, le rotte della libertà. Atti del Convegno internazionale dell'Associazione Italiana di Studi Canadesi (Monopoli, 5-9 octobre 2005)*, Fasano, Schena, 2006, pp. 303-309 ; « La citation littéraire dans quelques dictionnaires canadiens-français : analyse des prononciations non standard », in Gerardo Acerenza (dir.), *Dictionnaires français et littératures québécoise et canadienne-française*, Ottawa, Les Éditions David, 2005, pp. 195-217 ; « L'insertion du joual dans quelques dictionnaires québécois : les mots du voyage », in *Ponti/Ponts. Langues, littératures, civilisations des pays francophones* 3-2003, pp. 137-150.

présent dans les variétés de français parlées en Amérique et dans les créoles (*cf.* Chaudenson 2003 : 217-218 ; Gadet [1996] : 75-77). Pour le français québécois, qui s'est développé à partir d'une variété populaire, ce phénomène constitue un des traits distinctifs de son système consonantique ; il ne manque pas d'être l'objet de descriptions dans les ouvrages de synthèse consacrés au parler québécois (Ostiguy/ Tousignant 1993 ; Ostiguy/Sarrasin/Iron 1996 ; Hewson 2000).

Toujours pour l'ensemble B, on peut citer, dans le domaine vocalique, l'ouverture de *e* en *a* dans les syllabes fermées par *r* (*avartissement, darrière*), le maintien de l'opposition entre *a* antérieur et *a* postérieur ou encore la vélarisation de ce dernier. Il s'agit de divergences par rapport à la langue standard qui ont été observées, au niveau diastratique, pour le français populaire (Bauche 1951 : 35, 38 ; Gadet [1992] : 33) ; la postériorisation du *a* est par ailleurs stigmatisée en France comme un trait régional (Léon 1993 : 225). Dans le contexte américain, ces phénomènes se sont maintenus dans le parler acadien (Péronnet 1993 : 109 ; Motapanyane : 10-11) et dans le québécois (Ostiguy/Tousignant 1993 : 71-81 et 83 n. ; Hewson 2000 : 43 et 41-42), où la prononciation du *a*, en particulier, donne lieu à de nombreuses variantes – du *a* antérieur au *o* ouvert allongé – dont l'apparition est déterminée à la fois par le contexte linguistique et par la situation de communication (*cf.* Ostiguy/Tousignant 1993 : 71-77).

Mais, comme le souligne Robert Chaudenson, ce sont les ensembles C et D qui dénotent « à proprement parler, des *spécificités* régionales réelles » (Chaudenson 1993 : 36). Si les traits concernant l'ensemble B coïncident avec des traits propres aux variétés populaire et familière, il me semble plus difficile de rapprocher les faits relatifs aux ensembles C et D d'une typologie définie des phénomènes de variation. L'ensemble D, en particulier, incluant les variantes qui ne sont pas atteintes ailleurs par la variation, ne paraît pas susceptible, à ma connaissance, d'être illustré au niveau phonétique, du moins pour ce qui est du français québécois. Il me semble cependant possible d'identifier quelques phénomènes de nature essentiellement diatopique que l'on pourrait attribuer à l'ensemble C (variantes proprement régionales) ; je prendrai en considération, à titre d'exemple, deux particularités qui pourraient créer des hésitations dans l'attribution aux ensembles C ou D : les variantes ouvertes des voyelles hautes et les variantes affriquées des consonnes *t* et *d*.

La présence d'un double timbre pour la série des voyelles fermées *i, u, ou* est un des traits phonétiques les plus reconnaissables du français québécois actuel ; ces voyelles sont prononcées ouvertes en syllabe accentuée fermée par une consonne non allongeante (*pipe, allume, bouche*), et parfois dans d'autres contextes par effet de l'harmonisation (*physique, humide, cousine*). L'étude que Denis Dumas et Aline Boulanger ont consacrée à ce phénomène (Dumas/Boulanger 1982[3]) montre que des phénomènes d'autorégulation analogues sont attestés dans des états antérieurs du système : avant que le timbre de ces voyelles ne se fixe en français standard, des alternances étaient possibles dans la variété de prestige, dans la langue populaire et dans les dialectes ; des attestations précises existent pour les flottements entre *ou* et *o* fermé (*chouse/chose*) et entre *u* et *eu* fermé (*chute/cheute*) ; pour la voyelle *i*, Dumas et

---

[3] *Cf.* aussi Dumas 1987 : 100.

Boulanger évoquent plus généralement la tendance ancienne, en français standard, à la différenciation des voyelles fermées en deux timbres – documentée par Froment, Rousselot et Grammont (Dumas/Boulanger 1982 : 65) – de même que l'ouverture progressive des *i* nasalisés (*ibid.*) ou, encore, « le flottement de l'usage entre la forme traditionnelle en /e/ et une forme latinisante en /i/ » (*ibid. :* 66). Les variantes ouvertes qui caractérisent le français québécois actuel seraient donc le « résultat d'une évolution interne par restructuration [de ces] alternances anciennes » (*ibid. :* 71), processus dans lequel l'influence de l'anglais – évoquée par Colpron en 1970[4] – ne jouerait en fait qu'un rôle indirect de « catalyseur dans la conservation de ces matériaux » (*ibid. :* 71).

À une époque plus récente, les variantes ouvertes de cette série vocalique s'avèrent en usage dans d'autres variétés de français ; elles sont, en effet, attestées au Canada – en acadien (Lucci 1972 : 25 *sqq.* ; Péronnet 1993 : 109 ; Motapanyane 1997 : 9) – aussi bien qu'en France – dans le français de la région Nord-Picardie (Carton/ Lebègue 1989) ; les timbres ouverts de *i, u, ou* figurent d'autre part parmi les traits que les Français stigmatisent comme des caractéristiques du français régional (Léon 1993 : 225).

L'hypothèse de l'origine anglaise de ces variantes était sans aucun doute séduisante dans la mesure où elle pouvait impliquer le développement d'un trait phonétique inédit pour la langue française, ce qui aurait justifié, dans la perspective de cette étude, l'attribution de ces faits à l'ensemble D. Toutefois il est suffisamment prouvé qu'il ne s'agit pas d'une innovation québécoise déterminée par des facteurs d'interférence intersystémique, mais d'un trait archaïque, que le québécois partage par ailleurs avec d'autres français régionaux, et qui ne peut donc être attribué qu'à l'ensemble C.

Une autre variable qu'il me semble intéressant d'examiner ici est celle qui concerne, dans le système consonantique, les occlusives apico-dentales *t* et *d*, objets de variation lorsqu'elles sont suivies par des voyelles antérieures.

L'enquête phonologique réalisée par Henriette Walter au cours des années 1970 atteste ce phénomène dans le domaine hexagonal : elle relève en effet l'emploi de variantes palatalisées dans quelques régions de France (Poitou, Centre et domaine du provençal alpin) et cite des transcriptions qui évoquent la réalisation d'une consonne affriquée, comme dans le cas de la Champagne (la première syllabe de *début* prononcée [dze–]) et de la Bretagne romane (*tu* prononcé [tsy]), (Walter 1982 : respectivement 150, 155, 174, 125, 144).

Le phénomène de l'affrication est celui qui retient tout particulièrement mon attention, étant donné qu'au Québec cette variable se concrétise justement par la réalisation des variantes affriquées [dz] et [ts], dont l'emploi est presque généralisé devant les voyelles *i* et *u*, devant leurs variantes ouvertes et devant les semi-consonnes

---

[4] En 1970 paraît la première édition du répertoire de Gilles Colpron, *Les anglicismes au Québec* (Montréal, Beauchemin), qui évoque, parmi les « anglicismes phonétiques », le cas des variantes ouvertes des voyelles hautes (p. 24). Quelques années plus tard, Claude Poirier publie un long article pour mettre en relief les nombreuses erreurs de Colpron, en soulignant, dans le paragraphe consacré aux « faits d'origine gallo-romane probable », que « l'origine des variantes québécoises est à chercher en France » (Poirier 1978 : 74).

correspondantes (yod et ué). Considéré comme un héritage du français des XVIIe et XVIIIe siècles (Juneau 1972 : 127 ; Juneau 1987 : 315), ce trait semble être connoté comme un fait spécifiquement québécois et susceptible de différencier cette variété du français acadien. Les spécialistes québécois n'hésitent pas à affirmer que « ces variations sont purement d'ordre géographique : elles identifient le parler québécois » (Ostiguy/Sarrasin/Irons 1996 : 4) ; quant aux études consacrées à l'acadien, elles semblent exclure le phénomène de l'affrication, bien que de rares attestations aient été documentées à l'Île du Prince-Édouard[5]. De toute façon, la présence, même relative, des variantes affriquées en France et dans d'autres régions canadiennes en dehors du Québec suffit à prouver qu'il ne s'agit pas d'une spécificité exclusivement québécoise et que ces variantes ne peuvent donc pas être attribuées à l'ensemble D du modèle de Chaudenson. D'autre part, le phénomène de l'affrication ne semble pas caractériser le français populaire, ni le français ordinaire (Bauche 1951, Gadet 1992, Gadet 1996), pour cette raison je tends à l'exclure également de l'ensemble B, pour le situer plutôt dans l'ensemble C en tant que variante d'ordre essentiellement régionale.

En passant en revue les descriptions du français québécois, et spécialement les ouvrages consacrés au système phonétique, il m'est impossible d'identifier des variantes correspondant à des aires de variabilité exclusivement québécoises, ce qui m'amène à conclure que cette variété de français ne présente aucun trait phonétique totalement inconnu ailleurs.

Quant aux ensembles pour lesquels j'ai repéré des exemples concernant la composante phonétique – les ensembles B et C – quelques considérations d'ordre sociolinguistique s'imposent, afin d'examiner s'il existe un rapport entre la nature des variantes considérées et leur perception sociale. On peut alors remarquer que les variantes attribuées à l'ensemble B (simplification des groupes de consonnes finaux, ouverture de *e* en *a*, variations sur la prononciation du *a*) correspondent à des usages limités à certains contextes, notamment aux situations informelles (*cf.* Ostiguy/ Tousignant 1993 : respectivement 48 et 172, 84-85, 73 et 77) tandis que les phénomènes relatifs à l'ensemble C (variantes ouvertes de *i, u, ou* et variantes affriquées de *t* et *d*)

---

[5] En traitant des réalisations du phonème /t/ en acadien, Vincent Lucci souligne que « dans la région de Montréal [...] les réalisations ['tsir] *tire* ['dzir] *dire* sont caractéristiques » (Lucci 1972 : 88) ; plus récemment, Virginia Motapanyane évoque la palatalisation de *t* et *d* devant *i* mais ne fait aucune allusion à l'affrication de ces consonnes ; John Hewson cependant n'exclut pas totalement ce phénomène du domaine acadien, bien qu'il semble attribuer sa diffusion à l'assimilation d'un trait phonétique étranger qui jouit d'une connotation sociale positive : « There is also a marked assibilation of /t/ and /d/ before high front vowels in Quebecois. This is rare in Acadian, although the young seem to be imitating it as a feature which identifies them as Canadian" (Hewson 2000 : 45). Cependant Ruth King et Robert Ryan ont relevé des variantes affriquées de *t* et *d* au cours d'une enquête concernant l'Île du Prince-Édouard et ne manquent pas de faire remarquer l'exceptionnalité de ces attestations : « Insistons sur le fait que tous nos locuteurs sont originaires de l'Île du Prince-Édouard et y ont passé la quasi-totalité de leur vie. Du reste, jusqu'à maintenant nous n'avons réussi à trouver, chez eux, aucun contact avec le Québec qui puisse expliquer ce phénomène. Ce trait de prononciation est d'autant plus intéressant qu'il ne semble pas avoir été attesté jusqu'à présent dans d'autres parlers acadiens » (King/Ryan 1989 : 258).

sont des prononciations non marquées, perçues comme neutres dans une perspective diaphasique/diastratique (*cf.* Ostiguy/Tousignant 1993 : respectivement 67-68 et 130). Une analyse plus détaillée des traits phonétiques québécois à travers ce modèle de description des variétés régionales pourrait sans doute apporter des résultats intéressants dans cette perspective ; malgré la longue tradition de refus des écarts québécois par rapport au français hexagonal[6], l'époque plus récente semble se caractériser par une valorisation des traits essentiellement régionaux, qui tendent à devenir les éléments constitutifs d'une norme locale et à être intégrés comme tels dans les ouvrages de référence[7].

Références

BAUCHE, Henri, [1920] 1951, *Le langage populaire*, Paris, Payot.

CARTON, Fernand/LEBÈGUE, Maurice, 1989, *Atlas linguistique et ethnographique picard*, vol. 1 : *La vie rurale*, Paris, CNRS.

CHAUDENSON, Robert, 1973, « Pour une étude comparée des créoles et parlers français d'outre-mer : survivance et innovation », *Revue de Linguistique romane* 37, pp. 342-371.

CHAUDENSON, Robert, 1978, « Créole et langage enfantin : phylogenèse et ontogenèse », *Langue française* 37, février, pp. 76-90.

CHAUDENSON, Robert, 1979, « Les parlers créoles et l'enseignement du français », *Le français dans le monde* 146, juillet, pp. 12-17.

CHAUDENSON, Robert, 1984, « Français avancé, "français zéro", créoles », in *Actes du XVIIe Congrès de Linguistique et Philologie Romanes*, vol. V, Publications de l'Université de Provence, pp. 163-180.

CHAUDENSON, Robert, 1993a, *Vers une approche panlectale de la variation du français*, (en collaboration avec Raymond Mougeon et Édouard Beniak), Paris, Didier Érudition.

---

[6] Je me limite à rappeler que la *Phonétique orthophonique à l'usage des Canadiens Français* de Jean-Denis Gendron, qui continue d'être rééditée, condamne les phénomènes analysés pour l'ensemble C, considérés comme des prononciations anormales et donc comme des fautes à corriger (Québec, Les Presses de l'Université Laval, [1968] 1984 : *cf.* pp. 26, 31, 37, 139).

[7] L'équipe du *TLFQ*, qui se propose de « mett[re] en évidence les traits caractéristiques les plus saillants de la phonétique québécoise » en retenant « seule la prononciation la plus usuelle dans l'usage neutre », admet les variantes ouvertes des voyelles hautes et les réalisations affriquées des consonnes apico-dentales. *Cf. Dictionnaire historique du français québécois. Monographies lexicographiques de québécismes*, préparé sous la dir. de Claude Poirier par l'Équipe du *TLFQ* (« Trésor de la langue française au Québec »), Sainte-Foy, Les Presses de l'Université Laval 1998 : LIX).

CHAUDENSON, Robert, 1993b, « Francophonie, "français zéro" et français régional », in D. De Robillard et M. Beniamino (dirs.), *Le français dans l'espace francophone*, Paris, Champion, pp. 385-405.

CHAUDENSON, Robert, 1994, « Français d'Amérique du Nord et créoles français : le français parlé par les immigrants du XVIIe siècle », in R. Mougeon et É. Beniak (dirs.), *Les origines du français québécois*, Presses de l'Université Laval, pp. 169-180.

CHAUDENSON, Robert, 1995a, *Les créoles*, Paris, PUF (« Que sais-je ? » 2970).

CHAUDENSON, Robert, 1995b, « Les français d'Amérique ou le français des Amériques ? Genèse et comparaison », in *Le français des Amériques*, numéro spécial de la *Revue québécoise de linguistique théorique et appliquée*, pp. 3-19.

CHAUDENSON, Robert, 1998, « Variation, koïnèisation, créolisation : français d'Amérique et créoles », in P. Brasseur (dir.), *Français d'Amérique. Variation, créolisation, normalisation*, Avignon, CECAV, pp. 163-179.

CHAUDENSON, Robert, 1999a, « Créolisation, autorégulation et appropriation linguistiques », *Études créoles* 22/1, pp. 56-80.

CHAUDENSON, Robert, 1999b, « Les français d'outre-mer », in J. Chaurand (dir.), *Nouvelle histoire de la langue française*, Paris, Seuil, pp. 347-375.

CHAUDENSON, Robert, 2003, *La créolisation : théorie, applications, implications*, Paris, L'Harmattan.

CHAUDENSON, Robert, 2005, « Français d'Amérique et créoles français : origines et structures », in A. Valdman, J. Auger et D. Piston-Hatlen (dirs.), *Le français en Amérique du Nord*, Saint-Nicolas (Québec), Les Presses de l'Université Laval, pp. 505-516.

DUMAS, Denis/BOULANGER, Aline, 1982, « Les matériaux d'origine des voyelles fermées en français québécois », *Revue québécoise de linguistique* 11- 2, pp. 49-72.

DUMAS, Denis, 1987, *Nos façons de parler. Les prononciations en français québécois*, Sillery, Presses de l'Université du Québec.

GADET, Françoise, [1992] 1997, *Le français populaire*, Paris, PUF (« Que sais-je ? » n° 1172).

GADET, Françoise, [1996] 1997, *Le français ordinaire*, Paris, Colin.

HEWSON, John, 2000, *The French Language in Canada*, Muenchen, Lincom Europa.

JUNEAU, Marcel, 1972, *Contribution à l'histoire de la prononciation française au Québec*, Québec, Les Presses de l'Université Laval.

JUNEAU, Marcel, 1987, « La prononciation française au Québec et les parlers de France », in H.-J. Niederehe et L. Wolf (dirs.), *Français du Canada – Français de France*, pp. 307-318.

KING, Ruth/RYAN, Robert, 1989, « La phonologie des parlers acadiens de l'Île du Prince-Édouard », in R. Mougeon et É. Beniak (dirs.), *Le français canadien parlé hors Québec. Aperçu sociolinguistique*, Québec, Les Presses de l'Université Laval, pp. 245-259.

LÉON, Pierre, 1993, *Précis de phonostylistique. Parole et expressivité*, Paris, Nathan (réimpression Colin, 2005).

LUCCI, Vincent, 1972, *Phonologie de l'acadien*, Montréal/Paris/Bruxelles, Didier.

OSTIGUY, Luc/TOUSIGNANT, Claude, 1993, *Le français québécois : normes et usages*, Montréal, Guérin.

OSTIGUY, Luc/SARRASIN, Robert/IRONS, Glenwood, 1996, *Introduction à la phonétique comparée. Les sons. Le français et l'anglais nord-américains*, Sainte-Foy, Les Presses de l'Université Laval.

PÉRONNET, Louise, 1993, « La situation du français en Acadie : de la survivance à la lutte ouverte », in D. de Robillard et M. Beniamino (dirs.), *Le français dans l'espace francophone*, Paris, Champion, tome 1, pp. 101-116.

POIRIER, Claude, 1975, « La prononciation québécoise ancienne d'après les graphies d'un notaire du XVIIe siècle », *Travaux de linguistique québécoise* 1, pp. 193-256.

POIRIER, Claude, 1978, « L'anglicisme au Québec et l'héritage français », *Travaux de lminguistique québécoise* 2, pp. 43-106.

WALTER, Henriette, 1982, *Enquête phonologique et variétés régionales du français*, Paris, PUF.

Formes verbales du franco-terre-neuvien : quelques cas singuliers

Patrice Brasseur
Université d'Avignon

Introduction

Des forces contraires animent les variétés populaires du français d'Amérique. Les unes les portent vers la simplification de la morphologie. C'est notamment le cas du franco-terre-neuvien où l'on observe, par exemple, une certaine invariabilité des formes verbales dues au non-accord selon le nombre et même la personne ainsi que la tendance à la disparition de modes, que les causes soient à attribuer à la syntaxe (pour le subjonctif) ou à la phonétique (pour le conditionnel). Cela correspond à la « recherche », en synchronie, d'une meilleure fonctionnalité du système : économie d'emploi (simplification et régularisation des paradigmes), mais aussi affichage de marques plus visibles (renforcement du corps phonique) et désambiguïsation. Ajoutons que le maintien de formes anciennes d'origine dialectale peut concourir de manière significative à renforcer ces tendances.

Nous avons montré ailleurs (v. Brasseur, à paraître) que la nette tendance à la réduction des paradigmes verbaux du franco-terre-neuvien (désormais *FTN*) est également due à l'économie des radicaux, dont le nombre n'excède deux que pour un très petit nombre de verbes. En cela, d'ailleurs, le *FTN* ne fait qu'appliquer de manière systématique les règles qui régissent le français populaire.

D'autres forces agissent pour le maintien de formes rares, survivances, archaïsmes, voire pour la création de formes singulières, atypiques, qui ressortissent à la fonction de différenciation des variétés linguistiques. Nous nous intéresserons particulièrement ici à quelques-unes de ces formes spécifiques relevées dans notre corpus du français vernaculaire de Terre-Neuve.

1. Le verbe *avoir*

1.1 *J'a* ou *j'i* 'j'ai'

La forme *j'a* peut recevoir une double explication. On peut l'analyser comme une simple évolution phonétique, due à l'ouverture du [ɛ] de la forme standard *j'ai*. En effet, en *FTN*, en position finale, un [e] peut s'ouvrir en [ɛ], lui-même s'ouvrant en [a][1].

---

[1] Ex. : [kupa] 'Coupée', [asa] 'assez'. L'environnement phonétique ne semble pas contraignant et, si on peut déceler certaines tendances individuelles, ces phonèmes apparaissent véritablement comme des allophones dans ce contexte. (À l'inverse, d'ailleurs, la fermeture en [e] peut toucher des finales originellement en [ɛ]. Ex. : [ʒame] 'jamais', [apʀe] 'après', etc.).

Nous avons ainsi enregistré, par exemple, [ase], [asɛ] et [asa] pour *assez* ou [me], [mɛ] et [ma] pour *mais*, etc. Cette cause phonétique s'ajoute à la simple économie de radical réalisée par la généralisation du timbre [a] : *j'a* est ainsi refait sur le modèle de *tu as, il a*. Le radical *a-* est, d'ailleurs, aussi présent dans le futur simple *j'arai*, forme populaire et dialectale héritée, et dans l'infinitif *aoir*. Observons que, dans ce dernier cas, ce trait se conjugue aussi avec le traitement phonétique local du groupe [vw] > [w] et *avoir* devient *aoir*, comme *avoindre* (v. *aveindre*, vieilli et familier [*TLF* 3, 1070b]) devient *aoindre* 'saisir, attraper', ou 'avoine' *aoine*, etc. La conformité à un modèle « régulier » de la forme *j'a* peut donc être établie, plusieurs éléments distincts y concourant.

La forme *j'i*, quant à elle, rare mais non hapax en *FTN*, semble échapper à l'une ou l'autre de ces interprétations[2]. Nous ne pensons pas qu'il s'agit d'une forme héritée, d'origine dialectale. Certes on en trouve de nombreuses attestations dans les parlers normands de la moitié nord du département de la Manche, mais ces parlers, très spécifiques, où cette forme est d'ailleurs également atypique, n'ont guère de rapports avec les parlers acadiens, encore moins avec le *FTN* en particulier. Une explication phonétique est-elle envisageable ? Aucun [ɛ]/[e] ne se ferme en [i] dans le parler que nous étudions, sauf si nous acceptons de rapprocher *j'i* de *je mis*, forme régulière en *FTN* du présent de l'indicatif de *mettre*, où le vocalisme [i] s'est aussi transmis au radical du pluriel (ex. : *je misons* 'nous mettons'). On peut également envisager une influence du vocalisme [i] du participe passé *mis* de *mettre* sur le radical du présent, et le rapport de *j'i* avec le participe *iu* du verbe *aoir* 'avoir' peut être argumenté (v. plus bas).

1.2 *J'ons* 'nous avons'

Les deux formes en usage à Terre-Neuve pour 'nous avons' (*j'avons* et *j'ons*) sont largement attestées dans les parlers dialectaux français (*ALF* 91) et au Canada, mais la première est donnée comme un acadianisme (selon Dionne), tandis que la seconde paraît plus spécifiquement québécoise (*GPFC*)[3]. Quoi qu'il en soit de ces affirmations, *j'avons* se présente comme une forme régulière, bien inscrite dans le paradigme (puisqu'on y observe, la forme pleine du radical, normale au pluriel). Selon une analyse synchronique, *j'ons* serait une forme à radical Ø, dont nous avons quelques autres exemples, comme celui du participe passé [y] 'eu'. Dans une perspective diachronique, on pourrait la considérer comme une forme syncopée atypique ; elle ne pourrait cependant s'inscrire dans le système de la conjugaison acadienne (avec le radical *a-* caractéristique du singulier) que si l'on postulait un préalable *j'aons*, non attesté, et une assimilation régressive de la voyelle. Même si cela ne règle pas la question de sa formation, il s'agit probablement d'une forme archaïque, héritée des parlers dialectaux d'origine, en rupture avec les tendances à la régularisation et à l'économie.

---

[2] Je n'ai pas trouvé d'attestations de cette forme dans d'autres parlers d'Amérique du Nord.
[3] Pour une répartition de ces formes en Nouvelle-Écosse, v. Flikeid (1991 : 207).

Liant les couples *j'ons/ils ont* et *j'avons/ils avont*, Flikeid (1994 : 304-305) montre que ces formes sont connues des parlers de Nouvelle-Écosse, mais qu'elles s'y répartissent inégalement : « Les deux formes en variation étaient-elles en variation en Acadie avant la Déportation ? Leur coexistence à la Baie Sainte-Marie porterait à le croire. Ailleurs, il y aurait eu une résolution en faveur de l'une ou de l'autre selon les endroits » (*ibid.* : 304). Les données de notre corpus franco-terre-neuvien vont dans le sens de cette observation : les formes [avɔ̃] (*j'avons/ils avont)*, qui sont attendues selon le schéma de formation que nous avons indiqué initialement, représentent 68% des occurrences, contre 32% pour les formes [ɔ̃][4]. On peut, par ailleurs, observer que *j'ons* est employé dans les 3 villages de références. Enfin, si l'on examine l'usage des différents locuteurs, *j'ons* est fortement concurrencé par *j'avons* chez un couple de locuteurs du Cap Saint-Georges et chez un locuteur de La Grand-Terre, alors que quelques autres semblent l'employer de façon exclusive. Au total, cependant, tous les cas de figure nous paraissent possibles et les différentes formes sont connues de tous, ne constituant en aucun cas l'apanage de quelques individus.

1.3 Le participe passé *iu/zu*

On sait que le participe français *eu* est issu du latin tardif *habutu > a. fr. *ëu*. La graphie moderne en conserve la trace. La forme *iu* du *FTN* provient vraisemblablement des dialectes d'oïl (où elle est issue de la dissimilation de l'ancien *ëu*) ; on la trouve çà et là dans le nord et l'ouest de la France (*ALF* 102, 103). Une explication synchronique n'est pas non plus impossible : les verbes du 3e groupe en *–oir* ont tous une désinence *–u*, généralement jointe à une forme brève du radical. Or, comme nous l'avons vu plus haut, le radical *i-* se rencontre pour le verbe *avoir*, au moins dans la forme *j'i* de la pers. 1 de l'indicatif présent, sans préjuger de son origine. *I-u* serait formé comme *d-û* (de *devoir*), *p-u* (de *pouvoir*), *s-u* (de *savoir*) ou *v-u* (de *voir*).

Pour ce qui concerne *zu*, plus rare, il s'agit clairement de la forme standard augmentée par l'agglutination d'un [z] à l'initiale, bien connue des parlers dialectaux d'oïl, en Normandie par exemple. Ce phénomène, que l'on trouve dans d'autres variétés d'origine populaire comme les créoles, touche, par ailleurs, d'autres monosyllabes à initiale vocalique, comme *zeux* 'eux' ou *zoie* 'oie' en *FTN*. Il se manifeste ici, selon nous, pour augmenter le corps phonique de mots monosyllabiques.

2. Le verbe *aller*

2.1 *Je vons, j'ons* 'nous allons'

Il s'agit d'un autre exemple d'extension au pluriel du radical ordinairement utilisé pour former le singulier, à l'indicatif présent : *je, tu, il va/je vons, … ils vont*. Cette forme insolite, rare à Terre-Neuve, mais dont l'attestation est certaine, ne semble pas avoir été signalée ailleurs. Elle est véritablement à mettre au compte des

---

[4] De manière plus détaillée, *ils avont* et *ils ont* représentent respectivement 65% et 35% de l'ensemble des occurrences de 3e pl. de l'indicatif présent du verbe *avoir*. Pour la 1re pl., si l'on met de côté l'emploi de *on a*, qui ne totalise que moins de 10% des occurrences, *j'avons* et *j'ons* sont dans un rapport de 78% à 22%.

innovations, peut-être sans lendemain, visant à la simplification du système. En même temps, elle singularise le parler de Terre-Neuve, dans la mesure où cette initiative ne touche que la personne 4.

Plus inquiétante sans doute pour la cohérence systémique est la forme *j'ons*, également pour 'nous allons', qui semble échapper à toute analyse, diachronique ou synchronique : le lien avec le verbe *aller* n'y est pas visible. Faut-il y voir une évolution à partir d'une forme syncopée **j'a(ll)ons* ? Mais *j'aons* n'est pas attesté, que ce soit pour *j'allons* ou pour *j'avons* (v. plus bas). Le radical est ici inexistant, ce qui semble insupportable, un verbe (sauf les auxiliaires) ne pouvant pas être réduit à sa simple désinence. L'existence de cette forme pourrait, en outre, être source d'ambiguïté, puisque *j'ons* signifie également 'nous avons'. Mais l'on peut observer que le phénomène de l'aphérèse, très répandu en *FTN*, est, lui aussi, une source théorique de problèmes – *tendre* est aussi une forme d'*attendre*, *(v)oir* une forme d'*a(v)oir*, etc. (v. Brasseur 1996) – sans que la communication en soit affectée.

2.2 Le subjonctif imparfait *allisse* 'allât'

Le verbe *aller*, de haute fréquence, se prête particulièrement au maintien de formes archaïques, puisque nous avons relevé avec lui le seul emploi de subjonctif imparfait de notre corpus. Ce type de formes est connu dans les parlers acadiens, en Nouvelle-Écosse notamment, où il est relativement courant. Le vocalisme [i] est également en usage dans les parlers de l'ouest de la France (en Normandie, notamment) et peut être considéré comme une forme héritée. On notera ici, par ailleurs, une régularisation de la conjugaison sur la première personne, la désinence [is] étant probablement traitée ici comme toutes celles de l'indicatif et du subjonctif présent, où l'on n'enregistre aucune variation pour les trois personnes du singulier :

> Faulait qu'alle *allisse* sus une montagne, à tous les matins, sarvir des moutons (La Grand-Terre, 017701).

3. Le verbe *être*

3.1 L'infinitif [tɛʀ]

La conjugaison du verbe *être* se fait en *FTN* selon le standard acadien, le radical *ét*– subissant une aphérèse et se réduisant, comme souvent dans les parlers de l'ouest de la France, à un simple [t] : *je tais*, ... à l'imparfait, par exemple. Cette troncation touche aussi le participe passé, que l'on rencontre la plupart du temps sous la forme *té*. Il reste à rendre compte de la forme d'infinitif [tɛʀ] couramment utilisée par l'un de nos excellents informateurs de La Grand Terre. On pourrait l'analyser comme une curieuse réfection à partir du radical du participe passé, voire de l'imparfait. Cette hypothèse ne nous paraît cependant pas satisfaisante, même si elle est conforme à nos considérations sur la régularisation des paradigmes. Elle s'accorde mieux avec d'autres faits similaires relevés ailleurs et doit recevoir une explication strictement phonétique. Nous y voyons, en effet, la disjonction du groupe [tʀ] avec insertion d'une voyelle d'appui, comme dans les formes qui ont été relevées en Anjou : Montjean : *éter'* (*étére*), Briollay : *éteur'* [Verrier-Onillon] (*FEW* 3, 246 ESSE), en Suisse : etər (*FEW* ibid.), dans l'est du département de la Gironde (*ALF* 499), mais aussi en Acadie (Moncton 1978 : *êteur*, d'après *É. R.*).

3.2 *Je sons* 'nous sommes'

Les trois verbes irréguliers de haute fréquence *avoir, aller, être* sont touchés par le même phénomène de régularisation de leur conjugaison au présent de l'indicatif (de haute fréquence, lui aussi). Il s'agit là d'un changement opéré en conformité avec la conjugaison des verbes réguliers, où la pers. 4, avec son vocalisme [ɔ̃], est identique à la pers. 6 : *je sons/ils sont* est parallèle à *je mangeons* 'nous mangeons'/*ils mangeont* 'ils mangent'.

3.3 Le passé simple *je fus*

Le passé simple, bien conservé dans d'autres variétés de français acadien, est rare en *FTN*. Nous ne l'avons rencontré qu'avec le verbe *être*, dans une forme standard. Est-il nécessaire de rappeler qu'en français parlé, pas seulement dans la variété populaire, le passé simple et le subjonctif imparfait ont totalement disparu ? Les spécificités du *FTN*, variété dans laquelle les narrations se font généralement à l'imparfait (au lieu du passé simple de la langue classique et du passé composé moderne) ne font que s'ajouter à cet état de fait. Il s'agit donc ici d'une simple survivance, qui n'est rendue possible que par la haute fréquence du verbe.

3.4 Les formes de subjonctif

Cinq formes subsistent peu ou prou à la personne 3, la plus fréquente dans le corpus : [swe], qui représente une prononciation archaïque du français *soit*, connue aussi ailleurs en Amérique (en québécois populaire, notamment) ; [se], forme d'origine dialectale directement héritée des parlers de l'ouest de la France où le *ē* latin accentué de *sĭt* a subi un traitement spécifique ; [sez], forme rare et peut-être idiolectale, avec un vocalisme d'origine dialectale renforcé par un [z], qui est sans doute dû à l'attraction d'autres formes de subjonctif. Les deux premières formes, à finale vocalique, peuvent se manifester sous des variantes étoffées par un [j] d'origine populaire, qui ouvre le [e] en [ɛ] : [swɛj], [swɛj]. (Dans la variété hexagonale [swa] est également souvent prononcé [swaj]).

4. Diverses survivances et adaptations

4.1 Les formes interrogatives *av'ous ?* 'avez-vous ?' ; *all'ous ?* 'allez-vous ?'

La première de ces deux formes atypiques est bien connue de plusieurs parlers acadiens, notamment aux Îles de la Madeleine, en Nouvelle-Écosse et au Nouveau-Brunswick, quoique Pascal Poirier relève, selon une formulation sibylline : « nous contractons quelquefois *avez-vous* en *avons* ». On la signale aussi au Québec (Dionne, GPFC). La seconde paraît plus localisée. Ces deux formes sont issues des parlers dialectaux du nord-ouest du domaine d'oïl (*FEW* 14, 634b vos, Brasseur 1995 : 328-329 et 344, Chauveau 1984 : 192). Il s'agit de formes figées à Terre-Neuve (comme aussi probablement dans le reste du Canada), alors qu'elles sont en usage aujourd'hui encore et restent bien vivantes en Basse-Normandie, où elles sont potentiellement utilisables avec tous les verbes. Nous pensons que *av'ous ?* et *all'ous ?* pourraient avoir été réactivées avec l'arrivée des derniers immigrants pêcheurs de morues originaires de la Baie du Mont-Saint-Michel, au début du 20ᵉ siècle. Le maintien de ces particularités montre le peu de poids de la norme standard jusqu'à nos jours, à Terre-Neuve.

4.2 *Je criyais* 'je croyais'

Au nombre des survivances héritées d'un passé ancien et conservées localement, on peut aussi citer *je criyais* 'je croyais', dont l'origine dialectale est évidente. Cette forme s'explique par une évolution phonétique bien connue dans les parlers de l'ouest de la France à partir de *je creyais*, non attesté en *FTN*. Ceci montre que cette forme, arrivée telle quelle en *FTN*, est isolée et fonctionne comme une singularité.

4.3 *J'haïs* et *j'his* 'je hais'

La diérèse était déjà condamnée par Vaugelas (Thurot 2, 404). D'origine populaire, elle est courante au Canada (v. à ce sujet Brasseur 2001 : 240b). La forme *j'his*, quant à elle, est probablement un héritage des parlers de Bretagne romane, où on la signale au participe passé : 'abandonné (du nid)' (*FEW* 16, 179a *HATJAN). Cette prononciation a fourni un dérivé original en *FTN* : *hissable* 'détestable'.

4.4 *I vèyent* 'ils voient'

Il possède une conjugaison régulière en *FTN* (*j'ois, j'oyais, j'oirai*, etc.), à ceci près que la consonne [v], qui s'amuït en règle générale dans le groupe [vw], comme nous l'avons vu plus haut, est parfois rétablie. Par ailleurs, nous avons enregistré à l'indicatif présent, une forme d'origine dialectale héritée *i vèyent* 'ils voient'. Cette forme isolée, nécessairement issue d'un infinitif [vɛʀ], non attesté à Terre-Neuve, est typique des parlers de l'ouest de la France (*FEW* 14, 420b VIDERE). Ce type d'attestation isolée montre bien que les survivances dialectales échappent en grande partie aux régularisations opérées ordinairement par les parlers populaires, menant, en quelque sorte, une vie indépendante en marge du système.

4.5 *Je prendais, je pranais* 'je prenais'

Le polymorphisme est aussi observable à l'imparfait du verbe *prendre*. Ce verbe possède deux radicaux : [pʀɑ̃] et [pʀɑ̃d]. Comme *coudre*, qui fait *je coudais* 'je cousais', *prendre* donne normalement *je prendais* 'je prenais'. Mais parallèlement à cette forme régulière, nous enregistrons *je prénais*, qui représente une variante de la forme française avec sonorisation du *e* sourd, et *je pranais*, qui adopte le timbre [a] du radical [pʀɑ̃] mais où la voyelle est dénasalisée, sous l'influence de la forme standard *je prenais*.

4.6 *Foulait* 'il fallait'

Le timbre de la voyelle du radical [ful]– est bien attesté et n'est nullement spécifique du *FTN*, puisque la forme *foulait* a été recueillie ailleurs au Canada (*ALEC* 2310). Flikeid (1991 : 209), qui indique la répartition des formes en [fal]–, [fɔl]– et [ful]– en Nouvelle-Écosse, ne commente pas le vocalisme différent de ces radicaux. À la différence de *faulait*, qui a été relevé en Saintonge, il ne s'agit probablement pas d'un héritage, puisque les parlers dialectaux de France semblent l'ignorer (Ø *FEW* 3, 389a FALLERE). On ne peut donc invoquer ici que l'analogie (de *vouloir* ?). Cette innovation est peut-être parallèle, mais les liens de parenté que l'on observe régulièrement entre les parlers de Nouvelle-Écosse et celui de Terre-Neuve (Brasseur 2001) peuvent ici très bien rendre compte de la similitude des formes.

Conclusion

Flikeid, qui met en évidence la complexité de la morphologie verbale en Nouvelle-Écosse, « [se demande] quel système unique aurait pu aboutir à cette diversification. L'état de variabilité régionale actuelle ne refléterait-elle pas un état de variabilité de départ qui se serait résolu de différentes manières dans différentes régions ? » (1991 : 208). Ce sont la commodité et nos besoins de classement qui nous conduisent à envisager les états de langue anciens comme homogènes. L'idée d'un français « acadien traditionnel » homogène, qui représenterait un point de départ unique, une norme dont les locuteurs se seraient peu à peu écartés, qui se serait progressivement dégradée, en particulier au contact avec le standard (sous sa forme régionale québécois, par exemple), est une vue de l'esprit. L'on ne pourrait d'ailleurs pas davantage mettre en évidence une variété « français populaire » hexagonale et ce n'est sans doute pas par hasard qu'aucune description d'ampleur n'a été menée dans ce domaine. Ici comme ailleurs, la description de chaque sous-ensemble de parlers met en évidence une abondance de formes qui semble chaotique.

Comme nous l'avons postulé après Robert Chaudenson, deux tendances s'opposent : l'une pousse vers la régularisation et l'optimisation, l'autre vers la singularisation. L'une agit sur le plan synchronique et les variétés populaires du français l'illustrent abondamment, surtout dans les conditions sociolinguistiques spécifiques créées par l'affaiblissement de la pression normative ; l'autre conserve la mémoire du passé, des évolutions, des tentatives plus ou moins abouties, qui se sont manifestées à un moment ou à un autre de l'histoire de la langue et dont les parlers régionaux de France et d'ailleurs gardent encore des traces. Il nous paraît intéressant de déplacer la discussion sur le terrain de l'unité et de la diversité des parlers dialectaux en général. Malgré tous les particularismes, les parlers acadiens forment un ensemble identifiable, distinct des autres variétés de français, en Amérique ou ailleurs. Comme l'écrivait Jean Séguy :

> la fonction du dialecte est double et chacune des deux sous-fonctions est contradictoire à l'autre. La première est d'assurer la communication linguistique entre les groupes humains. La seconde est de permettre à ces groupes de se différencier (1973 : 27-28).

Quel est le dosage de ces deux sous-fonctions ? Comment se concilient-elles ? Nous avons sans doute souvent le tort de mettre l'accent sur les différences, mais

> c'est avec les ressemblances que les locuteurs se comprennent [...] Nous devrions avoir conscience que l'essentiel, c'est les ressemblances qui assurent l'intercompréhension » (Tuaillon 1973 : 209).

L'expérience du terrain dialectal laisse penser que la cohérence se révèle plus au niveau de la pratique linguistique de chaque locuteur qu'à celui de la langue.

Les linguistes de terrain le savent : aucun locuteur ne possède la compétence lexicale globale de sa communauté. C'est seulement par la multiplication des enquêtes que l'on peut établir un ensemble lexical, une sorte de compétence communautaire qu'aucun locuteur en particulier ne maîtrise complètement. Il en est de même de la morphologie : la variation dans le parler de chacun produit une somme de variations comptables au niveau du groupe. À propos de la distribution des formes en *ven-* et en *venn-*, Flikeid en vient à la conclusion suivante :

> encore ici l'on voit des contrastes entre des communautés où la variabilité est aujourd'hui résolue et celles où elle demeure présente (1991 : 209).

Outre que les « communautés » constituent des ensembles aux contours peu distincts, ce n'est pas à ce niveau que se manifeste la variation, ce que l'accumulation des données d'enquêtes semble occulter. Il nous paraît évident de rappeler que toute tentative globale d'explication ne peut rendre compte de l'ensemble des faits. Mais les lois restent les mêmes pour tous : chaque micro-système possède sa cohérence interne et c'est cela qui importe, si l'on a la modestie d'observer la langue du côté du locuteur.

Références

ALEC : DULONG, Gaston/BERGERON, Gaston, 1980, *Le parler populaire du Québec et de ses régions voisines, Atlas linguistique de l'est du Canada*, Québec, Éditeur officiel.

ALF : GILLIÉRON, Jules et EDMONT, Edmond, 1902-1910, *Atlas linguistique de la France*, Paris, Honoré Champion.

BRASSEUR, Patrice, « Changements vocaliques initiaux dans le français de Terre-Neuve », in Th. Lavoie (éd.), *Français du Canada-français de France, Actes du quatrième colloque international de Chicoutimi*, Tübingen, Niemeyer, coll. Canadiana romanica 12, 1996, pp. 295-305.

BRASSEUR, Patrice, 1995, « Les pronoms personnels dans l'*Atlas linguistique normand* », in M.-R. Simoni-Aurembou (éd.), *Dialectologie et littérature du domaine d'oïl occidental*, Fontaine-lès-Dijon, A.B.D.O., pp. 323-351.

BRASSEUR, Patrice, 2001, *Dictionnaire des régionalismes du français de Terre-Neuve*, Tübingen, Niemeyer.

BRASSEUR, Patrice/FALKERT, Anika (éds.), 2005, *Français d'Amérique : approches morphosyntaxiques*, Paris, L'Harmattan.

BRASSEUR, Patrice, à paraître, « La régularisation des paradigmes verbaux en franco-terre-neuvien », communication au *Colloque international « Les français d'ici »* [Kingston (Ontario), Canada, 5-8 juin 2006].

CHAUDENSON, Robert, 1994, « Français d'Amérique du Nord et créoles français : le français parlé par les immigrants du XVIIe siècle », in R. Mougeon et É. Beniak (éds.), pp. 167-180.

CHAUDENSON, Robert/MOUGEON, Raymond/BENIAK, Édouard, *Vers une approche panlectale de la variation du français*, Paris, Didier-Érudition, 1993.

CHAUVEAU, Jean-Paul, 1984, *Le gallo : une présentation*, Studi 26, pp. 5-128, et *Studi* 27, pp. 131-252.

DIONNE, Narcisse-Eutrope, 1909, *Le parler populaire des Canadiens français*, (rééd. 1974, Québec, Presses de l'Université Laval)

É. R. : RICHARDSON, Émérentienne, sans date, « Lexique acadien », fichier alphabétique manuscrit, Moncton, Centre d'Études Acadiennes [Université de Moncton].

FEW : WARTBURG, Walther von, 1922-2002, *Französisches Etymologisches Wörterbuch, Eine darstellung des galloromanischen sprachschatzes*, 25 vol., Bonn/Leipzig/Basel, Klopp/Teubner/Helbing-Lichtenhahn/Zbinden.

FLIKEID, Karin, 1991, « Les parlers acadiens de la Nouvelle-Écosse (Canada) : diversification ou origines diverses ?», in B. Horiot (éd.), *Français du Canada, français de France. Actes du 2e colloque*, Tübingen, Niemeyer, pp. 195-214.

FLIKEID, Karin, 1994, « Origines et évolution du français acadien à la lumière de la diversité contemporaine », in R. Mougeon et É. Beniak (éds.), *Les origines du français québécois*, Sainte-Foy (Québec), Presses de l'Université Laval, pp. 275-326.

POIRIER, Pascal, [1925-1933] 1995, *Le glossaire acadien*, éd. critique établie par Pierre M. Gérin, revue et remaniée, Moncton, Éd. d'Acadie/Centre d'études acadiennes de l'Université de Moncton.

GPFC : Glossaire du parler français au Canada, 1930, (rééd. 1968, Québec, Presses de l'Université Laval).

MOUGEON, Raymond/BENIAK, Édouard (éds.), 1994, *Les origines du français québécois*, Sainte-Foy, Presses de l'Université Laval.

REUTNER, Ursula, 2005, « Remarques sur le polymorphisme verbal – l'exemple de l'infinitif : une contribution à l'étude des origines multiples du français au Canada », in P. Brasseur et A. Falkert (éds.), pp. 113-123.

SÉGUY, Jean, 1973, « La fonction minimale du dialecte », in G. Straka (éd.), pp. 27-42.

STRAKA, Georges (éd.), 1973, *Les dialectes romans de France à la lumière des atlas régionaux*, Paris, Éd. du CNRS.

THUROT, Charles, 1881-1883, *De la prononciation française depuis le commencement du 16e siècle d'après les témoignages des grammairiens*, Paris, Imprimerie nationale, (Rééd. Genève, Slatkine, 1966).

TLF : IMBS, Paul, puis QUEMADA, Bernard (dirs.), 1971-1994, *Trésor de la langue française, Dictionnaire de la langue des 19e et 20e siècles (1789-1960)*, Paris, CNRS/Gallimard.

TUAILLON, Gaston, 1973, « Frontière linguistique et cohésion de l'aire dialectale », in G. Straka (éd.), pp. 173-210.

La « demande sociale » en matière de langues à Maurice : un concept à interroger

Arnaud Carpooran
University of Mauritius

La présente contribution a pour objectif de tenter de cerner la notion de « demande sociale » en matière de langues à Maurice. Bien que fréquemment utilisé ces dernières années quand il s'est agi de parler de politique linguistique dans des pays plurilingues dont l'histoire a été marquée par la colonisation, ce concept n'a jamais été réellement défini. L'Agence Intergouvernementale de la Francophonie (A.I.F.) en avait fait l'un des thèmes majeurs de la réunion régionale qu'elle a organisée à Maurice en 2004 sur « *les politiques linguistiques, l'aménagement des langues et l'enseignement du français dans l'océan Indien* ». Cependant, dans le programme provisoire distribué aux différents participants de cette réunion régionale, on retrouvait en guise d'élaboration sémantique proposée par les organisateurs par rapport à cette notion, la formulation périphrastique suivante : « besoins et attentes des communautés de locuteurs ». Ayant été invité à traiter de la question par rapport à Maurice, j'avais partagé avec l'assistance présente quelques réflexions à partir de cette proposition liminaire dont l'essentiel se résume dans ce qui suit.

Île Maurice : une société complexe

Quiconque connaît un peu Maurice et ce que la notion de « communauté » y implique surtout par rapport aux langues, imagine facilement la complexité et la difficulté de la tâche qui incombe à toute personne, aussi spécialiste soit-elle en matière de politique linguistique, qui tenterait de jauger la question de la demande sociale telle qu'elle est formulée dans la périphrase citée. S'il y a bien des « communautés » à Maurice, déclinables sur différents plans : ethnique, ethno-social, ethno-religieux ou ethno-linguistique, et s'il y a bien des demandes sociales relatives aux langues qui sont régulièrement exprimées par des « antennes » déléguées (ou auto-déléguées) de ces différentes « communautés » (voir Carpooran 2003a et 2003b, par exemple), on serait bien en peine de leur attribuer le statut de « communautés de locuteurs », pris comme des ensembles homogènes de sujets de parole, chaque ensemble se voyant alors unifié autour d'une langue particulière et s'exprimant prioritairement dans cette langue.

En effet, en dépit du nombre relativement élevé de langues en présence à Maurice, il n'y a en réalité qu'un petit nombre qui soit proprement véhiculaire par-delà les critères géographique et ethnique, et surtout réellement effectif dans la communication quotidienne, le créole occupant à ces deux niveaux, du moins dans le champ des expressions orales, la première place et la majeure partie de l'espace. Ce qui invite à dire que par rapport à la thématique de la locution proprement dite, ainsi que celle de l'intercompréhension, il n'existe que peu de « communautés » à Maurice, aucune d'entre elles n'étant hermétique, et le même individu pouvant appartenir à plusieurs d'entre elles à la fois. Dès lors, traiter de la question de la demande sociale, et là encore, en tenant compte des limites que nous avons exprimées plus haut, exigera donc que l'on s'éloigne quelque peu de la notion de « communautés de locuteurs » pour aborder celles des catégories d'allégeances linguistiques ou d'autres formes de demandes linguistiques socialement pertinentes ou statistiquement identifiables. Dans le cas mauricien, en dehors des revendications linguistiques explicites émanant des groupes de pression (thème que nous avons déjà abordé dans Carpooran 2003a et Carpooran 2003b), il nous paraît possible d'aborder la question sous trois angles différents bien qu'implicites : (a) celui des droits linguistiques ; (b) celui des allégeances linguistiques affirmées, notamment dans les recensements décennaux ; (c) celui des options linguistiques effectuées en contexte scolaire.

A. L'angle des droits linguistiques

La notion de droits linguistiques (considérée généralement au pluriel ; *linguistic rights* en anglais) est aujourd'hui relativement bien assise en jurilinguistique et en sociolinguistique, bien qu'elle n'ait de réelle pertinence que dans des ensembles géopolitiques à dominante plurilingue (Carpooran 2003a : 18-19). Il s'agit, selon la définition qu'en donne, par exemple, J. Turi de

> droits à la fois individuels et collectifs [...] qui comprennent à la fois le droit d'utiliser [d'une part], une ou plusieurs langues nommées, notamment dans le champ de l'usage officiel des langues, droit de nature historique [...] et [d'autre part, celui] d'utiliser **n'importe quelle langue,** notamment dans le champ non officiel des langues, droit de nature essentiellement fondamentale [c'est moi qui souligne] (Turi 1990 : 641 ; Carpooran 2003 : 15).

C'est la distinction entre ces deux types de droits qui retient notre attention ici, car la notion de demande sociale par rapport à chacun d'eux ne se pose pas de la même manière.

Le premier type, de nature historique, et ayant trait au champ des usages officiels des langues, est lié essentiellement, par contingence, au fonctionnement d'un appareil étatique. C'est le **droit à la langue de l'État** (Calvet 1996 : 62), un **droit sociétal** (Chaudenson 1989 : 15), ou civique auquel tout citoyen d'un État peut et doit prétendre, et sans la jouissance duquel il risque de se trouver « *quasi inévitablement condamné à une marginalisation économique et sociale* » (Chaudenson, *ibid.*). En clair, c'est ce droit qui permet à un individu membre d'un État, de connaître et d'accomplir ses devoirs de citoyen et de jouir des privilèges qui en découlent ; c'est bien entendu à l'État d'assurer le coût d'un tel droit pour tous ses citoyens, notamment à travers l'enseignement de la (des) langue(s) ayant des fonctions étatiques et/ou institutionnelles à l'école. La question de la demande sociale pour des langues ayant de telles fonctions ne se pose pas, la réponse allant en principe de soi. Nous sommes ici en présence de besoins et d'attentes incontestables en matière de langues, lesquels (besoins et attentes) concernent *tous* les citoyens d'un État – l'estimation est donc facile – et n'ont guère besoin d'être exprimés pour être considérés comme existant. Toutefois, cela n'implique pas que les principaux concernés doivent nécessairement en être conscients.

Le deuxième type de droit, relatif au droit d'utiliser « n'importe quelle langue », catégorisé comme « fondamental » par Turi et que Calvet désigne par l'expression « **droit à sa langue** » (*op. cit.*), correspond la plupart du temps en milieu plurilingue à des attentes identitaires et culturelles. Il s'agit davantage d'un droit-liberté qui permet au citoyen d'un État de s'exprimer et de vivre dans, ou de s'identifier à, une langue donnée indépendamment des fonctions de celles-ci ou de sa reconnaissance officielle par l'État. Théoriquement, l'État n'est pas tenu d'assumer des charges matérielles ici, sa responsabilité essentielle étant de s'assurer qu'il n'y a pas d'obstacle à la satisfaction de ce droit.

À la différence de ce que l'on a vu plus haut pour le droit à la langue de l'État, on ne peut jauger une éventuelle demande sociale ici que dans la mesure où son existence a pris d'une manière ou d'une autre une forme d'expression minimale et tangible. Sondages, recensements, revendications, manifestations, etc. sont autant de moyens d'expression possibles ici.

À Maurice, parmi la douzaine de langues qui apparaissent habituellement dans les recensements effectués chaque décennie, les deux seules qui se qualifient de façon non problématique comme des langues de haute portée sociétale et civique sont l'anglais et le français. La plupart des autres langues, en particulier indiennes (hindi, urdu, tamil, etc.) et chinoises (mandarin, hakka) ont des fonctions davantage symboliques et identitaires que fonctionnelles. Le créole fait ici figure de cas problématique, donnant l'impression de pouvoir appartenir aux deux catégories à la fois et en même temps à aucune d'elles.

L'anglais, le français et les langues ethno-symboliques

Dans le cas de l'anglais, c'est le critère de l'officialité (*de facto*, toutefois, et non *de jure*, comme bon nombre de Mauriciens et d'étrangers le pensent encore aujourd'hui) qui est le premier qui puisse justifier qu'il soit considéré comme la première langue de l'État mauricien. Il est en effet la première langue de fonction des cinq domaines d'usage officiel des langues (le Parlement, l'Administration publique, les cours de justice, la rédaction des lois et l'Instruction publique) grâce auxquels on reconnaît une langue officielle dans les faits (Carpooran 2003 : 25 *sqq.*). C'est aussi la première langue d'accès au savoir, de l'Internet et de l'ouverture sur le monde moderne. Pour toutes ces raisons, on imagine mal qu'il pourrait exister un seul parent mauricien qui ne désirerait pas que son enfant y ait accès et en possède la maîtrise.

Si l'anglais est la première langue de fonction de l'État mauricien, ce qui lui vaut le titre de langue officielle *de facto,* le français n'est pas totalement absent, loin s'en faut, des cinq domaines d'emploi officiel des langues à Maurice, tels que nous les avons énumérés plus haut. En effet, s'il est officiellement admis au Parlement après l'anglais, le français a également droit de cité dans les cours de justice, les lois (en particulier le droit privé), la Fonction publique et les administrations locales alors qu'il est la deuxième langue obligatoire (derrière l'anglais) dans l'enseignement public jusqu'à la cinquième année du secondaire. On peut donc le considérer, sans trop exagérer, et en appliquant la même logique de fait que pour l'anglais, comme une langue « semi-officielle » *de facto* de l'État mauricien (Carpooran 2004 : 20-55). Par ailleurs, ses diverses valeurs sociales et institutionnelles – c'est la principale langue des médias, aussi bien écrits que parlés, notamment – font que, sans une maîtrise minimale d'elle (écrite et orale), le Mauricien adulte ne pourrait véritablement jouir de tous les avantages que lui offre son statut de citoyen (Robillard 1991 :88 ; Carpooran 2003a : 17).

À côté de l'anglais et du français, il existe plusieurs langues en présence ou en exercice à Maurice, pour la plupart indiennes, qui fonctionnent davantage comme des langues symboliques à fonction ethno-identitaire plutôt qu'en tant que véhicules de communication proprement dits. Ces langues sont : l'hindi, langue d'association ethno-identitaire des Hindous, pris dans un sens non générique (*Hindi-speaking* est une formule sub-ethnonymique à laquelle on a souvent recours à Maurice) ; l'urdu, langue associée aux Musulmans (dont les ancêtres sont pour la plupart originaires de l'Inde) ; le tamil, langue des Tamouls ; le telegu, langue des Telegus ; le marathi, langue des Marathis. Ces cinq langues sont considérées comme prestigieuses et figurent toutes comme langues matières (non obligatoires) dans nos écoles, en particulier au niveau primaire. Le bhojpuri est, pour sa part, le seul idiome d'origine indienne qui soit vraiment parlé à Maurice, mais en tant que langue infra-ethnique et dans des instances de communication relativement circonscrites (en famille, entre proches, à l'adresse des vieux) ou dans des localités particulières, d'ordinaire rurales. Ne jouissant pas du même prestige que les langues citées plus haut (elle est d'ailleurs limitée à l'oral), elle ne figure pas parmi les langues enseignées à l'école.

Il existe également deux autres idiomes de prestige à dominante fonctionnelle ethno-identitaire, qui ne sont pas d'origine indienne mais que le sens commun associe habituellement à la catégorie de langues dites « orientales ». Ce sont le mandarin et l'arabe. Le mandarin est considéré comme la langue d'affiliation ethno-identitaire des chinois de Maurice, bien qu'en réalité les langues ancestrales[1] de ces derniers soient le hakka et le cantonais (*cf.* plus loin). On retrouve le même phénomène pour l'arabe, en concurrence avec l'urdu depuis quelques décennies en tant que langue d'association ethno-identitaire des Musulmans, alors que la langue ancestrale des Musulmans ne peut être que l'urdu, le bhojpuri, ou …. le créole[2], lequel apparaît, par rapport aux deux catégories de droits linguistiques que nous avons identifiées plus haut, comme un cas de figure particulier.

Le créole : un cas de figure particulier

Le créole est la principale langue orale de Maurice et la langue première de la majorité des Mauriciens. Toute personne vivant à Maurice et ne comprenant pas cette langue se retrouve donc potentiellement en situation (partielle à tout le moins) de non-intégration sociale, ne pouvant comprendre tout ce qui se passe autour d'elle et ne pouvant participer pleinement dans les échanges quotidiens entre Mauriciens. Nul ne peut donc nier son importance au plan sociétal. Néanmoins, en raison d'un certain nombre de traits négatifs qui lui sont liés ou attribués et qui conditionnent les représentations que l'on s'en fait (inexistence au plan statutaire et officiel, absence de forme standard reconnue, faible présence à l'écrit, prestige limité au plan social, absence d'ouverture sur le monde, etc.), on hésiterait à parler de demande sociale massive à son égard dans les mêmes termes ou dans les mêmes proportions que pour

---

[1] On verra qu'à Maurice, cette notion ne doit pas nécessairement être prise au pied de la lettre ; il s'agit surtout ici de langue d'identification ethnique.

[2] Tout dépend en effet du niveau auquel on remonte dans le temps pour identifier ses ancêtres. Il est évident que tous ne le font pas de la même manière.

l'anglais et le français. Pourtant, il est certain qu'au plan pédagogique et par rapport à la question de l'intégration scolaire des élèves venant de couches populaires, il existe des « besoins » auxquels seul le créole, en tant que langue maternelle et principale langue de l'environnement, peut répondre et le gouvernement mauricien semble en avoir récemment pris conscience. Mais les résistances sous forme de lobbys, de manifestations, de polémiques (ou autre), qui ont traditionnellement fait suite à chaque proposition visant à faire de cet idiome une langue formelle de l'école, ont fait qu'il a souvent été nécessaire d'aborder la question de la demande sociale à son égard par d'autres biais que par celui des droits linguistiques de portée sociétale et civique. La seule voie possible était alors l'angle identitaire.

Or, quatre niveaux de perception sont possibles ici.

On peut d'abord envisager le créole dans une optique de langue à fonction nationalitaire de type endogénéité vs exogénéité ; le créole est la *seule* langue en présence à Maurice qui permet de distinguer un Mauricien d'un ressortissant d'une autre nationalité. C'est aussi la seule langue que l'on ne pourrait pas entendre en dehors de Maurice sans qu'il y ait au moins un Mauricien parmi les locuteurs.

Mais le créole peut également être vu comme une langue de portée nationalitaire d'un autre type : identité fédératrice supra-ethnique vs identités infra-nationales ethno-orientées ou ouvertement « communales »[3] : être hindous, musulmans, créoles, tamouls, etc. C'est, en clair, la seule langue qui soit à tous les Mauriciens et c'est en cela qu'elle peut être vue comme la langue nationale (*de facto* à tout le moins) de Maurice.

Mais il faut également savoir que la relation entre le glossonyme « créole » et l'ethnonyme « Créole » n'est pas toujours qu'homonymique. Outre les liens de filiation historique qu'il n'est pas difficile d'établir entre l'esclavage au 18e et 19e siècle, le rôle des esclaves dans la genèse du créole mauricien, et la constitution de la communauté dite créole (constituée en grande partie de descendants d'esclaves), il y a lieu de faire état ici des nombreuses et constantes revendications qui ont été faites ces dix dernières années de la part de divers groupes de pression créoles pour que le créole soit considéré comme la langue ancestrale de Créoles et soit à ce titre inclus à l'école au même titre que les autres langues ancestrales (*cf.* Carpooran 2003b). Ce facteur n'est d'ailleurs pas totalement étranger (même s'il n'est pas le seul) au changement d'attitude du présent gouvernement quant à l'idée d'introduire le créole de façon formelle à l'école.

La quatrième et dernière fonction identitaire que l'on peut attribuer au créole est celle d'être la marque distinctive de couches sociales particulières ; celle, en premier lieu, des milieux populaires et de la classe ouvrière. C'est en gros dans cette direction que militent certains groupements politiques de tendance marxiste comme *Lalit* (littéralement « lutte ») et le LPT (*Ledikasyon Pu Travayer* ; littéralement « Éducation pour les Travailleurs ») un organisme chargé de l'alphabétisation des adultes et de la publication d'ouvrages en créole et qui sont idéologiquement proches de ces mouvements politiques.

---

[3] Adjectif dérivé du substantif « communalisme » qui est une forme de racisme propre à Maurice (bien que le terme soit originaire de l'anglo-indien *communalism*) fondée sur l'appartenance ethnique.

À tous ces niveaux, il y a périodiquement ou de façon constante des revendications en faveur d'une plus grande valorisation et une plus grande reconnaissance par l'État du créole, revendications qui incluent souvent celle de l'usage formel du créole à l'école. Vu sous cet angle, il est difficile de prétendre qu'il n'existe pas une demande sociale pour le créole, mais si l'on veut tenter de quantifier cette demande, comme pour celle des autres langues identitaires, peut être faut-il sonder de plus près les chiffres que certaines institutions mauriciennes (comme le berceau des statistiques, le *Central Statistical Office*, désormais le CSO) mettent régulièrement à la disposition du public. C'est à cet aspect davantage statistique que nous allons nous attaquer dès à présent.

B. Les allégeances linguistiques affirmées, notamment dans le cadre des recensements décennaux

L'un des grands intérêts qu'offre Maurice comme terrain d'enquête sociolinguistique est non seulement la multiplicité des langues qui y coexistent, ainsi que les corrélations complexes qui existent entre elles et la structure sociale ambiante, mais l'existence de données chiffrées, que fournissent les recensements décennaux (donc régulièrement mises à jour), relatives à la façon dont les Mauriciens s'identifient à des langues, ainsi qu'aux représentations qu'ils se font de leurs propres pratiques linguistiques.

L'intérêt de ces données, fondées rappelons-le, non pas nécessairement sur des faits réels mais sur des représentations – mais toute demande sociale s'appuie précisément sur des représentations – réside non seulement sur leur existence en propre – peu de pays peuvent en effet s'enorgueillir d'en disposer – mais sur la dynamique de leur évolution ; ce qui devrait d'ailleurs nous encourager à avoir une posture définitoire relativement souple à l'égard de la notion de demande sociale. Nous pensons que celle-ci ne peut ni être considérée comme un objet fixe, inamovible face à l'épreuve du temps, ni comme la manifestation de l'expression d'un moment, laquelle peut changer dès l'instant d'après. Elle a besoin de s'appuyer sur des données longitudinales puisées à des sources diverses et qui, étudiées et traitées de façon interactive, indiquent, au fil du temps, des *tendances* plus ou moins stables.

Mais revenons à Maurice et voyons comment, lors des trois derniers recensements (datant respectivement de 1972, de 1983 et de 2000) qui y ont été effectués, les Mauriciens se sont statistiquement positionnés par rapport à la question de la langue ancestrale (v. tableaux 1 et 2, en annexe) et à celle de leurs pratiques linguistiques orales usuelles (v. tableaux 3 et 4, en annexe).

L'espace qui nous est imparti ici ne nous autorise pas à procéder à une analyse détaillée des données présentées dans ces quatre tableaux. Nous nous contenterons seulement d'attirer l'attention sur un ou deux faits saillants qui émanent de chacun d'eux.

Pour le tableau 1, par exemple, arrêtons-nous aux cas de l'arabe, du bhojpuri, du créole et de l'hindi où les changements sont tels, d'un recensement à l'autre, qu'on ne peut se permettre de ne pas en être frappé.

Commençons par le cas de l'arabe. Dans le recensement de 1972, *aucun* Mauricien n'a considéré l'arabe comme sa langue ancestrale (Eriksen 1990 : 109) ; en 1983, ils sont 68 033 à établir une affirmation dans ce sens ; en 1990, le chiffre passe à 1 686 pour descendre jusqu'à 806 en 2000. Comment interpréter ces changements ? Sachant que la grande majorité de ceux qui sont concernés ici sont des Musulmans, et sachant que la quasi-totalité des Musulmans mauriciens ont eu des ancêtres originaires de l'Inde (et non des pays arabes), peut-on aborder la question de ces différentes affirmations sous l'angle de l'opposition entre le vrai et le faux, ou celle entre la vérité et le mensonge ? Mais alors, pratiquement toutes les autres langues figurant dans ces recensements seraient également concernées. Comment expliquer, par exemple, les changements plus ou moins identiques pour l'hindi (208 450 ; 38 181 ; 35 782 en 1983, 1990 et 2000 respectivement) et l'urdu où l'on note une baisse progressive (55 347 en 1983 ; 45 311 en 1990 ; 34 120 en 2000), alors que les choses se présentent de façon pratiquement inverse pour le créole (280 377 en 1983 ; 379 288 en 1990 ; 454 763 en 2000) et le bhojpuri (180 983 en 1983 ; 343 832 en 1990 ; 361 250 en 2000) ?

Commençons par ce qui pourrait paraître constituer un truisme : les gens ne changent pas d'ancêtres en 20 ans (ni jamais d'ailleurs). Toutefois, les chiffres qui précèdent montrent bien que les Mauriciens sont capables de modifier la représentation qu'ils ont de leurs langues ancestrales d'un recensement à l'autre et ce qu'une langue donne l'impression de perdre en termes d'« adhérents », une autre semble pouvoir en tirer profit. Le bhojpuri, par exemple, lié à l'hindi dans un type de rapport diglossique classique, semble avoir bénéficié plus ou moins dans les mêmes proportions entre 1983 (180 983) et 1900 (343 832 ; différence approximative : 163 000) de ce que l'hindi avait « perdu » pour la même période (1983 : 208 450 ; 1990 : 38 181 ; différence approximative : 170 000).

Cela signifie en gros que les données des recensements à Maurice (concernant les langues en tout cas) sont moins des photographies d'états de fait plus ou moins fixes et stables ou celles de réalités ou d'identités de groupes définis une fois pour toutes, que des manifestations d'indications de positionnement identitaires liés à des enjeux sociaux à l'œuvre au moment de la collecte des données.

Pour en revenir au cas de l'arabe par exemple, on peut interpréter ce qui se passe en 1983 comme un désir de redéfinition, à cet instant précis de l'histoire de Maurice, par un peu moins de la moitié de la population musulmane de Maurice, de leur propre histoire (ce, pour des raisons politiques qu'on peut difficilement aborder ici, mais dont deux peuvent se résumer ainsi : le rejet de la filiation indienne – que permettait par exemple l'association avec l'urdu ; le désir de proximité avec le monde arabo-musulman ; *cf.* Eriksen 1990 : 109 ; Carpooran 2003a : 91-92). Les données n'étant plus du tout les mêmes dans les deux recensements qui ont suivi, on peut considérer que ce désir de redéfinition n'était plus été aussi fort par la suite et que, dès lors, les données susceptibles de représenter le mieux les réalités vécues par ces mêmes personnes s'en sont trouvées modifiées.

On pourrait sans doute procéder à un type d'analyse analogue pour plusieurs autres langues figurant dans les différents tableaux présentés ci-dessus, mais nous ne nous arrêterons qu'aux chiffres relatifs au créole lors des trois derniers recensements, s'agissant à la fois de ses fonctions de langue ancestrale et de langue de communication orale usuelle (tableaux 3 et 4). Si l'on s'en tient aux chiffres de l'an 2000 par rapport à la question de la langue ancestrale, on note qu'ils sont 454 763 Mauriciens (autrement dit 38% des 1 178 848 constitutifs de l'ensemble de la population) à avoir considéré le créole comme leur *unique* langue ancestrale et 112 290 (approximativement 10 % de la population) à avoir considéré cette langue comme l'une des *deux* langues ancestrales dont ils avaient choisi de se réclamer (*cf.* tableau 2). Au total donc, 48 % de la population mauricienne considéraient en 2000 le créole comme *la* langue ou *l'une des* langues de leurs « ancêtres ». En 1983, il n'étaient que 28% à se positionner ainsi (c'est-à-dire, 280 377 sur un total de 966 863 habitants ; il est vrai qu'alors les questionnaires des recensements ne permettaient pas de se réclamer de deux langues ancestrales mais l'option prioritaire était claire) ; en 1990, le pourcentage combiné (la possibilité de se réclamer de deux langues ancestrales existait alors) s'élevait à 42 % (379 288 + 72 503 = 451 791 de 1 05 827). En résumé, ou aura vu ici une progression constante en 20 ans (28% – 42% – 48%).

Quand on sait l'importance que représente ce paramètre dans la construction de l'identité ethnique à Maurice (Eriksen, *op. cit*) et plus encore l'importance de l'élément statistique dans l'indication des rapports de force politiques (à interpréter au sens du pouvoir de marchandage à l'approche des échéances électorales ou en termes de lobbys entre deux échéances), on ne peut que conclure à une avancée énorme en faveur du créole comme langue d'identification de près de la moitié la population de Maurice (à charge pour l'analyste de décider du poids relatif à accorder à chacune des quatre possibilités identifiées plus haut dans cette opération). En fait, statistiquement, le créole est aujourd'hui, selon les chiffres du recensement de l'an 2000, la première langue ancestrale de Maurice ; une information qui peut étonner dans la mesure où personne n'a jamais présenté cette langue sous cet angle, alors même que c'est précisément l'argument de l'ancestralité qui a été utilisé pour justifier la présence des langues orientales dans le cursus scolaire (privilège non accordé au créole jusqu'ici).

L'importance du créole pour les Mauriciens est encore plus manifeste lorsque l'on considère l'évolution des chiffres de 1983 à 2000, relatifs à la question de la langue de communication « orale usuelle (tableaux 3 et 4). En pourcentage, la progression pour le créole comme *unique* langue usuelle (tableau 3) correspond pour la période concernée à : **54%** (521 950 de 966 863) ; **62%** (652 193 de 1 056 827) ; **70%** (652 193 de 1 178 848).

Si, par contre, on prend le créole comme langue usuelle *à côté* d'une autre langue (tableau 4), la progression pour la période 1990-2000 (en 1983, rappelons-le, la possibilité d'inscrire deux langues dans cette fonction n'existait pas) passe de **8%** (89 051 de 1 056 827) à **10 %** (113 629 de 1 178 848).

Ce qui signifie, au total, que le créole à l'heure actuelle (recensement 2000) est non seulement la (ou une des) langue(s) usuelle(s) déclarée(s) de 80 % de la population de Maurice (sachant le peu de prestige social qu'a cette langue encore aujourd'hui, ce chiffre ne peut être considéré que comme un minimum) mais qu'il se trouve dans cette fonction dans une logique de progression si constante depuis 20 ans, qu'on ne peut qu'anticiper un chiffre encore plus élevé au prochain recensement.

Cela explique-t-il l'absence de réactions politiques, de polémiques par voie de presse, ou de mouvements organisés, si fréquents dans ce genre de situations, contre certains projets récents d'introduire le créole de façon formelle à l'école[4] ? Sans doute ; dans une certaine mesure en tout cas. D'autant qu'il y a 20 ans des initiatives à peu près identiques ont été à l'origine d'une des plus grandes crises politiques que le pays a connues dans sa phase post-indépendance, contribuant ainsi à rendre encore plus méfiantes des autorités (habituellement déjà frileuses sur la question) à l'égard de toute politique pouvant conduire à un changement dans le statu quo (socio-)linguistique prévalant (*cf.* Carpooran 2003).

Mais cela signifie-t-il pour autant qu'il y a aujourd'hui une demande sociale quantitativement importante pour que le créole entre à l'école ? Pas forcément, dans la mesure où cela n'a pas été formulé expressément. Mais on ne peut non plus continuer à considérer que les choses sur cette question soient restées inchangées depuis 20 ans, compte tenu de l'évolution au niveau (1) des chiffres des recensements (2) des réactions face à l'idée que le créole fasse son entrée officielle à l'école. Si, comme nous l'avons postulé, la demande sociale est un concept dynamique, nous devons prendre en ligne de compte, dans notre tentative de la cerner, certains aspects particuliers de son évolution, même si ceux-ci se manifestent de façon négative ou par défaut.

Une autre façon de formuler la même chose est de dire que si d'habitude on mesure une demande par le fait qu'elle soit explicitement exprimée et par le contenu de cette expression, on peut tout aussi bien le faire par le type de réactions provoqué face à une offre ou l'évocation d'une possibilité d'offre, faite en relation avec elle.

Si dans le cas du créole, c'est la réaction face à l'évocation d'une possibilité qu'il soit « offert » comme matière ou « medium d'enseignement » qui nous sert de guide, dans le cas des langues orientales à l'école, c'est la réaction (« chiffrée ») face à leur offre effective en tant que langues matières en primaire qui constitue, pour nous, une façon possible (mais concrète) d'appréhender un aspect de la demande sociale à leur égard.

C. Les options linguistiques dans le domaine scolaire

Nous avons déjà dit qu'en primaire, l'anglais et le français étaient enseignés en tant que matières obligatoires alors que les langues orientales l'étaient à titre optionnel. Nous nous sommes déjà exprimé (en première partie) à propos de la demande sociale pour l'anglais et le français, laquelle peut selon nous être considérée comme maximale. S'agissant des langues orientales en revanche, la critère d'optionalité permet, par le nombre d'inscriptions par niveaux, de mesurer et de quantifier, dans leur cas, la demande sociale.

Pour l'ensemble du primaire, voici, par exemple, les données qui sont disponibles pour l'année 2002 ou 2003.

Sur un nombre total de 127 784 élèves, le nombre d'inscrits en 2002 par langue orientale de la première à la sixième année se présentait ainsi :

---

[4] C'était notamment le cas en 2004 lorsque le Ministre de l'Éducation d'alors avait annoncé l'idée d'un projet pilote dans ce sens alors que l'Église catholique a tout simplement officialisé depuis plus d'un an, l'usage formel du créole dans ses filières pré-professionnelles.

Langue	Hindi	Urdu	Tamil	Arabe	Telegu	Marathi	Chinois/Mandarin
Nombre d'inscrits	50 420	16 271	7 802	6 323	2 781	2 038	1 167
Pourcentage de réussite	39,4%	12,7%	6,1%	4,9%	2,1%	1,6%	0,9%

Tableau 5. Nombre d'inscrits en langues orientales en primaire pour l'année 2002

Pour ce qui est des examens de fin de cycle du primaire (CPE) pour l'année 2003, le pourcentage de réussite se lisait ainsi :

Langue	Hindi	Urdu	Tamil	Arabe	Telegu	Marathi	Chinois/Mandarin
Nombre d'inscrits	9 702	3 175	1 482	1 071	520	367	111
Pourcentage de réussite	65,1%	67,3%	69,6%	71,9%	71,9%	70,8%	84,7%

Tableau 6. Nombre d'inscrits en langues orientales aux examens de CPE en 2003

Dans le secondaire, le nombre d'inscrits en langues aux examens de *School Certificate*[5] (5e année de scolarité en secondaire) pour l'année 2003 correspondait à ceci :

Langue	Anglais	Français	Hindi	Urdu	Tamil	Telegu	Marathi	Arabe	Chinois/Mandarin
Nombre d'inscrits	16 802	16 710	2 158	308	120	62	33	124	6
Pourcentage de réussite	89,3%	91,8%	97,2%	96,1%	91,7%	88,7%	60,6%	89,5%	100%

Tableau 7. Nombre d'inscrits en langues aux examens de *School Certificate* en 2003

Pour finir, voici les chiffres pour le nombre d'inscrits en langues aux examens de *Higher School Certificate* (7e année de scolarité en secondaire ; équivalent : bac) pour l'année 2003 :

Langue	Anglais	Français	Hindi	Urdu	Tamil	Telegu	Marathi	Arabe	Chinois/Mandarin
Nombre d'inscrits	1 195[6]	2 539	452	75	24	8	5	18	2
Pourcentage de réussite	47,3%	95,9%	96,2%	96%	100%	100%	100%	61,1%	100%

Tableau 8. Nombre d'inscrits en langues aux examens de *Higher School Certificate* en 2003
(N. B. : l'anglais et le français sont ici des options comme les autres langues)

---

[5] L'anglais et le français sont à ce niveau également des langues matières obligatoires

[6] Ce chiffre relatif à l'anglais pour l'année 2003 équivaut à une hausse considérable, la moyenne pour les années précédentes ayant tourné autour de 450 élèves.

Quelques remarques d'ensemble

Tableau 5. Le nombre et pourcentage d'inscrits en primaire en hindi (50 420 : 39%) et, dans une moindre mesure, en urdu (16 271 : 12,7 %) paraissent impressionnants par rapport à ceux des autres langues orientales (moins de 10 000 et moins de 10 %). Il faut toutefois savoir que les choix se font la plupart du temps sur une base ethnique et les pourcentages d'inscrits par langue correspondent plus ou moins aux pourcentages représentant (au plan national) les différents groupes ethniques. Les Musulmans, par exemple, représentent en principe 17% de la population de Maurice, alors que les Tamouls représentent grosso modo 6% (*5-plus*, 9 mai 2004, p. 14). Or, que voyons-nous ici ? L'urdu et l'arabe totalisent justement un pourcentage de (12,7% + 4,9%) 17%, alors que pour le tamil, le pourcentage est quasiment égal à 6%.

Tableau 6. Le pourcentage de réussite semble varier de façon inversement proportionnelle au nombre et au taux d'inscrits, l'hindi ayant le taux le moins élevé, alors que le chinois/mandarin présente le taux le plus élevé.

Tableau 7. Le nombre d'inscrits aux examens de *School Certificate* est nettement inférieur pour toutes les langues orientales que le nombre d'inscrits aux examens de C.P.E. Si, pour l'hindi, le pourcentage d'inscrits dans le secondaire représente le quart de celui que l'on retrouve en primaire (ce qui est encore honorable), pour les autres langues, la proportion descend dramatiquement à un dixième approximativement (ou moins). Ce qui renforce l'idée, que l'option d'une langue orientale faite en primaire répond véritablement à un besoin identitaire dont la plupart des élèves ne s'encombrent pas dans le secondaire, plutôt qu'un choix fait dans l'optique d'une carrière.

Tableau 8. Pour les examens de *Higher School Certificate* où l'anglais et le français sont également des langues d'option, on notera que le français occupe la toute première marche (2 539 d'inscrits) devant l'anglais (1 195) et l'hindi (452) alors que les autres langues sont très loin derrière (moins de 30 pour la plupart, à l'exception de l'urdu qui compte 75 inscrits).

On a bien compris à travers ces données chiffrées que ce sont bien les langues de portée sociétale (*cf.* plus haut) qui intéressent en priorité les élèves mauriciens même si cette réalité est pratiquement masquée tout au long du système par le fait que l'anglais et le français, les deux langues qui se qualifient le mieux par rapport à cette appellation apparaissent de manière obligatoire dans le cursus, rendant invisible la manifestation de ces préférences puisque que les choix ne peuvent s'effectuer. Elle apparaît néanmoins clairement dès que toutes les langues apparaissent en tant que matières optionnelles (fin de cycle secondaire), les options en faveur de l'anglais et du français étant sans commune mesure avec celles en faveur des langues « orientales », l'hindi étant pratiquement la seule langue de portée « identitaire », dont on peut dire qu'elle est l'objet d'une demande d'une importance quantitativement pertinente, à l'échelle nationale.

À ce propos, on peut ajouter que le fait que ce soit surtout en primaire que les chiffres pour les langues identitaires sont quantitativement importants alors qu'ils déclinent de façon conséquente en secondaire, est une indication du rôle des parents (et sans doute de l'influence indirecte des « communautés » que représentent symboliquement ces langues) dans ces choix.

Mérite sans doute d'être commentée également la préférence à l'égard du français par rapport à l'anglais au niveau du choix en fin de cycle secondaire (surtout en tenant compte de la note 6 ; *cf.* plus haut) qui indique que le chiffre de 1 195 pour 2003 est plutôt une exception, la moyenne annuelle ayant tourné jusque-là autour de 450 élèves). À cela deux possibilités d'explication, parmi d'autres. D'abord, l'anglais est enseigné ici comme matière littéraire uniquement (neufs textes sur un programme de deux ans) ce qui à l'évidence ne peut attirer que les mordus des lettres alors que, pour le français, le programme est beaucoup plus diversifié (avec des sujets de littérature, de langue et de traduction, les deux derniers portant sur une variété de thèmes d'intérêt général). Ensuite, les élèves mauriciens sont plus exposés au français qu'à l'anglais et peuvent donc considérer qu'il est plus facile de maximiser leurs chances de réussite ici plutôt que là. Les statistiques tendent d'ailleurs à conforter cette lecture des choses, mais en fait, cela s'explique sans doute mieux par le mode d'enseignement et d'évaluation (que l'on pourrait qualifier de contradictoire) de ces deux langues[7], plutôt qu'une question de compétence proprement dite (s'agissant de l'écrit d'ailleurs beaucoup de Mauriciens pensent être plus performants en anglais qu'en français). En effet, l'anglais est évalué dans le système éducatif mauricien en tant que langue native alors que dans les faits c'est une langue étrangère pour la majorité de nos élèves, tandis que le français est évalué comme si c'était une langue étrangère alors qu'une bonne partie des Mauriciens ont sans doute au moins une compétence de langue seconde dans cette langue au moment de leur entrée à l'école.

Conclusion

En introduction, nous avons tenté d'attirer l'attention sur les difficultés que pouvait comporter une démarche scientifique visant à évaluer la demande sociale en matière de langues dans un pays comme Maurice qui présente une démographie hautement composite et hétérogène doublée d'une structure sociale et ethno-linguistique des plus complexes au monde. Par précaution, nous avons proposé d'y aller à petits pas, à travers différentes pistes, et de formuler à partir d'elles, quand cela était possible, des tentatives d'appréciation pouvant nous permettre par addition de nous approcher quelque peu des réalités qu'évoque une telle notion. Trois angles d'approche ont été choisis et chacun nous a permis d'approcher la question d'une façon particulière.

Sans prétendre avoir grandement contribué à affiner le concept ni d'avoir rendu plus claire sa définition, nous estimons avoir en tout cas apporté quelques éléments qui aident à comprendre à quel point le sujet auquel celui-ci renvoie peut être complexe, surtout lorsqu'on tient compte, comme on a essayé de le faire, de la dimension évolutive des choses à ce niveau.

Nous retenons surtout ici le fait que, s'il est possible de considérer la demande sociale comme un objet tangible, pouvant se manifester, par exemple sous la forme de revendications explicites (celles des groupes de pression réellement représentatifs d'une « communauté » donnée ou les réponses sans équivoque données dans des enquêtes ou sondages), on peut tout aussi bien l'aborder sous un angle davantage implicite (les

---

[7] L'organisme chargé de la préparation des sujets étant l'Université de Cambridge

allégeances exprimées à travers des données de recensement ou à travers des choix effectifs que l'on fait dans des situations données, l'école étant ici un lieu de prédilection). Pour peu qu'on veuille bien la considérer sous forme d'une tendance évolutive plutôt que comme une réalité fixe (*cf.* plus haut), on peut même l'aborder par le biais négatif, c'est-à-dire par l'absence (ou la baisse en intensité) de manifestations hostiles par rapport à une réalité (socio-)linguistique donnée, habituellement source de conflits et de contestations dans le jeu des rapports de force à l'œuvre dans la texture sociale d'un pays.

Annexes

Langue/Date	1983	1990	2000
Anglais	1 903	888	1 075
Arabe	68 033	1 686	806
Bhojpuri	180 983	343 832	361 250
Chinois	15 819	13 538	16 972
Créole	280 377	379 288	454 763
Français	32 627	22 367	21 171
Hakka	4 042	3 343	4 009
Hindi	208 450	38 181	35 782
Mandarin	368	395	1 209
Marathi	20 412	17 732	16 587
Tamil	66 154	47 953	44 731
Telegu	25 619	21 033	18 802
Urdu	55 347	45 311	34 120

Tableau 1. Langue ancestrale déclarée
N. B. : Population totale selon l'année : 1983 : 966 863 ; 1990 : 1 056 827 ; 2000 : 1 178 848.

Langue/Date	1983	1990	2000
Créole & Bhojpuri		34 371	65 868
Bhojpuri & Hindi		32 922	22 977
Créole & Français		15 023	18 181
Créole & Urdu		10 119	11 164
Créole & Tamil		5 983	7 845
Bhojpuri & Urdu		3 553	3 842
Créole & Hindi		2 316	5 222
Créole & Chinois		2 439	3 473
Créole & Telegu		1 163	2 201
Créole & Marathi		1 089	1 809

Tableau 2. Bilinguisme ancestral déclaré

Annexes (suite)

Langue/Date	1983	1990	2000
Anglais	2 028	2 240	3 512
Arabe	1 813	280	82
Bhojpuri	197 050	201 618	142 387
Chinois	4 707	2 620	6 796
Créole	521 950	652 193	826 152
Français	36 048	34 455	39 953
Hakka	1 249	765	610
Hindi	111 134	12 848	7 250
Mandarin	116	95	996
Marathi	12 420	7 535	1 888
Tamil	35 646	8 002	3 623
Telegu	15 364	6 437	2 169
Urdu	23 572	6 810	1 789

Tableau 3. Langue d'expression orale usuelle affirmée

Langue/Date	1983	1990	2000
Créole & Bhojpuri		48 579	64 105
Créole & Français		21 387	33 795
Bhojpuri & Hindi		20 976	7 298
Créole & Urdu		6 479	3 536
Créole & Tamil		5 312	3 274
Créole & Hindi		3 428	4 572
Créole & Chinois		2 069	1 506
Créole & Telegu		1 797	2 841

Tableau 4. Pratiques bilingues usuelles affirmées

Références bibliographiques

CALVET, Louis-Jean, 1996, *Les politiques linguistiques*, Paris, PUF, collection « Que sais-je ? ».

CARPOORAN, Arnaud, 2003a, *Île Maurice : des langues et des lois*, Paris, L'Harmattan, collection « Langues et développement ».

CARPOORAN, Arnaud, 2003b, « Reconnaissance et promotion du fait créole à Maurice », *Études créoles* 26/2, pp. 31-66.

CARPOORAN, Arnaud, 2004, « La Francophonie mauricienne : spécificités et paradoxes sociolinguistiques », in *La Francophonie mauricienne*, Actes de la Journée de la Journée de la Francophonie du 20 mars 2003 à l'Université de Maurice, pp. 20-54.

CHAUDENSON, Robert, 1989, « Le droit à la langue », in *Créoles et enseignement du français*, Paris, L'Harmattan, pp. 7-17.

Eriksen, Thomas H., 1990, *Communicating Cultural Difference and Identity : Ethnicity and Nationalism in Mauritius*, Oslo, University of Oslo.

ROBILLARD, Didier de, 1991, « Lalang pena lezo » in R. Tirvassen et D. de Robillard (éds.), pp. 75-97.

TIRVASSEN, Rada, ROBILLARD, Didier de (éds.), *L'alphabétisation fonctionnelle à l'Île Maurice et dans les îles du sud-ouest de l'océan Indien*, Maurice, Rose Hill.

TURI, Joseph-G., 1990, « Le droit linguistique et les droits linguistiques », *Les cahiers du Droit* 31-2, pp. 641-650.

Autres sources

- *Examinations Statistics*, 2002, Mauritius Examinations Syndicate.
- *Housing and Population Census of Mauritius*, 1983, vol. II : "Demographic and Fertility Characteristics", Central Statistical Office, Mauritius.
- *Housing and Population Census of Mauritius*, 1990, vol. II : "Demographic and Fertility Characteristics", Central Statistical Office, Mauritius
- *Housing and Population Census : Republic of Mauritius*, 2000, vol. II : "Demographic and Fertility Characteristics", Central Statistical Office, Mauritius.
- Web : http ://statsmauritius.gov.mu/report/natacc/edu02

Grâce à l'apport des créoles à l'histoire du français, *trêve de balivernes* !

Jean-Paul Chauveau
CNRS, ATILF, Nancy

Les français expatriés sont généralement traités comme des extensions du français de France dont les particularismes s'expliquent à partir de ce dernier, qu'il s'agisse d'archaïsmes ou d'innovations[1]. Il est exceptionnel qu'on adopte la démarche inverse, c'est-à-dire qu'on cherche à expliquer tel fait du français de France par le moyen d'un français expatrié (voir, par exemple, en ce sens, Rézeau 2000). Il est pourtant des situations où c'est une excellente méthode. Je citerai le cas du mot français *oripeaux* s. m. pl. 'oreillons', attesté de Rabelais jusqu'à l'édition de 1771 du dictionnaire de Trévoux, qui n'est devenu étymologiquement explicable qu'à partir du moment où il a été mis en relation avec ses équivalents au Canada[2] : sans l'appui des formes canadiennes ce type lexical demeurerait opaque dans l'histoire du lexique français. Si pour comprendre des données linguistiques de France, on n'a pas l'habitude de faire intervenir les français expatriés, c'est encore plus vrai des créoles à base lexicale française. Pourtant Robert Chaudenson plaide depuis longtemps pour l'intégration de l'histoire des créoles et de celle du français dans toutes leurs dimensions. L'histoire des créoles, pour être juste, ne doit pas être disjointe de celle du français, mais aussi, inversement, l'histoire du français a tout à gagner à envisager sérieusement celle des créoles, notamment parce que les créoles, comme les français expatriés, nous révèlent un français populaire sur lequel les sources écrites sont souvent muettes. Je voudrais ici aborder un exemple, rencontré en rédigeant l'article BALLARE pour le *FEW*, dans lequel les créoles fournissent des données décisives pour l'histoire et l'étymologie d'une famille lexicale française. L'essentiel de l'histoire lexicale reconstituée se passera à l'intérieur de la France métropolitaine, mais le créole sera invoqué au moment opportun, pour lever définitivement les derniers doutes que suscite le scénario étymologique et historique le plus vraisemblable qui ait été proposé. L'originalité, comme le diable, sera dans les détails[3].

---

[1] Je remercie André Thibault pour ses remarques sur une première version de ce texte.
[2] Voir *FEW* 25, 1013-4, AURIS. J'ai développé cette explication dans une communication à un colloque sur « Les dictionnaires et l'histoire de la langue française au sein de la francophonie », organisé par Jean Pruvost à l'Université de Cergy-Pontoise en mars 1998, dont je désespère de voir jamais paraître les actes.
[3] J'utiliserai les abréviations du *FEW* et à défaut, pour la littérature médiévale, celles du DEAFBiblEl.

Pour expliquer mfr. frm. *balivernes* f. pl. 'propos futiles et creux', qui embarrasse toujours les étymologistes[4], Walther von Wartburg (*FEW* 22, I, 162b-163a) a loué l'étymologie proposée par Guiraud (1967 : 13-14), et Kurt Baldinger (BaldEtym 3, 305-6) a renchéri en ajoutant l'appui de Harri Meier à cette explication. Moment rare dans l'étymologie romane moderne : deux des bêtes noires de l'école wartburgienne saluées par les deux têtes de cette école ! La thèse de Guiraud est que *balivernes* est un déverbal de *baliverner* v. intr. 'tenir des propos futiles et creux' et que celui-ci est un sens métaphorique d'un verbe **baliverner* v. intr. 'marcher sans but, de façon erratique', composé des deux verbes du moyen français *baller* 'aller çà et là, chanceler' et **verner* 'tourner'. Il voit ce verbe *baliverner* employé au sens propre dans ce passage de Montaigne :

> Et c'est chose difficile de fermer un propos et de le couper despuis qu'on est arroutté. Et n'est rien où la force d'un cheval se cognoisse plus qu'à faire un arrest rond et net. Entre les pertinents mesmes j'en voy qui veulent et ne se peuvent deffaire de leur course. Ce pendant qu'ils cerchent le point de clorre le pas, ils s'en vont balivernant et traînant comme des hommes qui defaillent de foiblesse. (Montaigne, *Les Essais*, éd. Villey 35).

Bien sûr, dans un contexte métaphorique, le sens du verbe est sujet à interprétation : dans le binôme *s'en aller balivernant et traînant*, *traîner* pourrait se rapporter à la démarche et *baliverner* au discours. Cela ne rend pas cet exemple décisif.

Mais l'hypothèse de Guiraud a de nombreux arguments. D'abord ce composé « tautologique » supposé n'est pas isolé ; le verbe *baler* entre dans un certain nombre de composés verbe + verbe, que j'extrais de l'article du *FEW* encore manuscrit :

-[+ *heurter*] mfr. *baleurter* v. 'secouer' (2e q. 15e s., *RLiR* 55, 289) ;

-[+ (*vire*)*volter*] mfr. *balevolter* v. intr. 'osciller, voltiger' (Nic 1606 ; Cotgr 1611), d'où par dissimilation : mfr. *balevoter* Cotgr 1611, Châtell. *balvoté* '(d'un oiseau de proie) planer en s'apprêtant à se précipiter sur sa proie', EureL. *balvoter* 'aller au vent' ;

-[+ *voler*] frm. *balevoler* v. intr. 'voltiger' (1674, Sév) ;

-[+ poit. *botai* 'pousser, heurter'] Vienne *baliboter* v. intr. '(d'un objet mal fixé) osciller, remuer, s'agiter sans cesse' ;

-[+ norm. (*vire*)*vauder*] norm. *balvauder* 'v. intr. rester les bras ballants ; v. tr. faire mal, galvauder (un ouvrage)', Châtell. *balvaudé* v. intr. 'faire le fainéant, s'amuser à des riens', tour. *balvauder* 'aller et venir de côté et d'autre, en regardant l'ouvrage à faire sans s'y mettre', centr. 'tourner autour de la maison, de côté et d'autre, regarder l'ouvrage et ne rien faire'.

---

[4] Les dictionnaires étymologiques varient sur l'explication de cette famille ; ou bien ils ne se prononcent positivement sur aucune solution (Bloch ; Wartburg 1968 : 54) ; (Gamillscheg 1969 : 76) ; (Dauzat/Dubois/Mitterand 1993 : 64) ; (Baumgartner/Ménard 1996 : 69) ; ou bien ils déclarent le mot « d'origine obscure » en signalant cependant l'hypothèse de Guiraud (Rey 1998 : 308) ; ou bien ils traitent le substantif de « mot assez obscur », mais « probablement dérivé » du verbe qu'ils expliquent d'après Guiraud (Picoche 1992 : 35) ; ou bien ils estiment que le substantif a une « origine obscure », tandis qu'ils jugent que l'étymologie donnée par Guiraud pour le verbe « semble préférable » (*TLF* 4, 83).

On aura noté que ce type de composé, lorsqu'il est attesté dans des parlers dialectaux, l'est dans l'Ouest.

Le second élément de *baliverner* existe bien dans les parlers de l'Ouest : nant. *verner* 'fouiller, chercher partout', Vendée *vernae* (*FEW* 14, 677a, VIBRARE), mais surtout dans des dérivés suffixés (*ibid.* et 390b) dont le premier exemple est mfr. *vreniller* v. intr. 'tourner de côté et d'autre' Rab 1552 (*ibid.*), et aussi dans de semblables composés verbe *bouler* + verbe *verner* : norm. *boulivêner* 'mêler les choses sans soin' (*FEW* 1, 615b, BULLARE) et bmanc. *lantiverner* 'montrer des irrésolutions, perdre son temps à des riens' (*FEW* 5, 254, b, LENTUS).

D'autre part, le substantif apparaît au départ sous les deux formes *balvernes* (env. 1485, Pathelin éd. v. 810, TissierRecFarces 7)[5] et *ballyvernes* (env. 1485, Pathelin ms. v. 796, TissierRecFarces 7), c'est-à-dire avec un premier élément soit à radical nu, soit suivi d'un interfixe –*i*–. Or c'est une variation qui est attestée pour des conversions de composés verbe + verbe : mfr. *falebourde* f. 'sornette' (1544), *falibourde* (dp. 1585, tous deux Huguet 4, 22) ; mfr. *caillebotte* f. 'fromage blanc' (dp. Rab 1546 ; v. *FEW* 2, 817a, COAGULARE), *caillibotte* (1499, Lagadeuc *s. v. coulet*) ; *cf.* encore, pour le composé verbal, ci-dessus norm. *boulivêner*, bmanc. *lantiverner*, Vienne *baliboter*. Le procédé de formation du mot allégué par Guiraud s'en trouve confirmé.

Significativement les premières attestations (15e-16e siècles) se rencontrent surtout chez des auteurs de l'Ouest et dans des œuvres localisées dans l'Ouest, dans une région donc où le verbe *verner* est autochtone, où la composition tautologique en *bal*– est bien attestée et qui est la seule à connaître la composition tautologique en –*verner*. Les attestations les plus anciennes du verbe *baliverner* se rencontrent chez : Du Fail (1548, Bretagne)[6], Belleau (1577, Perche), Montaigne (1588, Bordelais) ; celles du substantif dans : Pathelin (env. 1485, Anjou), et chez : Rabelais (1534-1542, Touraine), Bolsec (1577, Paris), Paré (1582, Maine), Du Fail (1585, Bretagne), La Noue (1596, Bretagne ?) ; celles du dérivé *balivernerie* chez : Du Fail (1548, Bretagne), Noguier (1556, Toulousain), Larivey (1579, Champagne). Évidemment, le titre choisi par Du Fail (*Les Baliverneries d'Eutrapel*) a influencé plus rapidement les auteurs étrangers à l'Ouest que les apparitions des autres membres de la famille au fil du texte dans son œuvre, ce qui constitue un indice supplémentaire du rôle joué par les auteurs occidentaux dans la diffusion de cette famille lexicale. Donc, en résumé, les auteurs de l'Ouest ont introduit en français un sens métaphorique qu'avait développé régionalement le verbe *baliverner* à partir du sens propre qu'il avait dans sa zone de départ.

Tout cela rend très plausible l'étymologie de Guiraud. La différence chronologique d'une soixantaine d'années entre le substantif (env. 1485) et le verbe (1548) et l'ordre d'apparition qui devrait être inverse pour concorder avec l'hypothèse ne sont pas dirimants pour des mots plaisants et expressifs. Il est cependant gênant qu'une famille supposée d'origine régionale n'ait laissé aucune trace dans les parlers régionaux où elle est supposée autochtone, car la lexicographie dialectale n'enregistrait,

---

[5] Le vers est boiteux ; selon Jodogne (FestsWartburg 1, 434-5), il faut lire *balevernes*, en restituant l'*e* caduc, et non *balivernes*, comme l'édition Holbrook.

[6] Je donne la date de l'œuvre et la province d'origine de l'auteur ou du texte.

à suivre le *FEW*, que les successeurs des frm. *baliverne* 'sornette' et *baliverner* 'dire des sornettes'. Cette lacune n'a été comblée que récemment. Un glossaire composé en 1934/1935 et publié en 1994 atteste pour la première fois le sens originel supposé par l'hypothèse de Guiraud et, en plus, là où on l'attendait, au cœur de l'ouest d'oïl, en Poitou. Le *Glossaire du patois d'Hérisson, Commune de Pougne-Hérisson, arrondissement de Parthenay, Deux-Sèvres*, d'André-Prosper Pelmont, a un article *balivèrnè* v. intr. 'être sans cesse par voie et par chemin' qui correspond de façon satisfaisante avec le *baliverner* v. intr. *'marcher sans but, de façon erratique' proposé par Guiraud. Mais on pourrait juger *testis unus, testis nullus*. Et on se sentirait d'autant plus autorisé à le faire que cette région linguistique n'était pas une *terra incognita* jusque là : ses parlers dialectaux et son français régional ont donné lieu à nombre de publications, notamment de glossaires provinciaux et communaux et de textes dialectaux du 16e jusqu'au 20e siècle, qui en font une des régions de France dont le lexique est le mieux connu. Est-ce qu'on va faire fond sur une donnée totalement isolée, même à l'intérieur des parlers de sa province, recueillie dans un hameau de 132 habitants et dont le sens pourrait après tout s'expliquer tout autrement que par un archaïsme ? Il n'y aurait rien de bien étonnant à ce qu'un parler rural ait donné un sens concret, physique, à un verbe de discours, si l'on considère qu'un terme de la langue philosophique, emprunté à Kant, comme *autonomie* 'indépendance de la raison, faculté de se tracer soi-même des lois d'après lesquelles on agit' a pu prendre en français commun, à date récente, un sens aussi concret que 'capacité pour un être humain, spécialement un vieillard, de se suffire à soi-même, d'être indépendant des autres pour mener sa vie quotidienne', ou bien que l'emprunt au latin *ratio* 'calcul ; compte' ne se maintienne que dans des locutions nominales comme *ration militaire*, *ration alimentaire*, etc.

Et c'est là que, enfin, interviennent les créoles. Car, si la donnée du hameau d'Hérisson est isolée en France métropolitaine, ce n'est pas qu'un « calme bloc ici-bas chu d'un désastre obscur ». En 2000, le *Dictionnaire étymologique des créoles français de l'océan Indien* répertoriait sous le verbe *baliverner*, à côté du sens de 'plaisanter' qui est celui du français commun, des attestations réunionnaises aux sens de 'aller et venir', 'lambiner', 'errer' et mauricienne au sens de 'se promener en vue de se divertir', dans des sources qu'on ne serait jamais aller interroger pour faire l'histoire de cette famille lexicale française, comme *l'Atlas linguistique et ethnographique de la Réunion*. Et Annegret Bollée a bien vu que « les acceptions créoles corroborent donc l'étymologie de *baliverne(r)* donnée par le *TLF* » (DECOI 1, 108), qui effectivement qualifie de « préférable » l'étymologie de Guiraud. L'accord des deux créoles manifeste la présence du verbe en ce sens physique dans la langue des colons partis dans la deuxième moitié du 17e siècle et, par conséquent, que le verbe devait encore avoir maintenu son sens premier de façon plus large qu'aujourd'hui dans sa zone de départ. Il est exclu que ces trois attestations modernes du sens physique de *baliverner* soient indépendantes les unes des autres et se soient recréées de façon autonome à partir du sens du verbe en français moderne. Comme le disait Guiraud (1967 : 14), « le protosémantisme qui assimile la sottise à une démarche erratique est un des plus riches de la langue », mais l'inverse ne l'est pas : une donnée isolée peut s'expliquer par un traitement exceptionnel, mais que trois traitements exceptionnels aboutissent au même résultat est tout à fait improbable.

Ces attestations attestent le sens que la forme interne du verbe faisait supposer au départ de cette famille lexicale et qui a été chassé de l'usage régional par le français, qui a imposé presque partout le sens secondaire qu'il lui a emprunté et qu'il a seul connu. Les données dialectales et créoles ne déterminent pas l'étymologie, mais elles confirment et assurent définitivement celle que l'analyse avait permis d'établir, en documentant le chaînon manquant de l'hypothèse. Elles viennent appuyer l'interprétation du passage de Montaigne que faisait Guiraud. Au total, le sens que l'étymologie détermine comme originel est documenté par un hapax textuel au 16e siècle, par une attestation dialectale moderne totalement isolée dans un hameau poitevin et par deux données tirées de créoles liés historiquement, mais qui vivent désormais indépendamment, dans un autre hémisphère, donc par quatre attestations dont aucune, à elle seule, n'est suffisante, mais qui, réunies, prouvent de façon absolument certaine la validité de l'hypothèse de Guiraud.

On peut même resserrer la liaison entre ces quatre données, par la géographie. L'absence du verbe au même sens dans les créoles des Caraïbes est un indice de son caractère régional original, mais on peut mieux le cerner. La seule des quatre attestations qui soit localisée se situe dans les Deux-Sèvres, près de Parthenay. L'autre attestation européenne se lit chez Montaigne ; or la ville de Bordeaux, sa patrie, n'est éloignée que de deux cents kilomètres de Pougne-Hérisson. Pour que le scénario proposé gagne en vraisemblance, il faut supposer que ceux, parmi les colons, qui ont introduit le verbe *baliverner* à l'Île Bourbon dans la 2e moitié du 17e siècle devaient provenir de la même zone, qu'on situera, en première approximation, entre Loire et Gironde.

Ce qui peut confirmer la justesse du parcours proposé pour *baliverner*, c'est qu'on peut alléguer un autre composé, implanté lui aussi dans les créoles de l'océan Indien et qui est indubitablement originaire des parlers de l'ouest de la France. Malheureusement pour la fortune de celui-ci, le *FEW* a *baliverné*, erré, en démembrant la famille lexicale par son classement des attestations sous deux étymons. L'histoire du mot reste à écrire autant en français qu'en créole, le *DECOI* (1, 303) n'ayant pu considérer qu'une faible partie des matériaux français :

corbigeau, fr.

◊ mau. *korbizo* 'esp. d'oiseau, Numenius sp. div.' (B/H) ; ◊ rod. *id.* (ALRo3 : 304) ; ◊ sey. *id.* 'courlis courlieu, Numenius phaeopus ; courlis cendré, Numenius arquata' (RyoFab 23-18 ; D/L).

◊ *FEW* 2, 1239b : nfr. *corbigeau* (BernSPierre 1787, Junker 59), Elle *corpegeau* 'courlis'.

De fait les références ne renvoient qu'aux données citées par Wartburg, sans aucune explication, dans son article CORVUS (*FEW* 2, 1239b) : Nfr. *corbigeau* (BernSPierre 1787, Junker 59), Elle *corpegeau* 'courlis'.

D'autres données ont été dispersées par Wartburg sous un étymon BUGIUM (*FEW* 1, 600a) que je cite en entier :

bugium sumpfschnepfe.

Dieses einmal in einer aengl. glosse belegte wort (*bugium : haefenblaete*, Anglia 41, 113) ist in seinem ursprung dunkel. Vielleicht lebt es, mit *courlis* gekreuzt, weiter in ang. poit. CharInf. *courbejau* 'le grand courlis', hbret. *corbejau, courbijau* ; norm. *corbejon* RlFn 2, 351. Wie verhält sich dazu nfr. *boucirolle* 'bécassine' (Lar ; Littré) ?

Et cet article, sans autre changement que de conventions d'écriture, a été repris tel quel parmi le premier jet des articles de la refonte du volume 1 du *FEW*, qui a été laissé par Wartburg, mais qui était destiné à être révisé et complété. Évidemment, cet article n'a aucune pertinence, comme le montrent l'origine obscure de l'étymon (« in seinem ursprung dunkel »), et son caractère d'hapax dans un glossaire ancien anglais (« einmal in einer aengl. glosse belegte wort »), le caractère hypothétique de la filiation (« vielleicht » dans la première version ; « wahrscheinlich » dans la version manuscrite), le procédé passe-partout invoqué : un croisement avec *courlis* (« mit *courlis* gekreuzt »), et la dualité des solutions retenues par Wartburg. La bécassine des marais et le courlis sont deux oiseaux, certes, mais c'est bien le seul point commun entre l'*explicans* et l'*explicandum*, car il n'y a aucune possibilité de faire correspondre formellement à BUGIUM *–bej-* dans *corbejau*. En outre, l'autre solution du *FEW* peut se réclamer de l'autorité, qui n'est pas mince, du *Dictionnaire Général*, probablement donc celle d'Antoine Thomas, puisqu'il revendique personnellement la rédaction de la partie étymologique de l'article *cormoran* de ce dictionnaire, situé dans la même tranche alphabétique et, à bien des égards, comparable (Thomas 1897 : 270). Il faut donc rayer cet article BUGIUM du *FEW*.

Le *corbejeau* est l'un des noms régionaux du grand courlis, qui n'a fait que de brèves apparitions dans les dictionnaires français :

Frm. *corbegeo* m. 'espèce d'oiseau aquatique en Acadie' (1672, Denis, Trév 1752–1771).

Frm. *corbijeau* m. 'courlis' (BernSPierre, Boiste 1812–Lar 1900), *corbigeau* (BernSPierre, Besch 1845–DG), *corbejeau* (Li–Lar 1900).

Il est notable que les mentions dans les dictionnaires français soient fondées sur des dépouillements de textes décrivant des établissements français hors d'Europe : a beau parler qui vient de loin. De fait le mot est très bien acclimaté dans l'océan Indien, comme on l'a vu, et Bernardin de Saint-Pierre s'en est fait l'écho, mais aussi en Amérique, spécialement en Acadie, comme Nicolas Denis l'a le premier signalé.

Mais les dictionnaires français auraient pu aussi dépouiller des auteurs qui n'avaient jamais quitté l'Europe, notamment Rabelais, qui n'est pas un auteur mineur, mais qui aura toujours le tort de n'avoir pas représenté ni illustré le bel usage : seul Cotgrave l'a dépouillé pour son dictionnaire français-anglais paru en 1611. Il y a plus délaissé que le français expatrié, ce sont les parlers populaires de France : nul n'est prophète en son pays.

Voici un panorama des attestations de ce type lexical en France métropolitaine, selon les conventions du *FEW*, sauf les notations phonétiques qui ont été transposées :

Mfr. *corbigeaux* m. pl. 'courlis' (Rab 1546, éd. Marichal 240 = Hu), *corbejaux* (poit. 1571, Hu), *corbigeau* sg. 'a Cormoran, or Sea-Rauen' Cotgr 1611, bretfr. *corbejeau* 'courlis cendré, Numenius arquata' (1767, RlFn 2, 351), Morb. *co(u)rbijau* (1860, *ibid.*), nant. *courbejeau* Vivant, Brière *corbejaux*, *goberjaux*, Retz *corbeurgeaoue*, Blain *courbejau*, ang. *courbejau*[7], poit. *courbejeau* Favre, Vendée *corb(r)ejhau*, MaraisV. *corbrejaou*,

---

[7] Le seul glossaire angevin à mentionner le mot, celui de Verrier-Onillon, le localise dans une commune angevine, mais par un sigle qui manque à la liste de ses abréviations géographiques !

Noirmoutier *cobrejeau* (1806, RlFn 2, 352), *cobeurjoye*, Yeu *corborjou*, Triaize *corbejao*, Elle *corpegeau*, *corpejaou* 'butor', Maillezais *corbejà* 'courlis', DSèvres *corbejhau* 'courlis cendré' SefcoSuppl, VienneS. *courbejau* Lalanne, *corbigeau*, *corbijau* (tous deux MineauR[2]), Civray *courbejau*, *courbijeau* (tous deux Mauduyt), saint. *corbejeau* (Éveillé ; Musset), aun. *id.*, St-Seurin *corbujeau*, SeudreS. *corbejhau*, *corbijhau*, *corbujhau*, *courbejhau*, Nieulle *corbejo* ActesCollOuest 2, 126, Jonzac *corbujaud*, béarn. *courbagàu*, Landes *corbagau* Beigbeder, Gironde *courbageot* (rég., Suire), Teste *courbagaout*. Composé : Civray *petit courbe-jau* m. 'courlis corlieu, Numenius phaeopus'. Dérivé : Béarn. *corbagalét* m. 'courlis corlieu', Landes *corbagalet*, *corbagaleta* f. (tous deux Beigbeder), Teste *courbagalette*[8].

En sens secondaire :

Saint. *coubrejau* m. 'sorte de prunes' (av. 1544, Alphonse, Hu)[9] ; en apposition : VendéeS. Charl. *prune corbejeau* loc. nom. f. 'prune allongée, jaune rosé, à la peau dure, mi-hâtive, proche de la reine-claude d'Althan' (rég., RézeauOuest).

On voit clairement qu'on a affaire à un type lexical de la côte atlantique, où il vit dans les deux langues, en oïl sous un type *corbe-jau* et en gascon sous le type *corbe-gau*. La dualité formelle *e/i* dans la syllabe intérieure du mot français et la comparaison de celui-ci avec son correspondant gascon montrent qu'il s'agit d'un composé nom + nom, comme l'a établi le *Dictionnaire Général* : « proprement, *corbeau-coq*, du radical de *corbeau* et de *geau*, coq (lat. *gallum*) », même s'il faut apporter quelques aménagements à cette explication. Mais, pour établir validement la localisation à date ancienne de ce type, il faut se demander s'il est autochtone dans cette région et si son aire d'extension n'a pas varié.

L'examen des données permet facilement de répondre à cette deuxième question. Le type oïlique est le plus anciennement attesté et possède des capacités d'expansion qui manquent au type gascon. Ses plus anciennes localisations assurées proviennent de Saintonge, dans un sens secondaire, et du Poitou, au sens premier, ce qui permet de comprendre la présence du mot chez Rabelais, qui fut moine à Maillezais et qui a fait de nombreux emprunts au poitevin (voir Poirier 1944). À l'époque moderne, il s'est introduit dans le français régional de la région bordelaise, où il s'est superposé au type gascon, et, vers le nord, dans le français de Bretagne. De façon significative les données sont particulièrement denses dans la zone côtière, entre la Loire et la Gironde. Et c'est dans cette zone que se concentrent, à la jonction des deux éléments, les formes à interfixe *–i–* (ou *–u–* à partir de celui-ci, par labialisation au contact du *–b–*) qui ont connu les diverses expansions.

Car cette localisation permet de comprendre l'expatriation du mot en Amérique du nord. L'état de la question est bien donné par l'article *corbigeau* de Cormier (1999 :

---

[8] Cette énumération ne tient pas compte de deux données citées par Rolland (1879 : 351-352) : norm. *corbejeon* (1870, Le Héricher) et béarn. *cobriau* (Souvestre), parce qu'elles sont sans correspondants dans les autres sources normandes (spécialement *ALN* 678) et béarnaises et qu'elles sont tirées d'ouvrages dont la valeur documentaire est sujette à caution.

[9] Classé comme d'origine inconnue (*FEW* 21, 84b). Le point de contact entre le fruit et l'oiseau reste énigmatique, car on ne voit pas de ressemblance de couleur comme y inviterait le texte : « Et y a été trouvé prunes rouges, de maniere de ces prunes que nous appelons coubrejau ».

148) : en Amérique du nord, ce *corbigeau* est le nom acadien du courlis corlieu, qui est répandu dans les Provinces-Maritimes du Canada et en Louisiane, mais qui n'est attesté que sporadiquement au Québec[10]. Étant donné les liens préférentiels entre l'acadien et le poitevino-saintongeais, une telle localisation n'a rien de surprenant.

Pour répondre à la première question, concernant le caractère autochtone ou non du mot, il faut étudier sa composition. Le second élément proposé par le *Dictionnaire Général*, le représentant de lt. GALLUS 'coq' ne fait aucun doute. Il est disparu en français depuis le 17e siècle, mais il était général antérieurement, notamment dans l'Ouest, où les parlers dialectaux l'ont conservé jusqu'au 20e siècle (*FEW* 4, 46a). Le premier élément du composé qui a été proposé, lt. CORVUS 'corbeau', fait, lui, difficulté. Un point de départ CORVUS + GALLUS ou *corp* + *jal* ne pourrait aboutir qu'à **corjau*, si on le compare à *cormoran*, de **corp marenc*, littéralement : corbeau de mer (*FEW* 2, 1239b ; Thomas 1897 : 269-74). Il faut plutôt partir de *corbe* f. « femelle du corbeau » + *jau* m. 'coq', pour le français, et de leurs correspondants *corba* + *gal* en occitan. Seules les féminisations d'afr. et apr. *corp* 'corbeau' s'accordent avec les formes modernes du composé. Cela change le mode de composition : il ne s'agit plus d'un composé par coordination, mais d'un composé déterminant + déterminé, puisqu'il prend le genre du dernier élément : *corbe-jau* n. m. 'littér. mâle de la femelle de l'espèce corbeau'. Cela implique l'ancienneté de la formation comme dans fr. *chiendent, banlieue, chanlatte, chaufour, terre-noix*, etc., mais cette ancienneté était déjà requise par l'explication du *Dictionnaire Général*, puisque l'afr. *corp* m. 'corbeau' n'est pas attesté au-delà du 13e siècle.

Mais cette explication est-elle compatible avec les autres caractérisants de ce type lexical ? Pour le *FEW*, en français *corbe* f. 'femelle du corbeau' est un mot de l'ancien et du moyen français, surtout champenois, qui ne s'est conservé que dans un parler de Haute-Marne. Cela ne concorde pas avec les localisations de notre composé *corbejau*. Mais la localisation du *FEW* doit être examinée. Les dictionnaires de la période médiévale ne citent que quatre attestations de *corbe* n. f., dont une seule chez un auteur champenois, Eustache Deschamps (v. Desch 6, 188). L'attestation dans un manuscrit, sans coloration dialectale (BN fr. 19152), du fabliau *Constant du Hamel*[11] n'est pas localisable. On rencontre enfin le mot dans deux versions du *Roman des Sept Sages de Rome* (v. Gdf et TL), d'abord dans la version la plus ancienne :

> Veés lassus ces trois oisiaus :
> C'est une courbe et deux corbiaus
> (SSagOctK vv. 4833-4834, Gdf = SSagOctM vv. 4841-4842).

Cette version remonte au 3e tiers du 12e siècle et on la localise dans le sud-ouest du domaine d'oïl ; mais la rédaction qui nous la livre est du 13e siècle et elle nous est conservée par un manuscrit picard.

---

[10] *Cf. ALEC* 1500 ; Massignon 421. Le mot est aussi attesté dans des sens secondaires : *corbigeau* m. 'glouton' (*ALEC* 1595 p. 8 où il est analysé comme un emprunt à une langue amérindienne), *graine de corbigeaux* f. 'camarine noire' (*ALEC* 1649 p. 2), d'où, par ellipse, *corbigeau* 'camarine noire' (*ibid.* pp. 1, 17, 124, 145).

[11] « Ele a le cul plus noir que corbe », là où les autres manuscrits donnent *torbe* ; voir NoomenFabl 1, 92-3.

Il est intéressant de vérifier que la version en prose du 13ᵉ siècle a conservé le mot :

Entendez, sire rois, et tuit vostre baron. Veés vous là sus ces oisiaus qui crient et demainent tel rage ? Savez vous quex oisiaus ce sont ? C'est une corbe et .ii. corbiaus (sud-ouest env. 1225, SSagLL p. 100 = 2ᵉ t. 13ᵉ s., SSagAD p. 65).

Et de même la version dérimée du 15ᵉ siècle :

Sire, véritablement ces oyseaulx que vous voyez la sont une corbe et deux corbeaulx (15ᵉ s., SSagDP p. 49 ; mais SSagHP pp. 165-6 ne le conserve pas).

Il y a donc une forte présomption que le mot ait appartenu à la version originelle, celle qu'on localise dans le sud-ouest du domaine d'oïl. À l'époque moderne, le représentant de CORVUS a disparu de toute cette zone, remplacé par le type *grolle* n. f. 'corbeau' (*ALO* 413) et ses dérivés (*FEW* 4, 204a, GRACULA). Mais le mot y est encore présent dans une locution figurée : saint. *ine saquée de corbes* 'un individu méchant, terrible' (Musset).

Par contre le mot est bien vivant en occitan, dans trois zones, en Gascogne : dans les Landes (*ALF* 324 ; *ALG* 19 'corbeau', 21 'corneille'), dans la région centrale : Cantal, Lot, Aveyron (*ALF* 324 ; *ALMC* 326 ; *ALLOc* 296), et en Haute-Garonne (*ALLOc* 296). Le *FEW* (2, 1238b et n. 2) n'en signale qu'une attestation en ancien occitan, chez Guilhem de Berguedan, mais elle est peut-être plus catalane qu'occitane. La présence du mot dans le sud-ouest du domaine d'oïl, à date ancienne et, à titre de relique, à date moderne, s'accorde avec la relative fréquence de son équivalent dans la moitié ouest du domaine occitan, avec laquelle la zone couverte par l'actuelle région Poitou-Charentes a des liaisons linguistiques anciennes, puisqu'on sait que l'occitan y a reflué au cours du Moyen Âge. Et il devient clair que ce n'est pas un hasard si l'on a un même composé : poit. saint. *corbe-jau* et gasc. *corbe-gau*, dans les deux langues. Le composé oïlique n'a pu se former que dans la zone sous influence occitane. Par la suite, à l'époque moderne, il a pu déborder, le long des côtes françaises, à partir du foyer original, qu'on situera en termes larges entre Nantes et Bordeaux, plus près de cette dernière ville que de l'autre. Mais c'est bien de ce foyer qu'il a gagné, au 17ᵉ siècle, l'Acadie et les Mascareignes. De même que le créole *baliverner* confirme que le français de l'Ouest a connu le sens de 'marcher sans but' qui est à l'origine de sa famille lexicale en français commun, le poitevino-saintongeais *corbe-jau* garantit l'existence dans l'occitan de l'époque médiévale du composé *corba-gal*, et aussi du simple *corba* n. f. 'femelle du corbeau'. Misère des grandes langues, contraintes parfois de quémander des justificatifs auprès d'humbles parlers !

Le parcours de *corbijau* jusque dans l'océan Indien, finalement, est comparable à celui de *baliverner*. Les deux composés, l'un verbal et l'autre nominal, proviennent d'une même région française. Il est loisible de penser qu'ils ont dû voyager par l'intermédiaire des mêmes locuteurs, ce qui conforte l'hypothèse de la survie en créole du sens originel de *baliverner*. Aussi bien *baliverner* que *corbijau* appartiennent à cette petite cohorte de mots du sud-ouest du domaine d'oïl que les colons, partis sans doute par le port de La Rochelle, ont emporté outre-mer, jusqu'à la Réunion, tels que, pour les plus clairs[12] :

- *bigaille* 'gros moustique', qui n'a de correspondant en France métropolitaine qu'en Aunis et Saintonge (voir *FEW* 22/2, 294a, n 21 ; *DECOI* 1, 136) ;

- *flasque* 'fer à repasser', seulement attesté en Poitou, Aunis et Saintonge (voir *FEW* 15/2, 137a, FLASKA) ;

- *grélet* 'grillon', type lui aussi relié au domaine occitan et qui, dans les provinces côtières de l'Ouest, n'est attesté que dans les parlers de la région poitevino-saintongeaise (voir *FEW* 4, 268-9, GRILLUS ; *ALO* 456) ;

- *maçonne* 'maçonnerie', dérivé qui n'est attesté qu'en Aunis et Saintonge, pour les provinces côtières de l'Ouest, et de là au Canada, et qui n'a été noté en français que sous la plume de Richelieu (1627) dont la famille était originaire du Poitou et qui y résida, comme évêque (voir *FEW* 16, 507a, *MAKJO).

La mise en interrelation des données lexicales des parlers populaires de France et des données des français expatriés et des créoles contribue, comme l'a montré à maintes reprises Robert Chaudenson, à reconstituer le français populaire du 17e siècle et particulièrement celui de l'ouest de la France, d'où partirent la majorité des colons. Une telle démarche se trouve validée par le fait que cette reconstitution établit un pont entre les données modernes, éparpillées à travers le monde, qui peut être franchi dans les deux sens, pour remonter de l'Outremer vers la France comme dans ces derniers exemples, ou bien, en sens inverse, de la France vers l'Outremer comme le montre le cas de *baliverner*. Les historiens savent qu'ils doivent faire des allers et retours dans le temps : le passé éclaire le présent et le présent permet de comprendre le passé.

Références

BaldEtym : BALDINGER, Kurt, *Etymologien, Untersuchungen zu FEW 21-23*, Band 1, 1988 ; Band 2, 1998 ; Band 3, 2003, Tübingen, Niemeyer.

BAUMGARTNER, Emmanuelle/MÉNARD, Philippe, 1996, *Dictionnaire étymologique et historique de la langue française*, Paris, Pochothèque.

BLOCH, Oscar/WARTBURG, Walther von, 1968, *Dictionnaire étymologique de la langue française*, 5e éd., Paris, PUF.

CHAUDENSON, Robert, 1974, *Le parler créole de la Réunion*, Paris, Champion.

CORMIER, Yves, 1999, *Dictionnaire du français acadien*, Saint-Laurent (Québec), Fides.

DAUZAT, Albert/DUBOIS, Jean/MITTERAND, Henry, 1993, *Dictionnaire étymologique et historique du français*, Paris, Larousse.

---

[12] Extraits du chapitre consacré aux « survivances dialectales ou archaïsmes français » de Chaudenson (1974 : 677-894).

DEAFBiblEl : MÖHREN, Frankwalt (dir.), *Dictionnaire étymologique de l'ancien français, Complément bibliographique sous format électronique*, http ://www.deaf-page.de

DECOI : BOLLÉE, Annegret, *Dictionnaire étymologique des créoles français de l'océan Indien, Deuxième partie*, 1993 ; *Première partie*, 2000 ; Hamburg, Helmut Buske.

Dictionnaire Général = HATZFELD, Adolphe/DARMESTETER, Arsène/THOMAS, Antoine, 1889-1901, *Dictionnaire général de la langue française du commencement du 17e siècle jusqu'à nos jours*, Paris, Delagrave, 2 vol.

FEW : WARTBURG, Walther von, 1922-2002, *Französisches Etymologisches Wörterbuch, Eine darstellung des galloromanischen sprachschatzes*, 25 vol., Bonn/Leipzig/Basel, Klopp/Teubner/Helbing-Lichtenhahn/Zbinden.

GAMILLSCHEG, Ernst, 1969, *Etymologisches Wörterbuch der französischen Sprache*, 2. Auflage, Heidelberg, Carl Winter.

GUIRAUD, Pierre, 1967, *Structures étymologiques du lexique français*, Paris, Larousse.

PELMONT, André-Prosper, 1994, *Glossaire du patois d'Hérisson, Commune de Pougne-Hérisson, arrondissement de Parthenay, Deux-Sèvres*, Mougon, Gestes Éditions.

PICOCHE, Jacqueline, 1992, *Dictionnaire étymologique du français*, Paris, Le Robert.

POIRIER, D., 1944, « La langue de Rabelais dans ses rapports avec le Bas-Poitou », in *Le Français Moderne* 12, pp. 109-171.

REY, Alain, (dir.), 1998, *Dictionnaire historique de la langue française*, 2ᵉ éd., Paris, Le Robert.

RÉZEAU, Pierre, 2000, « L'influence sur le français de France du français venu d'ailleurs », in D. Latin et Cl. Poirier (éds.), *Actes des IVᵉ Journées scientifiques du réseau « Étude du français en francophonie » de l'AUF, Québec, mai 1998*, Québec, Les Presses de l'Université Laval, pp. 127-141.

ROLLAND, Eugène, 1879, *Faune populaire de la France, tome II, Les oiseaux sauvages*, Paris, Maisonneuve.

THOMAS, Antoine, 1897, *Essais de philologie française*, Paris, Émile Bouillon.

TLF : *Trésor de la langue française*, 16 vol., Paris, Éditions du CNRS.

Variantes morphologiques du verbe et de l'auxiliaire *aller* en franco-ontarien et en franco-manitobain

Raymond Mougeon
Collège universitaire Glendon

Sandrine Hallion Bres
Collège universitaire de Saint-Boniface

Introduction

La constitution plus ou moins récente de corpus de langue orale recueillis selon des méthodologies similaires dans les communautés francophones de plusieurs des provinces canadiennes permet de réaliser des recherches comparatives susceptibles de mettre au jour les points de convergence ou de divergence dans l'évolution des parlers de ces communautés. Parmi les variétés de français parlé du Canada, les français parlés dans les diasporas québécoises de l'Ontario et des provinces de l'Ouest sont des candidates naturelles pour ce type de recherche comparative, car elles sont reliées génétiquement, tout en ayant évolué dans des contextes sociopolitiques et démo-linguistiques qui présentent à la fois des points communs et des différences.

À ce jour, en dépit de l'intérêt heuristique potentiel du type de recherche comparative mentionné ci-dessus, aucune étude de ce genre n'a été réalisée. Beniak, Carey et Mougeon (1984) ont certes réalisé une étude exploratoire dans laquelle ils ont comparé deux corpus de français oral de la diaspora québécoise (français albertain et français ontarien). Toutefois, cette étude s'est bornée à mettre au jour un ensemble d'usages communs à ces deux variétés de français, remettant à plus tard l'examen de leur degré de diffusion dans les corpus, l'identification d'éventuelles variantes de ces usages et l'effet des facteurs internes et externes sur leur fréquence discursive et leur diffusion dans la communauté.

Le but de la présente est d'effectuer le type d'analyse sociolinguistique que n'ont pas réalisé Beniak, Carey et Mougeon. Cette analyse reposera sur deux corpus de langue orale issus de la diaspora québécoise : i) le corpus de français parlé à Saint-Boniface (Manitoba) de Sandrine Hallion Bres et ii) les corpus de français parlé ontarien de Mougeon, Nadasdi et Rehner. Ces corpus ont été recueillis par le biais d'entrevues semi-dirigées enregistrées auprès de locuteurs d'origine sociale et de niveau de contact avec l'anglais (ou de restriction dans l'emploi du français) différents et dans des communautés francophones qui n'ont pas le même profil sociolinguistique (une communauté majoritaire forte, une communauté minoritaire faible et une communauté dont la vitalité ethnolinguistique se situe à un niveau intermédiaire entre ces deux extrêmes, mais qui est plus proche de celui de la première que de celui de la deuxième).

La variable morphosyntaxique ciblée par notre étude inclut les différentes variantes du verbe *aller* lorsque celui-ci est employé à la 1re personne du singulier du présent de l'indicatif. Ces variantes présentent un intérêt particulier dans la mesure où elles peuvent remplir les fonctions d'auxiliaires (de l'habituel et du futur) ou de verbe de mouvement et qu'elles sont associées de longue date à la dimension sociale de la variation.

Le premier objectif de notre étude est d'exposer les points communs ou les différences dans le fonctionnement de ces variantes observables entre les trois variétés de français à l'étude (par exemple, leur fréquence discursive, les notions qu'elles expriment, leurs corrélats sociolinguistiques) et, dans chacune de ces variétés, entre les sous-groupes de locuteurs. Le deuxième objectif de notre étude sera d'essayer d'identifier certains des facteurs qui sont à l'origine de ces similitudes ou de ces divergences. Somme toute, bien qu'elle soit limitée à un aspect relativement restreint de la morphosyntaxe du français, notre étude aura pour effet de jeter les bases de la recherche comparative sur les variétés diasporiques du français québécois parlées dans différentes provinces du Canada.

La variable *aller*

Dans une étude consacrée à l'évolution de la variable mentionnée ci-dessus, en français hexagonal et québécois, du XVIIe à la fin du XXe siècle, Martineau et Mougeon (2005) ont inventorié un ensemble de variantes qui sont présentées dans le tableau 1.

Fonctions	Formes réfléchies			Formes simples	
Habituel	*(Je) m'en vais*	*(Je) m'en vas*	*(J')m'as*	*(Je) vais*	*(Je) vas*
Futur	*(Je) m'en vais*	*(Je) m'en vas*	*(J')m'as*	*(Je) vais*	*(Je) vas*
Mouvement	*(Je) m'en vais*	*(Je) m'en vas*		*(Je) vais*	*(Je) vas*

Tableau 1. Les variantes d'*aller* (auxiliaires ou verbe de mouvement) à la 1re personne du singulier du présent de l'indicatif en français québécois et hexagonal (XVIIe-XXe siècle)

Toutes les variantes incluses dans le tableau 1 se retrouvent dans au moins une des variétés de français ontarien et manitobain qui sont ciblées par la présente étude. Nous présentons ci-dessous des exemples qui illustrent leurs emplois dans les corpus mentionnés ci-dessus. Les abréviations H et P et SB renvoient respectivement à Hawkesbury, Pembroke et Saint-Boniface. Les numéros servent à l'identification des locuteurs dans les corpus.

Auxiliaire de l'habituel

Je vais (variante standard)
(1) H18 *mais quand c'est des films des fois je vais les écouter en anglais à cause*

Je vas
(2) P04 *dépendant avec mon père je vas tout le temps parler français*

Je m'en vais
(3) SB, 27 *je m'en vais souvent jamer ... chez Gabrielle Roy*

Je m'en vas
(4) H07 *uhm je m'en vas souvent voir mes amis pis pis je passe*

Je m'as
(5) H37 *en français à part des fois des films m'as louer en anglais*

Auxiliaire du futur

Je vais (variante standard)

(6) P13 *je vais prendre je vais le prendre la prochaine fin de semestre*

Je vas

(7) SB, 31 *et puis si jamais ma mère elle... meurt, ou mon père, moi je vas prendre les recettes et je vas continuer*

Je m'en vais

(8) SB, 6 *Pis, je me suis dit : « Je m'en vais arroser la... la pelouse, [ ]... après la classe. M'en vais arroser la pelouse ».*

Je m'en vas

(9) H06 *ça dérange pas après ça je m'en vas faire/poursuivre une étude*

Je m'as

(10) SB, 3 *m'as te montrer moi, d'où est-ce que je viens !*

Verbe de mouvement

Je vais (variante standard)

(11) P05 *comme mais je vais aux « movies » puis des choses comme ça*

Je m'en vais

(12) H10 *je m'en vais au « mall » c'est je m'en vais au « mall »*

Je vas

(13) P04 *asteur que j'ai une ouvrage j'y vas là pour deux semaines*

Je m'en vas

(14) SB, 19 *c'est assez difficile de dire : « Bye bye, je m'en vas pour deux mois, pour prendre des cours de rattrapage à quelque part ».*

Les grandes lignes de l'évolution des variantes mises au jour par Martineau et Mougeon (2005) peuvent être résumées à l'aide des points suivants.

• En France et au Québec, les variantes en *vais* (*je vais* et *je m'en vais*) sont associées, dès le XVIIe siècle, à la langue des couches sociales supérieures et inversement les variantes en *vas* (*je vas* et *je m'en vas*) sont associées à celles des couches populaires.

• En France, Vasseur (1963) a attesté la variante *(j')m'as* dans un dialecte picard du XXe siècle. Au Québec, dans les sources où l'on a trouvé cette forme (XIXe et XXe siècles), elle est typique du parler des couches populaires. Cette variante ne remplit que les fonctions d'auxiliaire.

• En France et au Québec, les variantes réfléchies (formes du verbe ou des auxiliaires *s'en aller*) sont employées plus souvent par les locuteurs des couches populaires que par ceux des couches supérieures. Cette différence est plus nette lorsque les variantes réfléchies remplissent les fonctions d'auxiliaires que lorsqu'elles expriment le mouvement.

• Au fil des siècles, des deux côtés de l'Atlantique, on observe une diminution considérable de la fréquence des variantes réfléchies. Cette diminution est plus rapide dans le parler des couches supérieures que dans celui des couches populaires et lorsque ces variantes ont la fonction d'auxiliaire que lorsqu'elles expriment le déplacement.

• En ce qui concerne les variantes en *vas*, on constate qu'elles demeurent fréquentes en français populaire ou régional hexagonal jusqu'au XIXe siècle et qu'elles connaissent un déclin abrupt durant le XXe siècle. À la fin de ce siècle, il semblerait qu'elles soient proches de l'extinction, si l'on en juge par leur absence dans les corpus d'Ashby (français de Tours) et de Coveney (français de Picardie). Par contraste, en français québécois parlé, la variante *je vas* ne montre pas de tendance à la diminution et il peut paraître surprenant de constater que dans les corpus recueillis à la fin du XXe siècle, elle fait figure de variante non marquée. Elle occupe le 1er rang au niveau de la fréquence discursive et ses connotations socio-stylistiques sont faibles ou neutres.

Les corpus

Les corpus examinés ici sont ceux qui ont été recueillis en Ontario par Raymond Mougeon, Terry Nadasdi et Katherine Rehner (dans la présente étude, nous utilisons les corpus de Hawkesbury et Pembroke, 2004-2005) et au Manitoba par Sandrine Hallion Bres (Saint-Boniface, 1995-1997). Comme on l'a dit plus haut, ces corpus ont été collectés par le biais de méthodologies similaires. Pourtant, un certain nombre de points de divergence entre ces corpus ou de particularités sont à noter :

1. *La taille des échantillons :* l'échantillon de locuteurs des corpus franco-ontariens comprend 81 locuteurs contre 33 locuteurs pour le corpus franco-manitobain.

2. *L'âge des locuteurs :* les corpus franco-ontariens ont été recueillis auprès d'une population adolescente (16-18 ans) alors que le corpus franco-manitobain a été constitué à partir d'entrevues de locuteurs d'âges divers (de 19 à 97 ans).

3. *Les localités d'enquête :* les corpus franco-ontariens ont été recueillis dans deux localités urbaines dans lesquelles le pourcentage de la population francophone varie considérablement puisque les francophones sont largement majoritaires à Hawkesbury (8278 sur 10 315 habitants = 80 %) et très minoritaires à Pembroke (806 sur 13 490 habitants = 6 %) ; le corpus franco-manitobain a été recueilli à un seul point d'enquête, le quartier traditionnellement francophone de Saint-Boniface à Winnipeg (12 685 sur 80 495 habitants = 15,75 %).

4. *Le niveau d'instruction et la classe sociale des locuteurs :* le corpus franco-manitobain est davantage représentatif du parler de l'élite franco-manitobaine que de celui de la classe populaire, si l'on se fie au niveau d'instruction des locuteurs de l'échantillon. En effet, plus des deux tiers des locuteurs (24/33) ont entamé et souvent achevé des études universitaires. L'échantillon de locuteurs de Hawkesbury inclut des proportions égales d'individus provenant des classes ouvrière, moyenne inférieure et moyenne supérieure ; toutefois, au niveau communautaire, ce sont les individus de la classe ouvrière qui sont majoritaires. Par contre, dans l'échantillon des locuteurs de Pembroke, la répartition paritaire dans les trois classes sociales mentionnées ci-dessus reflète celle que l'on peut observer au sein de la communauté.

5. *Contact avec l'anglais* : dans l'échantillon de Saint-Boniface les locuteurs sont répartis en trois catégories de niveau de bilinguisme (auto-évalué) : i) franco-dominant ; ii) équilibré et iii) anglo-dominant. Dans les échantillons franco-ontariens, les individus ont été catégorisés en fonction de leur fréquence d'utilisation du français dans une douzaine de situations de communication interpersonnelle (*cf.* Mougeon/

Beniak 1991). On a distingué trois classes de locuteurs : i) locuteurs non restreints (ils communiquent toujours ou surtout en français dans les situations prises en compte) ; ii) locuteurs semi-restreints (ils communiquent à peu près aussi souvent en français qu'en anglais dans ces situations) et iii) locuteurs restreints (ils communiquent presque toujours ou surtout en anglais dans ces situations). Pour les fins d'analyse, nous avons considéré les deux types de distinction ternaire que nous venons de mentionner, comme équivalentes. Comme le montre le tableau 2, l'échantillon de Hawkesbury inclut une majorité de locuteurs non restreints et n'inclut pas de locuteurs restreints. Celui de Pembroke n'inclut que des locuteurs restreints. Par contre, dans l'échantillon de Saint-Boniface, on observe une répartition relativement paritaire des locuteurs dans les trois catégories de bilinguisme.

6. *Dimension diachronique* : les corpus de Hawkesbury et Pembroke ont été recueillis en 2004-05 en partie pour permettre une comparaison avec des corpus similaires recueillis auprès des adolescents franco-ontariens de ces mêmes communautés en 1978 par Mougeon et Beniak. Le but de cette comparaison est d'examiner le changement linguistique avec des données en temps réel. Pour ne pas alourdir la présente étude nous nous concentrerons sur le corpus de 2004-05 et nous ne mentionnerons les résultats des recherches antérieures sur le corpus de 1978 que lorsque ceux-ci seront pertinents pour mieux décrire la situation actuelle.

Communautés	Appartenance socioéconomique			Restriction dans l'usage du français		
	Moy. sup.	Moy. inf.	Ouvr.	Non restreints	Semi-restreints	Restreints
Hawkesbury (FO)	17	16	17	37	13	0
Pembroke (FO)	7	17	7	0	0	31
	Niveau d'instruction			Niveau de bilinguisme		
	Univers.	12ᵉ année	- de 12ᵉ année	Franco-dominants	Bilingues équilibrés	Anglo-dominants
Saint-Boniface (FM)	24	3	6	8	15	10

Tableau 2. Répartition des locuteurs des corpus franco-ontarien et franco-manitobain en fonction du niveau de restriction dans l'emploi du français et de l'appartenance socioéconomique (établie à partir de la profession des parents)

Analyse des données

L'analyse des données se fera en plusieurs étapes. Dans un premier temps, nous vérifierons si les trois variétés des français partagent les mêmes formes et si ces formes renvoient aux mêmes notions. La confirmation de cette hypothèse tendrait à suggérer qu'au niveau général de l'analyse on observe une certaine unité entre les variétés diasporiques du français québécois. Dans un deuxième temps, nous allons comparer la fréquence discursive des différentes variantes en fonction de plusieurs facteurs externes, susceptibles de mettre au jour des différences ou similarités inter- ou intra-lectales. Les facteurs pris en considération seront, la force démographique des francophones sur le plan local, l'âge des locuteurs et leur appartenance socioéconomique. En plus de tenir compte de ces facteurs externes, nous examinerons le rôle des propriétés systémiques des variantes – (ir)régularité morphologique, transparence sémantique, etc. Ce deuxième niveau de l'analyse devrait fournir une vision plus fine de la dynamique des parlers à l'étude et de mieux comprendre le rôle des facteurs extra-systémiques et systémiques dans l'évolution de la variation observable dans des parlers génétiquement reliés.

Lorsque l'on examine la distribution des variantes dans les trois variétés de français, on observe plusieurs résultats intéressants qui sont présentés dans le tableau 3. Tout d'abord on peut constater que chacune des 14 variantes présentées ci-dessus a été attestée dans au moins une des trois variétés de français à l'étude. Globalement, donc, ces variétés diasporiques urbaines de français québécois manifestent un haut niveau de conservation des différentes formes et fonctions d'*aller* qu'elles ont héritées de ce français. Ce niveau de conservatisme dépasse celui des variétés de français régional hexagonal examinées par Ashby (1991) et Coveney (1996), si on en juge par l'absence des formes en *vas* et des formes réfléchies d'*aller* exprimant le futur dans ces corpus.

Fonctions	Formes réfléchies			Formes simples	
Habituel	*(Je) m'en vais*	*(Je) m'en vas*	*(J')m'as*	*(Je) vais*	*(Je) vas*
H	-	+	+	+	+
P	-	-	-	+	+
SB	+ (hapax)	-	-	+	+
Futur	*(Je) m'en vais*	*(Je) m'en vas*	*(J')m'as*	*(Je) vais*	*(Je) vas*
H	-	+	+	+	+
P	-	-	-	+	+
SB	+	+	+	+	+
Mouvement	*(Je) m'en vais*	*(Je) m'en vas*		*(Je) vais*	*(Je) vas*
H	+	+		+	+
P	-	+		+	+
SB	-	+		+	+

(H, P, SB = Hawkesbury, Pembroke, Saint-Boniface).

Tableau 3. Les variantes d'*aller* (auxiliaires ou verbe de mouvement) à la 1re personne du singulier du présent de l'indicatif dans trois variétés diasporiques du français québécois

Ceci dit, on est aussi frappé par l'importance des différences de distribution des variantes révélées par la comparaison entre les trois variétés diasporiques de français québécois. En effet, à Hawkesbury et à Saint-Boniface, on retrouve respectivement 12 et 11 des 14 variantes inventoriées par Martineau et Mougeon, alors qu'à Pembroke on n'en retrouve que 7. De plus, dans cette communauté, il est remarquable que les variantes qui n'ont pas subsisté sont soit les formes réfléchies, variantes qui diminuent nettement durant les quatre siècles considérés par Martineau et Mougeon (2005), soit la variante *j'm'as*, typique du français québécois vernaculaire, marginale ou absente dans le parler des locuteurs de la classe moyenne supérieure au Québec et en Ontario (Mougeon 1996). Le lecteur se souviendra que les locuteurs de l'échantillon de Pembroke sont tous des usagers restreints du français, c'est-à-dire des individus qui n'emploient pas souvent le français en dehors de l'école et en particulier dans les situations de communication interpersonnelles associées à l'emploi du vernaculaire. Il n'est donc pas étonnant que, dans la présente étude, on observe l'extinction des variantes archaïques ou des variantes vernaculaires porteuses d'une marque socio-stylistique forte (*cf.* Mougeon 2005 pour d'autres exemples de ce phénomène). Inversement, la conservation d'un plus large éventail de variantes par les locuteurs des échantillons de Hawkesbury et Saint-Boniface reflète le fait que ceux-ci sont en majorité des bilingues franco-dominants ou équilibrés, répartition démolinguistique que l'on retrouve dans les communautés où résident ces locuteurs (la prédominance de ces deux types de locuteurs étant sans doute encore plus évidente à Hawkesbury qu'à Saint-Boniface). En d'autres termes, on a affaire à des locuteurs qui emploient souvent ou assez souvent le français vernaculaire et donc qui auront tendance à conserver les traits du français populaire ou les traits archaïques. Au sujet de cette distinction, il est intéressant de constater que, parmi les locuteurs de Saint-Boniface, deux des trois variantes réfléchies en *vais* (variantes typiques du parler des couches supérieures durant l'histoire du français) sont conservées alors qu'on ne trouve aucune d'entre elles dans le parler des locuteurs de Hawkesbury (usagers catégoriques des formes réfléchies en *vas*). Selon nous, cette différence reflète probablement certaines des caractéristiques sociolinguistiques des locuteurs inclus dans les deux échantillons. En effet, l'échantillon de Hawkesbury ne comporte que des locuteurs adolescents et qui résident dans une communauté francophone majoritaire où domine la classe ouvrière alors que l'échantillon de Saint-Boniface inclut des individus provenant de tranches d'âge différentes et une majorité d'individus qui ont reçu une éducation au niveau universitaire.

Catégories linguistiques et variantes	Hawkesbury		Pembroke		Saint-Boniface	
	N	%	N	%	N	%
Habituel						
Vas	199	82	31	69	63	47
M'as	29	12	0	0	0	0
Vais	12	5	14	31	71	52
M'en vas	2	1	0	0	0	0
M'en vais	0	0	0	0	1	1
Futur						
Vas	222	72	50	63	81	43
M'as	72	24	0	0	19	10
Vais	10	3	29	37	81	43
M'en vas	4	1	0	0	7	3
M'en vais	0	0	0	0	2	1
Mouvement						
Vas	159	74	65	88	26	30
M'en vas	45	21	5	7	9	10
Vais	7	3	4	5	53	60
M'en vais	3	2	0	0	0	0

Tableau 4. Fréquence des différentes variantes d'*aller*/*s'en aller* en fonction de la catégorie linguistique

Examinons maintenant la fréquence discursive des différentes variantes dans les trois corpus à l'étude. Les données sur cette fréquence figurent dans le tableau 4. Commençons par la fonction auxiliaire. Comme le montre ce tableau, les variantes réfléchies ont une fréquence marginale dans les deux corpus où elles sont conservées (Hawkesbury et Saint-Boniface). Dans les variétés diasporiques du français québécois ciblées par notre étude, il n'y a donc, en fait, que trois ou deux variantes principales qui remplissent la fonction d'auxiliaire, à savoir *je vas*, *je vais* et *m'as* (à Hawkesbury et Saint-Boniface) et *je vas* et *je vais* à Pembroke. De plus, ces variantes n'ont pas la même fréquence dans les trois corpus. En effet, à Hawkesbury *je vas* est de loin la variante dominante et inversement *je vais* est presque marginale, alors qu'à Pembroke et à Saint-Boniface, *je vais* représente respectivement 31 % et 52 % dans la fonction auxiliaire de l'habituel et 37 % et 43 % dans la fonction auxiliaire du futur. Si on ajoute à ceci le fait que *m'as* est absent à Pembroke et qu'il est peu fréquent à Saint-Boniface, nous avons une indication supplémentaire du fait que le parler des locuteurs de Hawkesbury est nettement moins standardisé que celui des locuteurs de Pembroke et de Saint-Boniface. Au sujet de cette dernière variante, on s'aperçoit également qu'elle n'apparaît dans le corpus manitobain qu'en fonction d'auxiliaire du futur. Il faut également mentionner ici que l'emploi de *m'as* est loin d'être répandu dans l'ensemble des locuteurs de ce corpus puisqu'un seul locuteur totalise 18 sur 19 formes relevées dans le corpus.

Considérons à présent la fréquence des variantes qui expriment le mouvement. Contrairement à la fonction auxiliaire, on constate que les variantes réfléchies ne sont pas marginales à Hawkesbury, où elles occupent le 2e rang de fréquence. Cette différence va dans le sens de l'évolution d'*aller* et *s'en aller* dans l'histoire du français. La diminution des variantes réfléchies a été moins intense lorsque celles-ci expriment le mouvement que lorsqu'elles expriment des notions grammaticales (*cf.* Martineau/ Mougeon 2005). À Saint-Boniface, même si la fréquence des variantes réfléchies est plus marquée qu'en fonction auxiliaire, c'est la variante du standard en *vais* qui domine nettement dans cette fonction. On peut y voir ici un indice supplémentaire du caractère plus standardisé de la variété franco-manitobaine examinée. Toutefois, en fonction d'auxiliaires de l'habituel ou du futur, les variantes en *vas* semblent se maintenir mieux.

Le fait que, dans le parler des locuteurs de Pembroke, les formes en *vas* (en fonction auxiliaire ou lorsque *aller* exprime le mouvement) occupent le premier rang de fréquence et donc que, pour ce qui est de la variable à l'étude, la standardisation de leur parler est plutôt modeste, mérite un commentaire spécial. Dans leur étude de la variation de *vas* vs *vais* à partir du corpus de 1978, Mougeon et Beniak (1991) étaient arrivés à un résultat similaire. Dans le parler des adolescents de Pembroke, les formes en *vas* étaient nettement plus fréquentes que les formes en *vais*, et ce en dépit du fait que ces adolescents incluaient une majorité de locuteurs restreints, individus dont le parler est normalement plus standardisé, car ils emploient le français surtout à l'école. Pour expliquer ce résultat paradoxal, Mougeon et Beniak (1991) avaient émis l'hypothèse que lorsque les variantes vernaculaires sont plus régulières que leurs contreparties standard (comme c'est le cas de la variable qui nous intéresse ici), la dévernacularisation du parler des locuteurs restreints n'aura pas lieu, ou elle ne sera que relative parce que, de par leur sous-utilisation du français, ces locuteurs sont particulièrement enclins soit à converger vers des variantes régulières, soit à produire « spontanément » des formes régularisées. Cette hypothèse a été confirmée par plusieurs autres études qui sont discutées dans Mougeon (2005) et elle est de nouveau confirmée par la présente étude.

Par contraste, pour expliquer le fait que dans le parler des locuteurs de Saint-Boniface les formes en *vais* occupent le premier rang de fréquence, on peut mentionner qu'en plus d'être globalement plus éduqués que les locuteurs franco-ontariens adolescents, ces locuteurs sont en majorité des bilingues franco-dominants ou équilibrés et donc des individus qui ne devraient pas avoir de problème à automatiser les variantes standard irrégulières.

Examinons maintenant les données sur la distribution des variantes en fonction de la classe sociale ou du niveau d'instruction. Celles-ci apparaissent dans le tableau 5. Commençons par le corpus de Hawkesbury. On constate que lorsqu'elle remplit les fonctions d'auxiliaire de l'habituel ou du futur, la variante *je vas* est employée plus souvent par les locuteurs de la bourgeoisie que par ceux des autres classes sociales. En fait, il est remarquable que les locuteurs de la bourgeoisie font un usage presque catégorique de *je vas* dans la fonction d'auxiliaire de l'habituel. De toute évidence, donc, dans le parler des adolescents de Hawkesbury *je vas* n'a pas le statut d'une variante vernaculaire, au sens sociolinguistique de ce terme. On pourrait plutôt la qualifier de variante du français « standard local » ou « régional ». A contrario, *(je) m'as* a définitivement le statut de variante vernaculaire puisqu'elle est plus souvent employée par les locuteurs de la classe ouvrière et de la petite bourgeoisie que par ceux de la bourgeoisie, ces derniers locuteurs ne l'utilisant pas dans la fonction auxiliaire de l'habituel. Ces résultats corroborent ceux des recherches antérieures sur ces variantes en français québécois (Deshaies/Martin/Noël 1981 ; Mougeon 1996) et ontarien (Mougeon/Beniak 1991 ; Mougeon/Beniak/Valli 1988), à la différence près que, dans ces travaux, on a trouvé que *je vas* était socialement neutre et donc ne faisait pas l'objet d'une valorisation, comme on peut l'observer dans le parler des adolescents de Hawkesbury. Cette valorisation est d'autant plus intéressante qu'elle s'inscrit dans un processus de changement linguistique. En effet, de 1978 (année où Mougeon et Beniak ont recueilli leur premier corpus parmi les adolescents de Hawkesbury) à 2005, la fréquence de *je vas* dans les fonctions d'auxiliaire de l'habituel et du futur a augmenté de façon significative et ce sont les adolescents de la classe bourgeoise qui ont été à l'avant-garde de cette augmentation. Selon nous, une telle évolution constitue un cas particulièrement saisissant de divergence radicale entre le français hexagonal et le français des variétés issues de la diaspora québécoise. Les données sur les variantes d'*aller* verbe de mouvement ne manquent pas non plus d'intérêt. En effet, on constate que si la variante *je m'en vas* est relativement fréquente dans le parler des adolescents c'est parce que les locuteurs de la petite bourgeoisie sont à l'avant-garde de son usage. Ils l'utilisent près de trois fois sur dix et semblent être les instigateurs d'un autre changement intrigant. En effet, contre toute attente, la fréquence de *je m'en vas* (variante réfléchie qui diminue au fil des siècles en français hexagonal et québécois) augmente de 1978 à 2005, et ce sont les adolescentes de la petite bourgeoisie qui sont à la pointe de cette résurgence (*cf.* Mougeon/Nadasdi/Rehner 2005). Cette évolution constitue une indication supplémentaire de l'autonomie du français des adolescents de Hawkesbury au sein de l'ensemble plus large des variétés diasporiques du québécois et de sa divergence par rapport au français hexagonal.

Examinons maintenant les données du corpus de Pembroke. Dans le parler des adolescents de cette communauté, l'absence de la variante *(je) m'as* a pour conséquence de mettre les variantes en *vas* en concurrence directe avec les variantes en *vais*. De plus, compte tenu du fait que la plupart des adolescents de cette communauté utilisent le français surtout à l'école, il n'est pas étonnant d'observer une tendance à la vernacularisation de *je vas*. Ceci dit, il est remarquable que cette tendance ne s'observe vraiment que dans la fonction auxiliaire du futur. En effet dans cette fonction, *je vas* est employé nettement moins souvent par les locuteurs de la bourgeoisie que par ceux des deux autres classes sociales alors que, dans la fonction auxiliaire de l'habituel et lorsque *aller* exprime le mouvement, les différences de fréquence en fonction de la classe sociale sont faibles. De plus, bien qu'elles soient un peu moins fréquentes qu'à Hawkesbury les variantes en *vas* font plutôt figure de formes socialement neutres.

Notions et variantes	Classe supérieure		Classe moyenne		Classe ouvrière	
	N	%	N	%	N	%
Corpus de Hawkesbury						
Habituel						
Vas	97	96	60	73	44	75
M'as	0	0	14	17	15	25
Vais	4	4	8	10	0	0
Futur						
Vas	107	88	58	60	55	62
M'as	13	11	34	35	29	33
Vais	1	1	4	5	5	5
Mouvement						
Vas	57	80	50	65	52	79
M'en vas	10	14	22	29	13	19
M'en vais	4	6	5	6	1	2
Corpus de Pembroke						
Habituel						
Vas	1	50	25	76	5	50
M'as	0	0	0	0	0	0
Vais	1	50	8	24	5	50
Futur						
Vas	3	30	29	70	18	64
M'as	0	0	0	0	0	0
Vais	7	70	12	30	10	36
Mouvement						
Vas	9	90	47	96	9	90
M'en vas	0	0	0	0	0	0
M'en vais	1	10	2	4	1	10
	Universitaire		12e année		- de 12e année	
Corpus de Saint-Boniface						
Habituel						
Vas	45	42	10	48	8	100
Vais	60	57	11	52	0	0
Futur						
Vas	51	40	11	65	19	41
M'as	0	0	0	0	19	41
M'en vas	1	1	0	0	6	13
Vais	73	57	6	35	2	5
M'en vais	3	2	0	0	0	0
Mouvement						
Vas	16	22	2	67	8	73
M'en vas	5	7	1	33	2	18
Vais	52	71	0	0	1	9

Tableau 5. Effet de la classe sociale ou du degré d'instruction sur la fréquence des variantes d'*aller* et *s'en aller*. (Ce tableau n'inclut pas les variantes de fréquence marginale (à Hawkesbury, *je m'en vas* auxiliaire et *je vais* et *je m'en vais* mouvement et à Saint-Boniface, *je m'en vais* habituel).

Terminons par les données du corpus de Saint-Boniface. Comme on peut le constater, plus le niveau d'instruction est élevé plus la fréquence des formes en *vas* diminue. Cette corrélation s'observe lorsque ces formes remplissent les fonctions d'auxiliaire ou lorsqu'elles expriment le mouvement. En d'autres termes, la tendance à la vernacularisation des variantes en *vas* qui se dessine de façon assez modeste dans le corpus de Pembroke est beaucoup plus nette dans le parler des locuteurs de Saint-Boniface. En effet, dans le parler des locuteurs les moins instruits, on observe une très forte rétention des variantes en *vas* et l'usage de la variante *je m'en vas*. Inversement, dans le parler des locuteurs les plus instruits, ce sont les variantes en *vais* qui occupent le premier rang de fréquence. Quant à (*je*) *m'as* auxiliaire du futur, on constate que cette variante n'est employée que par des locuteurs qui ont le niveau d'instruction le plus bas et qu'elle est aussi fréquente que *je vas*. Il semblerait donc que, dans le français des locuteurs de Saint-Boniface, *(j)e m'as* soit une variante encore plus vernaculaire que dans celui des locuteurs adolescents de Hawkesbury. À notre avis, l'ensemble de ces résultats reflètent à la fois les caractéristiques de l'échantillon des locuteurs de Saint-Boniface et de la communauté francophone de cette localité. En effet, dans cet échantillon, les locuteurs de la tranche sociale supérieure sont particulièrement susceptibles de valoriser les formes en *vais*, car ce sont des individus adultes qui ont fait des études post-secondaires et qui sont insérés dans un milieu professionnel (contrairement aux locuteurs adolescents des corpus franco-ontariens). L'âge adulte et l'insertion dans un milieu professionnel expliquent aussi probablement pourquoi les locuteurs de la tranche sociale intermédiaire (individus dont le niveau d'éducation correspond à la fin du secondaire), n'utilisent pas la forme *(je) m'as*, même si, par ailleurs, ce sont globalement des utilisateurs des formes en *vas* plutôt que des formes en *vais*.

Conclusion

Notre recherche comparative a révélé plusieurs points de convergence que nous résumons ci-dessous :

• Trois formes se retrouvent dans les trois corpus, il s'agit de *je vas* et *je vais* et de *je m'en vas*. De plus, dans ces trois corpus, on constate que, dans les trois contextes ciblés par notre étude, *je vas* est plus fréquent que *je vais*. La seule exception est la variante *je vas* dans la fonction d'auxiliaire de l'habituel qui est un peu moins fréquente que *je vais* à Saint-Boniface. Ceci dit, ce n'est que dans le parler des locuteurs les plus éduqués de cette communauté que la fréquence de *je vais* l'emporte sur celle de *je vas*. Dans le parler des locuteurs moins éduqués, on constate la hiérarchie inverse. Ce n'est que lorsque *aller* exprime le mouvement que l'on observe *je m'en vas* dans les trois corpus. Somme toute, les trois parlers à l'étude font montre d'une réelle tendance à conserver les principales variantes qu'elles ont héritées du québécois et notamment les formes en *vas*. De par leur fréquence généralement élevée, ces dernières formes constituent probablement un point de divergence majeur par rapport aux variétés de français hexagonal contemporain.

• Dans les trois corpus, les formes en *vais* sont associées au parler des locuteurs de couches sociales les plus élevées. Ceci dit, c'est dans le parler des locuteurs de Saint-Boniface que cette association se manifeste de façon prononcée et systématique. Le fait que ces locuteurs proviennent de milieux sociaux fortement contrastés explique pour partie ce résultat.

• Dans deux des trois corpus (Hawkesbury et Saint-Boniface), on observe la conservation des formes (*je*) *m'as*. Dans ces deux corpus, on constate que (*je*) *m'as* est plus fréquent dans la fonction auxiliaire du futur que dans la fonction auxiliaire de l'habituel. La conservation de (*je*) *m'as* constitue elle aussi un point de divergence par rapport aux variétés de français hexagonal contemporain, mais aussi par rapport aux variétés de français acadien, dans lesquelles cette forme est absente ou sporadique. Finalement dans ces deux corpus, (*je*) *m'as* est clairement associé au parler des locuteurs des classes sociales les plus basses.

Notre recherche a aussi mis au jour plusieurs points de divergence entre les trois corpus. Ceux-ci se manifestent principalement par le fait que chacun des corpus présente des tendances que l'on ne retrouve pas dans les deux autres corpus.

• Dans le corpus de Hawkesbury, on peut déceler quatre tendances distinctives principales : i) la conservation des variantes populaires archaïques en *je m'en vas*, dans les trois contextes ciblés par notre étude ; ii) le fait que, dans ces trois contextes, les formes en *vas* (et en particulier la variante *je vas*) sont de loin les plus fréquentes et iii) le fait que la variante *je vas* est soit valorisée par les locuteurs de la classe sociale la plus élevée (contextes « futur » et « habituel »), soit socialement neutre (contexte « mouvement ») et iv) le fait que la variante *je m'en vas* fait l'objet d'une valorisation par les locuteurs de la classe sociale intermédiaire. À notre avis, ces tendances reflètent une évolution de type centrifuge que l'on peut attribuer au moins à deux facteurs : les locuteurs de Hawkesbury proviennent d'une communauté francophone fortement majoritaire et par conséquent sont surtout des usagers non restreints du français ; ii) dans cette communauté les individus de la classe ouvrière constituent un groupe démographiquement dominant.

• Dans le corpus de Pembroke, on peut déceler trois tendances principales : i) l'absence (ou la marginalité) des variantes archaïques en *s'en aller* (situation inchangée par rapport à 1978) : ii) la disparition de la variante vernaculaire (*je*) *m'as* (variante encore fréquente en 1978) et iii) le maintien de *je vas*. Pour expliquer cette évolution, on peut invoquer deux facteurs : le fait qu'au sein de la génération adolescente presque tous les individus sont des usagers restreints du français (facteur propice à l'élimination des variantes archaïques) et le fait que ces usagers restreints du français emploient surtout le français dans le contexte des écoles de langue française.

• Dans le corpus de Saint-Boniface, on peut déceler une forte tendance à la standardisation qui se traduit par la haute fréquence des formes en *vais* (et notamment de *je vais*), celle-ci étant égale ou supérieure aux formes en *vas*. À notre avis, il est probable que cette tendance reflète en partie le fait que le corpus de Saint-Boniface provient d'un échantillon où le nombre des locuteurs dans chaque catégorie sociale n'a pas été pondéré (les locuteurs de la classe sociale la plus élevée constituant 73 % de l'échantillon). Nous touchons ici à une considération méthodologique importante pour la bonne réalisation des recherches comparatives reposant sur des corpus de langue orale. Il ne suffit pas d'utiliser la même méthode de cueillette des données, mais il est aussi nécessaire de sélectionner autant que faire se peut des échantillons dans lesquels les locuteurs sont distribués de manière comparable en fonction de leurs caractéristiques sociales.

Compte tenu du fait que notre étude représente le premier exemple de recherche comparative détaillée et systématique portant sur des variétés diasporiques du français québécois parlées dans deux provinces différentes, il serait hasardeux de vouloir formuler des généralisations. On peut toutefois faire les deux remarques suivantes : l'observation des points de convergence mentionnés ci-dessus apporte un certain soutien à la thèse de l'homogénéité des variétés diasporiques du français québécois défendue par des auteurs tels que Beniak, Carey et Mougeon (1984), Papen (1984 et 2005) et Hallion Bres (2005). Ceci dit, l'attestation de points de divergence dans chacun des trois corpus à l'étude suggère que cette thèse devra probablement être nuancée et qu'une des retombées intéressantes de la recherche comparative sur les variétés diasporiques du québécois sera de nous inciter à identifier les facteurs qui sont à l'origine de tels points de divergence.

Bibliographie

ASHBY, William, 1991, « When does variation indicate linguistic change in progress ? », *Journal of French Language Studies* 1, pp. 1-19.

BENIAK, Édouard/CAREY, Stephen/MOUGEON, Raymond, 1984, « A sociolinguistic and ethnographic approach to Albertan French and its implications for French as a first language pedagogy », *The Canadian Modern Language Review* 41/2, pp. 308-314.

CHEVALIER, Gisèle, 1997, « L'emploi des formes du futur dans le parler acadien du sud-est du Nouveau-Brunswick », dans L. Dubois et A. Boudreau (dirs.), *Les Acadiens et leur(s) langue(s) : quand le français est minoritaire*, Moncton, Éditions d'Acadie, pp. 75-89.

COVENEY, Aidan, 1996, *Variability in spoken French*, Exeter, Elm Bank.

DESHAIES, Denise/MARTIN, Claire/NOËL, Dany, 1981, « Régularisation et analogie dans le système verbal en français parlé dans la ville de Québec », dans D. Sankoff, et H. Cedergren (dirs.), *Variation omnibus*, Edmonton, Linguistic Research Inc., pp. 411-419.

DÖRPER, Sven, 1990, « Recherche sur *ma* + infinitif 'je vais' en français », *Revue québécoise de linguistique* 19/1, pp. 101-127.

EMIRKANIAN, Louisette/SANKOFF, David, 1985, « Le futur simple et le futur périphrastique dans le français parlé », dans M. Lemieux et H. Cedergren (dirs.), *Les tendances dynamiques du français parlé à Montréal*, vol. 1, Gouvernement du Québec.

GOUGENHEIM, Georges, 1971, *Étude sur les périphrases verbales de la langue française*, Paris, Librairie A.-G. Nizet.

HALLION BRES, Sandrine, à paraître, « Similarités morphosyntaxiques des parlers français de l'ouest canadien », *Revue canadienne de linguistique appliquée 8/2*.

KING, Ruth/NADASDI, Terry, 2003, « Back to the Future in Acadian French », *Journal of French Language Studies* 13/3, pp. 323-337.

MARTINEAU, France/MOUGEON, Raymond, 2003, « Sociolinguistic Research on the Origins of *ne* Deletion in European and Quebec French », *Language* 79/1, pp. 118-152.

MARTINEAU, France/MOUGEON, Raymond, 2005, « *Vais, vas, m'as* in spoken Quebec and Metropolitan French : A diachronic and dialectal perspective », communication au *Linguistics Symposium on Romance Languages*, University of Texas at Austin, 24-27 février.

MÉNAGE, Gilles, 1972, *Observations sur la langue française*, Geneva, Slatkine Reprints, (réimpression de l'édition originale de 1675-1676, Paris, C. Barbin).

MOUGEON, Raymond, 2005, « Rôle des facteurs linguistiques et extra-linguistiques dans la dévernacularisation du parler des adolescents dans les communautés francophones minoritaires du Canada », dans A. Valdman, J. Auger et D. Piston-Hatlen (dirs.) *Le français en Amérique du Nord. État présent*, Québec, Les Presses de l'Université Laval, « Langue française en Amérique du Nord », pp. 261-285.

MOUGEON, Raymond, 1996, « Recherches sur les origines de la variation *vas, m'as, vais* en français québécois », dans Th. Lavoie (éd.), *Français du Canada – Français de France Actes du quatrième Colloque international de Chicoutimi*, Tübingen, Niemeyer, pp. 61-77.

MOUGEON, Raymond/BENIAK, Édouard, 1991, *Linguistic consequences of language contact and restriction : The case of French in Ontario*, Oxford University Press, (chapitre 8).

MOUGEON, Raymond/BENIAK, Édouard/VALLI, André, 1988, « *Vais, vas, m'as* in Canadian French : a sociohistorical study », dans K. Ferrara, B. Brown, K. Walters et J. Baugh (dirs.), *Linguistic change and contact*, Austin, Department of Linguistics, The University of Texas at Austin, pp. 250-62.

MOUGEON, Raymond/NADASDI, Terry/REHNER, Katherine, 2005, « Where is *vas* going in Ontario French ? », Communication à NWAV34, New York University, 20-23 octobre.

PAPEN, Robert A., 1984, « Quelques remarques sur un parler français méconnu de l'Ouest canadien : le métis », *Revue québécoise de linguistique* 14, pp. 113-139.

PAPEN, Robert A., 2005, « La diversité des parlers français de l'Ouest canadien », *Cahiers franco-canadiens de l'Ouest*, 16/1-2, pp. 13-52.

POPLACK, Shana/TURPIN, Danielle, 1999, « Does the *Futur* have a future in (Canadian) French ? », *Probus* 11, pp. 131-162.

VASSEUR, Gaston, 1963, *Dictionnaire des patois picard de Vimeu (Somme)*, Amiens, Musée de Picardie.

VAUGELAS, Claude Favre de, 1981, *Remarques sur la langue française*, Paris, Éditions Champ Libre, (réimpression de l'édition originale de 1647).

LEXIQUE ET LEXICOGRAPHIE

La lexicographie identitaire : analyse sociolinguistique de lexiques, glossaires et dictionnaires « marseillais »

Médéric Gasquet-Cyrus
Université de Provence

Introduction

Depuis une vingtaine d'années, la multiplication de dictionnaires, glossaires et autres lexiques relatifs au français de Marseille (et plus largement au français régional de Provence) a fait naître un véritable *genre* lexicographique local. La diversité des ouvrages et leur succès populaire méritent que l'on s'y attarde afin de mieux comprendre les raisons d'un tel intérêt pour une variété de français régional. Il convient d'étudier non seulement le phénomène éditorial et sa réception auprès du public, mais aussi les différentes fonctions remplies par ces ouvrages ainsi que les dynamiques sociolinguistiques qu'ils véhiculent et les tensions qu'ils révèlent de la communauté linguistique marseillaise.

Je propose ici l'analyse de lexiques, glossaires et dictionnaires « marseillais » dans une perspective sociolinguistique, en privilégiant les ouvrages d'amateurs destinés au grand public et ayant connu un certain succès. Après avoir rappelé le contexte de cette « fièvre » éditoriale ainsi que le développement du genre du lexique sur d'autres supports, j'étudierai les fonctions identitaires remplies par les ouvrages et le rôle de l'humour, puis les dynamiques sociolinguistiques internes qu'ils révèlent ou qu'ils contribuent à renforcer. Auparavant, une réflexion s'impose sur la place du dictionnaire en France, sujet plusieurs fois abordé par Robert Chaudenson, dont les remarques et les analyses ont largement stimulé la rédaction du présent texte.

Les Français, « le » dictionnaire, les dictionnaires

La fétichisation du dictionnaire

Les questions de norme, de qualité de la langue, de bon usage ou de bon français occupent une place centrale dans l'histoire et la vie culturelle des francophones, qui entretiennent avec leur langue des rapports complexes, l'un d'eux étant le prestige que les Français accordent au dictionnaire. On pourrait objecter qu'ils ne sont pas les seuls à lui donner de l'importance. Il ne semble pourtant pas exagéré de dire qu'en France, patrie des Furetière, Littré, Larousse et Robert, et pays particulièrement productif et « consommateur » en la matière (Pruvost 2002), le dictionnaire est l'objet d'une réelle fétichisation, comme l'a souligné R. Chaudenson dans plusieurs textes (2006 notamment). Pour tout litige, on va vérifier dans « le » dictionnaire le sens ou l'orthographe d'un mot ; on le consulte même pour voir si tel mot « existe » ou « n'existe pas », comme si le dictionnaire pouvait à lui seul embrasser la totalité des usages langagiers d'une société et dire ce qui est et ce qui n'est pas en matière de langage ; c'est ce que R. Chaudenson (2006 : 22) appelle la « foi lexicographique des Français ».

En plus des principaux ouvrages de référence que sont *Le (Petit) Robert* et *Le (Petit) Larousse*, qui « se revendiquent comme des descriptions objectives de la langue » (Chiss *et al.* 1983 : 162) et qui occupent une bonne place dans les foyers, on trouve une immense variété de dictionnaires spécialisés, thématiques ou encyclopédiques, ouvrages sélectifs qui « circonscrivent leur nomenclature [...] par vœu de spécialisation » (Chiss *et al.* 1983 : 162). Dans la plupart des cas, ces dictionnaires demeurent des ouvrages « sérieux » qui engagent implicitement ou explicitement un contrat de lecture avec le lecteur : il s'agit de donner des informations précises et objectives sur un sujet donné dont le point de départ est le mot, l'unité lexicale, l'entrée. Le dictionnaire remplit donc « normalement » une double fonction « pédagogique et didactique » (Chiss *et al.* 1983 : 159) et contribue à diffuser et à renforcer la *norme* du français, même si la perspective de nombreux lexicographes n'est pas ouvertement prescriptive. Loin d'être un simple outil, le dictionnaire agit sur les représentations des variétés qu'il met en scène, légitime et normalise certains usages, « joue un rôle majeur dans l'idée qu'on se fait de la langue française » (Chaudenson 2006 : 21).

Le dictionnaire, « genre » ouvert

Le genre de discours que constitue le dictionnaire peut cependant remplir des fonctions plus complexes, et ne se limite pas au dictionnaire de langue du français standard ou central, comme en témoigne un nombre croissant d'ouvrages relatifs à des variétés périphériques ou à des registres langagiers : argot, régionalismes, mots des « jeunes », français « branché », etc. Si le dictionnaire continue de remplir des fonctions de standardisation et de légitimation, ce n'est plus pour le français central, mais pour ces variétés de français « non conventionnelles » qui, ainsi rendues visibles, acquièrent à leur tour une certaine légitimité. Imprimer noir sur blanc des mots qui, d'ordinaire, appartiennent à l'oral ou au registre familier contribue à donner du corps à une variété (processus d'individuation), à la rendre visible voire à la légitimer, auprès de ceux qui la dénigrent mais aussi auprès de ceux qui l'emploient, parfois avec insécurité linguistique.

En outre, puisque le genre discursif du dictionnaire confère une sorte de « cachet » et de garantie au contenu, il n'est pas étonnant de le voir investi par de nombreux auteurs éloignés des préoccupations des lexicographes professionnels. La liste est longue des amateurs anonymes, mais aussi des écrivains, journalistes, politiciens ou humoristes qui ont choisi d'exprimer leur point de vue (subjectif, didactique, critique, humoristique ...) sur un sujet donné en empruntant la forme du dictionnaire (citons en vrac Voltaire, Flaubert, Pierre Desproges, Jean Yanne ...).

Si le dictionnaire de langue occupe une fonction symbolique essentielle au maintien et à la diffusion de la norme francophone, le genre est suffisamment souple pour s'ouvrir à différents sujets et être le lieu d'élaboration d'une véritable stratégie discursive à visée normative, didactique, critique ou humoristique. C'est à la lumière de cette ouverture du *genre* « dictionnaire » que seront étudiés quelques ouvrages lexicographiques marseillais.

L'essor de la lexicographie marseillaise

Historique d'une fièvre éditoriale

Le français de Marseille peut être considéré comme une variété diatopique de français parmi les plus « marquées », tant au niveau de ses variantes (prosodiques, phonologiques, phonétiques, lexicales, sémantiques, morphologiques et syntaxiques) qu'au niveau des représentations que s'en font les locuteurs ; il est, en effet, perçu comme l'un des éléments essentiels de l'identité marseillaise (Gasquet-Cyrus 2004).

Cette prégnance du langage sur l'identité locale a été rendue plus visible depuis une vingtaine d'années par la publication de ces nombreux lexiques, glossaires ou dictionnaires, dont certains ont remporté un franc succès populaire.

C'est en 1985 que les éditions Laffitte publient *Le parler marseillais* du journaliste Robert Bouvier. Les informations collectées à diverses sources semblent indiquer que l'on serait proche des 100 000 exemplaires vendus, ce qui, à ce niveau, constitue un énorme succès. Précurseur[1] d'un nouveau *genre local*, ce livre a donné l'impulsion à un mouvement éditorial spectaculaire, dont témoigne cette liste chronologique :

Bouvier, Robert, 1985, *Le parler marseillais*, Laffitte ; réed. 1986.

Martel, Claude, 1988, *Le parler provençal*, Paris, Rivages.

Jeansoulin, L., 1988, *Le souvenir du dialecte, Bulletin du Comité du Vieux-Marseille 39*.

Joblot, 1989, *Petit vocabulaire local à l'usage des gens du Midi*, Nîmes, Lacour.

Blanchet, Philippe, 1991, *Dictionnaire du français régional de Provence*, Paris, Bonneton.

Roubaud, L., 1993, *Chez nous à Marseille ... ainsi parlaient mes parents et grands-parents !*, Club Cartophile Marseillais.

Armanet, Christian, 1993, *Le parler des Bouches-du-Rhône*, Nîmes, Lacour.

Armogathe, Daniel/Kasbarian, Jean-Michel, 1998, *Dico marseillais*, Marseille, Laffitte.

Jaque, Jean, 1997, Les *Càcous. Le parler de Marseille*, Cabries, Aubéron.

Rey, Jean-Claude, 1997, *Les mots de chez nous, étrangers aux « estrangié » de la Provence*, Marseille, Autres Temps.

Rey, Jean-Claude, 1998, *Fan de Chichourlo ! Les mots de chez nous*, t. 2, Marseille, Autres Temps.

Bouis, Jacques, 1999, *Le parler du stade Vélodrome*, Marseille, EEMP.

Blanchet, Philippe, 2000, *Zou, boulégan ! Expressions familières de Marseille et de Provence*, Bonneton.

Rey, Jean-Claude, 2001, *Fan de Luno ! Les mots de chez nous*, t. 3, Marseille, Autres Temps.

---

[1] Le premier ouvrage incontournable lorsqu'on aborde le français de Marseille est chronologiquement *Le français de Marseille* d'Auguste Brun (1931). Réédité depuis, il ne fait cependant pas partie des succès d'édition, en raison notamment de son ancienneté. Signalons également en 1982 une *Anthologie des expressions en Provence* (J.-Cl. Bouvier et Cl. Martel) au succès honorable mais beaucoup moins spectaculaire que le *Parler marseillais*.

Blanchet, Philippe, 2004, *Le parler de Marseille et de Provence. Dictionnaire du français régional*, Paris, Bonneton.

Blanchet, Philippe, Gasquet-Cyrus, Médéric, 2004, *Le marseillais de poche*, ASSIMIL.

Valladier, Jean-Marc, 2004, *Le parler gras. Glossaire marseillais iconoclaste*, Marseille, Via Valériano.

Jaque, Jean, 2006, *Les Càcous. Le parler de Marseille*, 10e éd. revue et augm., Cabries, Aubéron.

Valladier, Jean-Marc, 2006, *Le parler gras. Glossaire marseillais iconoclaste*, 2e édit. augm., Marseille, Le Fioupélan.

Académie de Marseille, 2006, *Dictionnaire du marseillais*, Jean Chélini et Jean-Claude Gaudin (dirs.), Aix-en-Provence, Édisud.

Sur vingt titres, plus de la moitié sont exclusivement consacrés au français de Marseille. Ces publications n'ont cependant pas le même statut et n'ont pas connu la même fortune. À certaines parutions très confidentielles (Jeansoulin 1988, Joblot 1989, Roubaud 1993) s'opposent de réels succès de librairie (en plus du Bouvier), comme en témoignent les multiples éditions des *Càcous* (10e édition 2006) vendues à plus de 50.000 exemplaires, du *Parler gras* (2e édition 2006) ou du *Dictionnaire du marseillais* dont le prix assez élevé (32 €) n'a pas empêché les deux premiers tirages (3.000 et 1.500 exemplaires) de partir en quelques semaines. Les autres titres connaissent un succès honnête et occupent aujourd'hui des rayonnages spécialisés dans les librairies, ce qui contribue à les rendre encore plus visibles.

Succès populaires et multiplication des supports

Le cas du *parler marseillais* de Bouvier est à ce titre exemplaire. Il est d'ailleurs souvent mentionné avec le nom de l'auteur précédé d'un article défini : on possède « le Bouvier », comme on a « le Littré » ou « le Larousse ». Le livre a rencontré dès sa publication un immense succès puisqu'en 1986, un an après sa sortie, paraissait une édition revue et augmentée, une référence toujours en bonne place dans les librairies de la région, malgré la concurrence. Le livre jouit d'une grande popularité, et c'est un objet très prisé comme cadeau. Il est notamment offert aux Marseillais considérés comme « authentiques » (un père, un oncle, une tante, une grand-mère ...), représentatifs de ce parler. Il est aussi destiné aux *estrangers*, ceux qui ne parlent pas marseillais, et notamment les « Parisiens » (au sens large du terme). On peut voir dans ce geste une forme d'humour ou de moquerie symbolique, qui consiste à offrir à l'Autre le moyen de comprendre le parler du groupe tout en lui montrant qu'il n'en fait pas (encore) partie.

Le contexte socioculturel a évidemment servi de caisse de résonance à ces productions. L'image de la ville et de ses habitants, longtemps entachée d'une mauvaise réputation, a sensiblement évolué au point de voir Marseille devenir à la mode à partir des années 1990 (avec toutes les déformations que le miroir grossissant des médias a pu exercer), et le sentiment identitaire marseillais fortement valorisé. La ville a connu à cette période une véritable « renaissance » culturelle, marquée notamment par une prolifique création littéraire et musicale caractérisée par une utilisation spectaculaire (parfois exagérément comique) du parler marseillais, très sensible dans la chanson, le spectacle vivant (sketchs, opérettes, etc.) et la littérature (romans, récits, bandes dessinées, etc.). L'explosion éditoriale – et particulièrement romanesque – est telle que l'on va jusqu'à évoquer l'existence d'un « roman marseillais » ou d'un genre qui serait le « polar marseillais »[2].

Le lexique est d'ailleurs sorti du format « livre », puisque le genre s'est glissé sur d'autres supports. Dans la littérature ou la bande dessinée, on a ainsi vu apparaître, à la fin d'une quinzaine d'ouvrages, des glossaires reprenant les mots présents dans la narration ou les dialogues – plusieurs écrivains avouent travailler en consultant les lexiques marseillais, dont le Bouvier. Le genre du lexique se retrouve également dans la chanson, notamment dans les livrets du groupe *Quartiers Nord* depuis une vingtaine d'années. Enfin, il existe sur Internet plus d'une vingtaine de sites originaux consacrés au parler marseillais.

Le nombre élevé de publications et leur succès commercial, la diversité des ouvrages ainsi que la diffusion de glossaires sur d'autres supports montrent à la fois l'importance du parler marseillais dans l'identité locale et le rôle influent du lexique. La lexicographie marseillaise est devenu un genre local, dont nous allons mieux analyser les fonctions.

Fonctions identitaires de la lexicographie locale

Eux vs nous *et jeux sur la traduction*

Les chiffres des ventes (parfois très élevés) et les rééditions ne trompent pas : le succès commercial d'un certain nombre d'ouvrages lexicographiques rend compte d'un attrait du public pour ce genre de publications.

Cette production contribue à rendre plus « visible » le français de Marseille et à valoriser une variété jusqu'alors confinée à l'oralité et considérée comme « fautive » sinon honteuse. À travers ces listes de mots et d'expressions, les auteurs cristallisent l'existence d'un parler commun, d'un trésor partagé, et contribuent non seulement à faire connaître au grand public les spécificités du français local, mais aussi à « rappeler » à certains Marseillais, par la connivence, l'humour ou la nostalgie, qu'ils disposent d'un riche répertoire langagier constitutif de leur identité. Ils dressent ainsi les contours d'une certaine communauté linguistique marseillaise. La fonction de légitimation du dictionnaire joue ici pleinement, rendant attractive une variété que d'aucuns pouvaient considérer comme une pratique illégitime, ancienne ou vouée à l'effacement.

De plus, ces livres sont parfois accompagnés de discours métalinguistiques mettant en scène une opposition entre le français standard et le parler local, c'est-à-dire, la plupart du temps, entre Paris et Marseille. Or, c'est le marseillais qui est toujours présenté comme le plus « chantant », le plus « savoureux », et finalement le plus valorisé. La construction d'une rivalité de groupe entre « nous » et « eux » est ainsi explicite dans les titres des ouvrages de J.-C. Rey, une série intitulée *Les mots de chez nous* dont le premier volume précise qu'il s'agit des mots *étrangers aux « estrangié » de la Provence* (1997).

---

[2] La bibliographie du *Dictionnaire du marseillais* recense plus de 40 romans parus de 2000 à 2006, mais tous n'ont pas été retenus et la production continue d'être abondante.

Les définitions des mots sont parfois accompagnées de commentaires métalinguistiques humoristiques visant à renforcer l'unité du groupe et à tourner en dérision l'Autre, celui qui aurait du mal à comprendre la variété locale. Le groupe *Quartiers Nord* destine l'un de ses lexiques aux « mal-comprenants du Nord de la France » et « à l'intention de ceusse qui entravent nibe au marseillais littéraire » : dans les deux cas, l'accent est mis sur les carences de ces lecteurs potentiels en flattant, par connivence, la compétence du lecteur local. Dans le même ordre d'idées, P. Carrese commence son roman *Trois jours d'engatse* (1995) par un avant-propos dans lequel, en faisant un renvoi à son lexique final, il établit deux groupes, les « vrais Marseillais » et les « vrais Parisiens ».

> Si vous êtes un vrai Marseillais, vous ne devriez pas avoir trop de problèmes pour capter, les termes utilisés étant ceux de tous les jours. Si vous êtes un vrai Parisien, c'est-à-dire si vous habitez plus au nord que Gardanne, vous trouverez un lexique sommaire à la fin du récit pour pouvoir tout comprendre.

On trouve ainsi nombre de notes métalinguistiques destinées à mettre en scène et à renforcer une opposition entre les Marseillais et les autres francophones, essentiellement les « gens du Nord » et les « Parisiens » (au sens large, dans les deux cas).

> *Pastisson :* Note à l'attention des personnes habitant au nord d'Avignon : le pastisson n'est pas un petit verre de pastis. (Valladier 2004)

L'un des ressorts de l'humour marseillais repose sur la mise en scène d'une traduction entre le « marseillais » et le français standard, afin de renverser la norme et de mettre les « Parisiens » en situation d'infériorité, d'insécurité linguistique (Gasquet-Cyrus 2004). Le « Parisien » est alors mis en scène ou convoqué comme faire-valoir.

> *Pébron :* En Provençal, « poivron ». Parisien, si tu veux faire le mariole auprès de tes nouveaux amis, sache que tu peux employer ce mot à l'adresse d'une roulade. (Valladier 2004)

Ce jeu permet de se moquer d'un groupe de locuteurs qui ne possèdent pas les compétences nécessaires à la compréhension du parler marseillais. Il inverse ainsi les hiérarchies sociolinguistiques et instaure les Marseillais en maîtres du savoir alors que les « Parisiens », d'ordinaire détenteurs de la norme, sont pris en défaut et reçoivent des « leçons de marseillais ». L'humour permet le renversement des rapports de force sociolinguistiques.

L'humour des textes

La fonction identitaire se voit largement renforcée par l'humour associé à ces textes, soit en raison de la représentation du marseillais comme variété « drôle », soit par le recours à des procédés humoristiques.

Certains lexiques « sérieux », même rédigés par des amateurs, présentent comme les « vrais » dictionnaires les équivalents sémantiques des termes de la nomenclature et une série d'informations métalinguistiques sans intention humoristique affichée (Martel 1988 ; Jeansoulin 1988 ; Blanchet 1991, 2000 et 2004 ; Roubaud 1993 ; Académie de Marseille 2006). Voici un exemple tiré du *Parler marseillais*[3].

---

[3] Sous-titré « Dictionnaire », même si l'auteur, dans sa « Dédicace », parlait de « glossaire ».

Agachon – Nom masculin formé du provençal : *agachoun*, cabane de chasseur. Être à l'agachon, c'est être aux aguets, surveiller, épier ou simplement être sur ses gardes : « Depuis qu'il a reçu une lettre anonyme lui disant qu'il et cocu, il est à l'agachon, faut voir ça ! ».

Le développement des notices est donc « sérieux », et l'auteur respecte pleinement le contrat de communication passé avec le lecteur qui s'attend effectivement à trouver, dans un dictionnaire, des définitions objectives et plus largement des indications (sémantiques, étymologiques) sur les mots présentés.

Pourtant, ce livre comme plusieurs autres est souvent présenté comme un ouvrage humoristique, en tout cas « drôle » pour le lecteur. Alors que nous évoquions notre thèse sur « l'humour marseillais », un ami nous a dit posséder chez lui « des livres d'humour marseillais » ; or, le principal ouvrage auquel il faisait référence était *Le parler marseillais*. C'est avant tout la matière elle-même qui induit ce rapport au risible : l'image du parler marseillais est aujourd'hui encore celle d'un langage « pittoresque », « savoureux » et « drôle », voire parfois franchement comique (Gasquet-Cyrus 2004).

Par ailleurs, une majorité de livres, tout en demeurant sérieux dans les informations qu'ils apportent sur les mots, leurs origines et leurs usages, sont porteurs d'intentions humoristiques, soit dans l'écriture même des notices et le style volontairement léger de la rédaction (Rey 1997, 1998 et 2001 ; Armogathe et Kasbarian 1998), soit dans les exemples proposés (Bouvier 1985 ; Joblot 1989 ; Armanet 1993 ; Jaque 1997 et 2006 ; Bouis 1999 ; Blanchet et Gasquet-Cyrus 2004). Plusieurs de ces lexiques sont accompagnés de textes humoristiques (Bouvier 1985, Jeansoulin 1988) voire d'histoire drôles et de jeux (Jaque 1997 et 2006). Enfin, *Le parler gras* (Valladier 2004 et 2006) est un texte humoristique à part entière dans la lignée des textes de Jean Yanne ou Pierre Desproges, même si les informations métalinguistiques données sur les mots sont justes.

Les exemples tendent parfois à rendre le texte plus amusant :

CHASPER : toucher, tripoter. « Au ciné, j'ai pas vu le film, j'ai fait que chasper ma copine » (Armanet 1993).

DJOBI – Nom masculin signifiant « fou furieux ». « Célou, quand l'OM il perd, il devient djobi. Il frapperait sa mère » (Jaque 2006).

Inventés comme ici ou issus de la littérature et de la chanson comme dans le *Dico marseillais* (1998) ou le *Dictionnaire du marseillais* (2006), les exemples introduisent de la fantaisie et de l'humour, en étant beaucoup plus triviaux et cocasses que ce que l'on pourrait attendre dans un « dictionnaire ».

Circularité des définitions

Au-delà de la représentation comique du marseillais et des exemples amusants, certains dictionnaires s'appuient sur des procédés plus élaborés pour générer un humour qui contribue à valoriser davantage la variété locale.

Il existe en France une tradition de textes humoristiques dont le ressort est basé sur la parodie d'articles de dictionnaires sérieux en se donnant l'apparence des « vrais » (agencement de la macrostructure, des notices, usage des codes métalinguistiques). En revanche, les définitions, tout en livrant au moins en partie le sens du mot, sont surtout prétexte à des digressions humoristiques. Certains auteurs locaux se sont livrés à ces jeux à caractère métalinguistique sur le français de Marseille, aussi bien sur le signifiant que sur le signifié. L'un des procédés utilisés dans ces productions est celui de la *circularité* : l'auteur feint de définir un mot marseillais mais ne le définit qu'avec des mots locaux, de telle sorte qu'il est indispensable d'être compétent dans la variété locale pour pouvoir comprendre le mot et sa pseudo-définition. C'est en grande partie sur ce ressort que repose l'humour du *Parler gras* (Valladier 2004 et 2006).

> Fatchou-macou : Encore plus roots que le Cacoù, le Fatchou-Macou pourrait être un Cacoù trop dégaine qui se la joue roulade de longue. (Les puristes apprécieront...) (Valladier 2004).

On a affaire ici à une véritable rupture du contrat de communication, rupture intentionnelle destinée à produire une incongruité humoristique, mais qui n'en constitue pas moins une violation du principe de coopération, en termes gricéens. On voit aussi comment ces livres sont surtout destinés à des lecteurs marseillais, avec lesquels ils cherchent une connivence par le biais d'un humour partagé autour des ressources sociolinguistiques locales.

L'humour est un élément essentiel des lexiques marseillais, dont il explique partiellement le succès. Le passage de l'oral à l'écrit d'une variété locale et populaire suscite à lui seul des réactions amusées. On peut y voir une certaine forme d'autodérision, dans la mesure où les Marseillais peuvent rire de leurs propres pratiques à travers ces ouvrages. En revanche, une partie de l'humour consiste à opposer la communauté linguistique (« nous ») à une altérité (« eux ») souvent cristallisée par la figure emblématique du Parisien parlant « pointu », représentant du français standard et de toutes les valeurs auxquelles s'opposent les Marseillais, dans leurs stratégies identitaires collectives.

Dynamiques sociolinguistiques internes

On pourrait se contenter d'affirmer que les lexiques produits à Marseille renforcent un sentiment identitaire local et contribuent à tracer les limites de la communauté linguistique. Ce serait sans compter sur l'hétérogénéité des ouvrages : auteurs, objectifs, contenus et mises en forme ne sont pas les mêmes. Or, cette diversité nous renseigne sur la configuration sociolinguistique locale, ses dynamiques et ses tensions.

Leçons du paratexte

Le paratexte des ouvrages concernés donne des indications intéressantes sur les représentations que véhicule chacun d'eux. La couverture du *Parler marseillais* est constituée d'une photo du marché au poisson du Vieux-Port, lieu symbolique de la ville et de l'imaginaire marseillais « pagnolesque », dont les fameuses poissonnières constituent des figures emblématiques (Gasquet-Cyrus 2004). L'illustration des *Càcous* représente un jeune *càcou* habillé à la mode, appuyé sur le capot de sa voiture de sport bien voyante. Enfin, si le *Dico marseillais* est sous-titré *« D'Aïoli à Zou ! »*, deux mots marseillais emblématiques et issus du fonds provençal, l'illustration de couverture (un mur couvert de tags) connote une ouverture vers la jeunesse, la culture urbaine et les cités. Le choix du diminutif *dico* dans le titre renforce cette idée d'un registre familier, proche des jeunes. Les divers paratextes suggèrent ainsi des représentations variables de

Marseille et de son parler (traditionnel ; populaire et vulgaire ; contemporain et marqué par la mixité et la culture urbaine), ce que confirme le contenu de chaque ouvrage.

Images variables du parler marseillais

Le *Parler marseillais* de Bouvier est souvent considéré par de nombreux Marseillais comme un répertoire du parler marseillais « traditionnel » ou « authentique » ; on peut mettre dans cette catégorie les ouvrages de Martel (1988), Joblot (1989), Armanet (1993), Bouis (1999) et Rey (1997, 1998, 2001), c'est-à-dire les lexiques qui incluent un maximum de mots d'origine provençale et qui n'intègrent pratiquement pas de mots récents. De plus, c'est souvent à travers des discours nostalgiques, dans l'évocation attendrie d'un âge d'or révolu que ce parler est évoqué. Certains titres sont très explicites : *Chez nous à Marseille ... ainsi parlaient mes parents et grands-parents !* (Roubaud 1993), *Le souvenir du dialecte* (Jeansoulin 1988). L'avant-propos de ce dernier livre est même caricatural, puisqu'il s'agit de ramener le lecteur « quelques années en arrière », loin d'une époque où « toutes les traditions se perdent ». Pourtant, ces lexiques comme le *Parler marseillais* contiennent nombre de mots et d'expressions encore largement employés.

Ces catégorisations entendues dans les discours de nombreux Marseillais sousentendent qu'il y aurait un parler « authentique » (mais dont l'usage tendrait à s'effacer) et une forme moins légitime, le marseillais contemporain, « déformé » par les jeunes ou « corrompu » par la mixité linguistique et les contacts avec l'arabe, notamment. C'est le même schéma que nous avons retrouvé lorsque nous avons dressé, au moyen d'une analyse de différents discours et de pratiques attestées, une configuration sociolinguistique marseillaise à trois accents correspondant à trois pôles distincts : l'accent des « vrais » Marseillais, l'accent « de la bourgeoisie marseillaise » et l'accent « (des) quartiers Nord » (Binisti et Gasquet-Cyrus 2003). Il y a en effet différentes représentations du parler (et des accents) marseillais : certaines sont conservatrices (et parfois xénophobes), d'autres orientées vers les pratiques plus contemporaines.

Avec *Les càcous*, on n'est pas sur le même registre. Le sous-titre *Le parler de Marseille*, est une initiative de l'éditeur, car le jeune journaliste Jean Jaque n'avait pas pour ambition de décrire l'ensemble du parler marseillais ; il voulait simplement divertir en écrivant un livre autour de la figure du *càcou* marseillais (archétype du frimeur ridicule) et le parler populaire d'une catégorie de personnes correspondant à ce stéréotype. Les mots recensés sont, pour une bonne partie, du marseillais « traditionnel » (d'origine provençale), mais on trouve aussi des mots des jeunes générations (*baboulin, wich*), plus récents (*guinter, roulade, se ruinter*), plus vulgaires (*cabèches, chibron, lonzo, sguègue*), ainsi que des mots d'argot. Le succès de ce livre montre qu'il y a aussi un public pour ce registre plus populaire.

Le cas du Dico marseillais

La parution du *Dico marseillais* (1998) a marqué un tournant dans la production lexicographique locale. Dans leur introduction, les auteurs mettaient l'accent sur leur orientation sociolinguistique : enquêtes en situation de communication réelle, interviews, corpus hétérogène et contemporain (romans, bandes dessinées, chansons, sites Internet), utilisation de dictionnaires dans une perspective différentielle, prise en compte des représentations des locuteurs, etc. Ils espéraient ainsi combler les lacunes des ouvrages précédents qui, selon eux, n'étaient appuyés que sur le vécu personnel des rédacteurs. Pourtant, on relève dans cet ouvrage un certain nombre d'incohérences qui découlent directement de l'intention des auteurs, et qui en disent long sur les représentations sous-jacentes à cette entreprise.

Par rapport aux autres, ce lexique contient plus de mots employés par les jeunes, plus de néologismes ou de créations artistiques (*anis-elbow, Aïollywood*), plus de termes empruntés à l'anglais (*cash-flash, go-go dancer, pressing, techno man*), et plus de mots issus du contact avec les langues de la migration (*darwa, dzo, guacho, hakha, halla, ham, haygagan, meskin, payo, wahed, zarma*). Or, malgré les garanties avancées par les auteurs sur leurs critères de sélection, rien ne peut justifier la présence de la plupart de ces termes, étant donné qu'ils sont soit ignorés d'une majorité de Marseillais, soit largement employés ailleurs qu'à Marseille. Les mots d'origine arménienne (*dzo, enguer, haygagan*) ne sont vraisemblablement connus que des Marseillais d'origine arménienne, voire dans les quartiers où se retrouve une partie de cette population, mais ils ont une diffusion quasi nulle à Marseille. *Zarma* est certes employé localement, notamment par des arabophones, mais son emploi est répandu à Grenoble, Rennes ou Paris.

Certains choix sont d'autant plus contestables qu'ils prennent la place de mots du fonds commun marseillais qui auraient eu leur légitimité dans un lexique de ce type (*partir en biberine, se languir, mastre, nasole, piter, rastègue ...*). Bien sûr, toute entreprise lexicographique suppose des choix et aucun dictionnaire ne peut prétendre à l'exhaustivité. Mais il est clair que l'on a affaire ici à une véritable fascination de la variation voire à un goût pour l'« exotisme » qui entraîne une exagération de la spécificité. Les auteurs du *Dico marseillais* ont tenté de diffuser certains mots, en les considérant comme « marseillais » malgré leur faible diffusion. Ainsi, près d'un tiers (environ 220 lexèmes) des mots du *Dico marseillais* sont exclusivement attestés dans cet ouvrage. Comme tous les dictionnaires, celui-ci véhicule une certaine idéologie, c'est-à-dire un ensemble de représentations de la société et du langage. Le pari des auteurs était clairement de tenir compte des innovations et des emprunts récents du parler marseillais, et de mettre en avant le multiculturalisme de la ville, en vogue dans les discours politico-médiatiques. Malgré ces intentions, le livre n'a pas remporté un franc succès ; il figure encore sur les rayonnages des librairies, mais il est loin d'être le plus exposé ou le plus demandé. Si certains lexiques sont orientés vers le passé et vers un mythique âge d'or supposé révolu, c'est l'excès inverse qui est constaté ici, avec une tentation de la modernité et de la mixité qui porte préjudice à l'équilibre de l'ouvrage.

En effet, les commentaires recueillis autour de ce livre ont parfois été très critiques : plusieurs personnes interrogées affirment ne pas s'y reconnaître parce qu'il ne contiendrait pas les mots du « vrai » parler marseillais, ou « trop de mots arabes ». Un certain racisme qui ne dit pas son nom perce parfois à travers les discours, car la singularité du *Dico* tient dans sa façon de rendre visibles des mots de « jeunes », mais aussi des mots issus des langues de migrants, dont l'arabe. Un Marseillais âgé a déclaré à la lecture de ce livre : « je ne suis plus de Marseille » : pour lui, les termes proposés ne sont pas « marseillais », ne correspondent pas à son parler.

On pourrait ainsi rendre compte de l'univers de chaque ouvrage à travers l'étude de leur nomenclature, de leurs choix graphiques, etc. On arriverait dans tous les cas à constater que la dimension du lexique du français local n'est pas perçue par tous les

Marseillais de la même façon. Pour certains, il se limite aux mots « traditionnels » issus du provençal et à quelques mots d'origine étrangère bien « intégrés » (*oaï, chiapacan*) ; cette attitude normative et conservatrice est de plus en plus verbalisée lors des entretiens. D'autres sujets sont ouverts à l'évolution du parler, notamment au contact avec autres langues. Toutefois, ces deux représentations sont souvent irréconciliables et témoignent de tensions sociales dont le langage est un indicateur.

Le parler marseillais est un élément majeur du fort sentiment identitaire marseillais. Pourtant, il est difficile de trouver une nomenclature consensuelle qui satisferait une « communauté linguistique », étant donné la variabilité des pratiques et des représentations. Dans les lexiques régionaux comme dans les dictionnaires nationaux, les locuteurs cherchent le reflet et la légitimation de leurs propres pratiques ; on va chercher tel ou tel terme pour voir « s'il y est », on guette les mots emblématiques et identitaires. On peut être réjoui ou amusé à la lecture, mais aussi être déçu par la présence de quelques termes ou, au contraire, par l'absence de certains jugés emblématiques. La prolifération éditoriale, la diversité des ouvrages et l'attrait du public indiquent nettement qu'il existe bien plusieurs représentations du parler marseillais dont certaines, diamétralement opposées, témoignent de tensions sociales et identitaires plus larges.

Conclusion

Dans un pays comme la France où le rôle symbolique du dictionnaire est capital, il est remarquable de constater qu'une vingtaine d'ouvrages sur le français de Marseille, écrits pour la plupart par des amateurs, ont paru depuis une vingtaine d'années. Ces ouvrages connaissent un franc succès auprès du grand public, comme en témoignent certaines rééditions et des chiffres de vente parfois considérables. De plus, les glossaires et lexiques se développent sur d'autres supports. La multiplication de ces ouvrages de dimension métalinguistique renforce la visibilité et la légitimité du parler marseillais, variété de français par ailleurs largement représentée dans la littérature et la chanson contemporaines. Ces lexiques remplissent une fonction identitaire essentielle, notamment par le biais de l'humour, en renversant les normes traditionnelles entre le français standard et la variété régionale, d'ordinaire soulignées par « le » dictionnaire.

Au-delà de la mise en avant d'une identité marseillaise globale, une étude comparée de différents ouvrages permet de relever un certain nombre de différences qui rendent compte de variations importantes au sein même du français de Marseille, mais aussi de tensions cristallisées autour des mots, de leur présence ou de leur absence, de leur forme, et des groupes sociaux auxquels ils sont rattachés.

Bibliographie

BINISTI, Nathalie/GASQUET-CYRUS, Médéric, 2003, « Les accents de Marseille », *Cahiers du Français contemporain* 8, pp. 107-129.

CHAUDENSON, Robert, 2006, *Vers une autre idée et pour une autre politique de la langue française*, Paris, L'Harmattan.

CHISS, Jean-Louis/FILLIOLET, Jacques/MAINGUENEAU, Dominique, 1983, *Linguistique française*, t. 1, Paris, Hachette.

GASQUET-CYRUS, Médéric, 2004, *Pratiques et représentations de l'humour verbal. Étude sociolinguistique du cas marseillais*, thèse de doctorat, Université de Provence, inédit.

PRUVOST, Jean, 2002, *Les dictionnaires de langue française*, Paris, PUF, coll. « Que sais-je ? »

Sémantique et reconstruction : Le *Lexique du parler créole de La Réunion*[1]

Gillette Staudacher-Valliamee
CRESOI, Université de La Réunion

Linguistique et études créoles

C'est dans le cadre de la préparation au D.E.A. de linguistique générale à l'Université à Paris V que j'ai travaillé et présenté pour la première fois le *Lexique du Parler créole de La Réunion*. Pour les linguistes responsables de la formation doctorale à René Descartes, tout travail de recherche dans le domaine des études créoles ne se concevait pas en dehors d'un échange scientifique avec le monumental *LPCR*. J'ai été amenée à citer cet ouvrage fondateur au cours de mon enseignement de grammaire du créole réunionnais d'abord pour le D.E.A. et, depuis l'année dernière, en Master *Langages, textes et communication* de l'U.M.R. 6053 à la Faculté des Lettres de notre université. Le *LPCR* rassemble, en des parties relativement autonomes, introduction, développement et bilan partiel. Cet aménagement interne rend service aux jeunes chercheurs confrontés justement aux aléas du compte rendu de lecture scientifique. C'était le cas pour moi lorsque j'ai été initiée aux descriptions linguistiques à partir de données collectées sur le terrain. Je me suis aperçu qu'il était possible de prendre la mesure des discussions théoriques contenues dans le *LPCR* en suivant le fil de la situation linguistique réunionnaise, la présentation du terrain, la méthodologie de la collecte jusqu'à la description détaillée du lexique. Pour illustrer les exemples de son énorme corpus, l'auteur avait choisi une notation « libre » – c'est-à-dire ni phonétique, ni phonologique –, ce qui ouvrait la voie à des études phonologiques ultérieures (Papen 1977 ; Staudacher-Valliamee 1989). L'insertion de copieuses *Notes grammaticales* donnait toute sa pertinence à une différence théorique possible entre lexique et grammaire. Après l'hypothèse d'un éventuel apport de l'Afrique aux langues créoles (Bentolila 1970), après l'examen de la grammaire du mauricien (Baker 1972) et sa relation génétique au réunionnais (Corne 1977), le *LPCR* reprenait la question du groupe verbal mais aussi celle des variétés syntaxiques d'un créole français endogène de première génération dans l'océan Indien (Bollée 1977, Cellier 1985). La classification des items par ordre alphabétique, une première du genre après Nativel (1968) et en même temps que B. Gamaleya (1972), livrait le matériau pour la fabrication de dictionnaires créole/français (Baggioni 1988 ; Armand 1988). Le lien établi entre locuteur, unité et variante lexicale d'une part, entre localisation géographique et appartenance ethnique d'autre part, annonçait également une relecture dialectologique des atlas linguistiques de la France. Il interrogeait les particularités du français et du créole insulaires en même temps que le modèle implicationnel (Carayol/

---

[1] Désormais *LPCR*.

Chaudenson/Barat 1987). Ces apports du *LPCR* au développement des théories et modèles explicatifs des études créoles sont clairement admis dans la communauté scientifique nationale et internationale. Plus neuf serait le regard que la linguistique contemporaine peut porter aujourd'hui sur le traitement du lexique en général, d'un lexique créole en particulier. Le *LPCR* a formulé les prémisses à l'étude sémantique des créoles à une période où cette perspective n'était pas encore à la mode dans notre champ disciplinaire. Les données anthropologiques recueillies complètent utilement l'étude des signifiés et désignés qui grâce à elles éclaire les processus complexes de la construction du sens créole. Du point vue rigoureusement syntaxique, le terme peut sembler un peu flou. Denise François, qui dans les années 80 voulait en approfondir l'exploration, avait déjà répandu la piste d'une « programmation sémantique du lexique » (Ramassamy 1988). Après la théorie des groupes syntaxiques appliquée à l'allemand par Jean Fourquet, les germanistes, dont je faisais aussi partie, avaient privilégié la grammaire du signifié. Au fil d'une lecture plus distanciée, il nous semble aujourd'hui important de rappeler que Robert Chaudenson ne s'est pas contenté de « faire du lexique », travail qui, par ailleurs, attendait son pionnier. Le *LPCR* a livré une étude du créole réunionnais qui éclaire au moins trois espaces intéressants pour la linguistique générale et la créolistique : celui où la langue construit un vocabulaire fondamental, pièce maîtresse pour l'observation de la motivation du signe linguistique ainsi que pour la question essentielle de l'autonomie du lexique en tant qu'objet d'étude. Malgré son intérêt avéré pour l'étude comparative, le *LPCR* exprime sa réserve à l'égard de l'étymologie parce que l'objectif qu'il poursuit n'est pas l'étymon ou l'origine du mot, mais le vecteur par lequel s'est opéré l'emprunt de tout un vocabulaire d'un créole. Cette préférence accordée à l'ensemble par rapport à l'unité isolée, ensemble lui-même indissociable du mode complexe de déplacement et de transfert des systèmes linguistiques au sein d'anciens systèmes esclavagistes, a fourni le matériau utile à un champ d'investigation dont l'importance n'a jamais été sous-estimée pour la sémantique créole.

Lexique et vocabulaire fondamental

Avec leurs 1249 pages, les deux volumes du *LPCR* bousculent les critères de distinction du genre comme seul peut le faire un travail rédigé et élaboré dans le cadre d'un doctorat d'État. Cette perspective place l'ouvrage et son objet d'étude loin des compilations traditionnellement connues sous le terme de « vocabulaire de base » ou « trésor de la langue ». En effet, lorsqu'on dresse l'inventaire des différentes unités lexicales en usage dans toute une communauté linguistique, on obtient le trésor de la langue parlée. Par contre, si l'inventaire ne retient que les unités lexicales communes à tous les membres de la communauté, alors il entre dans ce qu'on appelle le vocabulaire fondamental. En même temps, le *LPCR* est obligé d'organiser données et documents un peu à la manière des paragraphes d'encyclopédie sans pour autant se confondre avec ces derniers (*cf.* Chaudenson 1980). Les explications fournies pour l'item *maron* en sont une bonne illustration (*LPCR* : 616) :

> Le terme qui s'applique à l'origine aux esclaves fugitifs est employé pour désigner aussi bien les animaux domestiques devenus sauvages [sat marõ] « chat sauvage » que des plantes non cultivées qui rappellent par leurs caractères des espèces utiles [zavoka marõ], [yapana marõ]. Le mot peut également qualifier des activités clandestines ou frauduleuses : [rom marõ] 'rhum fabriqué frauduleusement', [taksi marõ] 'possesseur

d'une voiture qui, sans autorisation légale, transporte des clients', [lékol marõ] 'école privée clandestine, sorte de garderie'[2].

Les choix opérés lors du travail d'analyse lexicale montrent en effet que *maron* appartient au lexique, mais aussi à plusieurs classes grammaticales puisqu'il s'emploie comme adjectif de couleur, nom commun de personne 'esclave fugitif' et de chose 'coup de poing', formant de nom composé figé nommant une espèce végétale *vigne maron*. Robert Chaudenson l'a identifié dans un syntagme verbal « moin la parti maron » ('j'ai pris la fuite') employé vers 1715 dans un document d'archive reconstruit. Les données du *LPCR* permettent d'envisager au moins la convergence de deux étymons (fr. *marron*, esp *cimarrone*). En créole actuel, *maron* a conservé le sens de l'adjectif en lui adjoignant deux nuances supplémentaires, presque antinomiques (non cultivé/utile). *Maron* témoigne d'une structure complexe. La grammaire du créole réunionnais a dû ouvrir une classe à part, celle des noms complexes, pour traiter ces unités qui en synchronie appartiennent à l'inventaire lexical et grammatical (Staudacher-Valliamee 2004a). Nous avons parlé d'emploi isolé pour le premier cas (*mon pié* 'mon pied'), d'emploi grammatical pour le second (*piédboi* 'arbre', *piédri* 'esturgeon'). Cette notion – ou ce terme ? – a fait l'objet d'une lecture critique de Robert Chaudenson[3]. Pourtant, l'analyse identifie bien une classe d'unités (*in seré* 'étroit passage', *in kassé* 'un à-pic', *in déboulé* 'un effondrement du sol') que seuls les marqueurs de l'actualisation syntaxique permettent de ne pas confondre avec la forme longue du thème verbal à l'accompli (par exemple *la seré* 'a caché', *la kassé* 'a cueilli/s'est cassé', *la déboulé* 's'est effondré'). Ces exemples entrent dans le vocabulaire fondamental proposé par le *LPCR*. Ils rappellent que ce vocabulaire ne se réduit pas à une liste de mots, qu'il regroupe les unités et structures fondamentales, elles-mêmes au service de procédés de signification que la langue met en œuvre. Les écrits les plus avertis ont souligné à quel point cette préoccupation est essentielle pour la linguistique générale :

> Une réflexion un peu attentive sur la manière dont une langue, dont toute langue se construit, enseigne que chaque langue a un certain nombre de problèmes à résoudre, qui se ramènent tous à la question centrale de la « signification » (Benveniste 1966 : 117)[4].

Par les tâches descriptives dont il s'acquitte, le linguiste saisit, à défaut de la totalité, à tout le moins l'essentiel des procédés de signification propres à une langue donnée. Le corpus rassemblé dans le premier tome du *LPCR* est dynamisé de bout en bout par la reconstruction du sens telle qu'elle se donne à lire dans le vocabulaire de base. La collecte en milieux créoles procède d'une stratification aux formes diverses parce que la question du signifié est difficilement séparable de celle de la forme du signifiant. Le lexique d'un parler créole n'échappe pas, lui non plus, à la double articulation du langage ; on ne peut découper le signifiant sans toucher au signifié. On retrouve ici le recto/verso de la feuille de papier immortalisé dans la formule

---

[2] Nous nous sommes efforcée de respecter, à chaque fois que possible, la notation utilisée dans le *LPCR*.
[3] Robert Chaudenson, dans *Études Créoles* 28/1, 2005, pp. 225-235.
[4] *Cf.* SAVATOVSKY, Dan, 2005, « Sémantique et philosophie », dans *Bulletin et les Mémoires de la Société de Linguistique de Paris*, pp. 315-358, Tome C/1.

saussurienne. On sait par ailleurs que la complexité du découpage est aux sources mêmes du lexique, *lexis* désignant en grec à la fois 'mot' et 'locution'.

Lexique et motivation sémantique

L'organisation interne du *LPCR* invite le lecteur moderne à réfléchir à l'autonomie du lexique par rapport aux autres domaines de la langue (prosodie, phonologie, morphologie, syntaxe). Les exemples inventoriés et classés par le *LPCR* confirment l'usage de plusieurs strates lexicales marquées à l'aide de la distinction entre emprunt, apport, néologisme créole. Le réunionnais ne contredit pas l'observation que le lexique entretient avec la signification des réseaux plus fréquents et plus denses que ne peut le faire la grammaire qui, elle, est beaucoup plus limitée dans le choix et le fonctionnement des paradigmes. C'est justement par le biais de la motivation sémantique que le lexique répond aux besoins de la communauté créolophone : en même temps qu'il construit ces mécanismes utiles au système linguistique, le lexique acquiert aussi une forme d'autonomie qui lui est propre. Il apparaît à l'analyse que cette autonomie se construit dans le discours. On peut dire sans trop se tromper qu'une relative indépendance du lexique créole est manifeste dans ce fonds commun dont procède le vocabulaire fondamental.

Autonomie, changement, lexicalisation

L'autonomie du lexique est maximale dans les néologismes créoles. Ces items que le créole a construits à partir du matériau français figurent dans l'étude lexicologique placée au tome 2 (*LPCR* : 895-950). Ils inscrivent une dynamique qualitative dans le système linguistique du parler. Ce caractère qualitatif réfère directement à la distinction entre fréquence dans le lexique et fréquence dans le discours. En effet, les néologismes créoles ne sont pas statistiquement nombreux ; on dit qu'ils ne possèdent pas une grande fréquence dans le lexique. En revanche, ils jouissent d'une plus grande fréquence dans le discours. Nous le voyons dans l'exemple du pronom de personne qui a subi dans ce créole une modification morphosémantique. Si en cette partie, le *LPCR* n'élude pas la question globale du changement sémantique, il souligne à maintes reprises l'importance de ce champ d'investigation pour l'étude lexicologique du créole réunionnais. Une certaine modestie et une grande prudence ont conduit le chercheur en thèse à ne pas dissimuler le chemin qui lui restait à parcourir pour une théorie du changement sémantique (*LPCR* : 896). Le chapitre X s'ouvre en reliant les spécificités sémantiques à la question plus profonde de la motivation du signe en linguistique créole (Staudacher-Valliamee 2004a). La distinction retenue ici ne se fait pas de manière systématique entre motivation phonétique, morphologique et sémantique. Cependant, une lecture soucieuse des procédés de motivation du signe dans ce parler créole notera au passage que l'analyse de l'emprunt se rattache à celle de la motivation phonétique – au sens de loi phonétique – et morphologique. Par morphologie, nous entendons ici l'étude de la variation de la forme du signifiant en diachronie.

Le traitement lexicologique accorde la priorité à l'observation de trois mécanismes majeurs pour l'étude du changement linguistique : la modification sémantique ou morphosémantique d'une part, le figement avec composition et dérivation d'autre part. On trouve à la page 896 des discussions théoriques portant sur le nécessaire redimensionnement de l'appareil conceptuel lorsqu'il interroge les modèles théoriques de la linguistique générale en matière de sémantique. En effet, deux grands noms,

Michel Bréal et Algirdas Greimas me sont venus à l'esprit à la lecture de ces pages. La sémantique découverte en quelque sorte par Michel Bréal (1897) est l'une des plus anciennes et non la moins complexe, puisque le linguiste français percevait la sémantique comme la science des significations, par opposition à la phonétique, la science des sons (1897, 1982 : 8). Il l'entendait comme l'ensemble des lois qui président à la transformation des sens, au choix d'expressions nouvelles, à la naissance et à la mort des locutions. Le chercheur du *LPCR* a suivi la tendance moderne des années 1960 qui était « de renoncer à la recherche d'hypothétiques lois générales au profit d'ensembles de termes où les corrélations intralinguistiques et extralinguistiques peuvent être décrites synchroniquement » (*LPCR* : 896). La question cruciale soulevée par Chaudenson est celle de l'existence ou l'absence d'un système de correspondances phonétiques constantes entre les deux parlers (français et créole). La phonologie du créole réunionnais en synchronie indique le caractère irrégulier du changement. Il semble résulter d'une dynamique entretenue par la convergence de plusieurs habitudes articulatoires (Staudacher-Valliamee 1991, 1993, 1992, 1996). Celles des dialectes français anciens comme celle des dialectes malgaches et indiens ont laissé des traces stables (notamment la nasalité vocalique) et fluctuantes (l'arrondissement et la fermeture vocaliques). Toutes rappellent la difficile reconstruction de la forme phonique de l'étymon français, malgache et indien. Le *LPCR* a donc privilégié l'étude du changement sémantique, plus accessible que le changement phonétique. Dans un corpus limité d'unités lexicales, huit types de modification sémantique ont été analysés : le changement de référent (*kamaléon* 'lézard', *léza:ʳ* 'gecko'), la métaphore (*kanèt* 'globe de l'œil, bille', la métonymie (*fyèl* 'vésicule biliaire'), la spécialisation et l'extension de sens [ãto :ʳtiyé] 'langer un enfant'), le transfert (*mon blan* 'mon patron', *son nwa :ʳ* 'son serviteur'), l'ellipse (*gaté* 'câlinerie, geste affectueux') et les changements morphosémantique [kòz pa] locution interjective (ex : *i féso kòz pa koman* 'il fait une chaleur incroyable').

Les formes de dépendance lexicale

À la différence des néologismes créoles, d'autres strates du lexique – nous en avons repéré trois – entrent dans des zones de dépendance lexicale. La première, la plus visible, la plus directement identifiable, est occupée par cet espace d'intersection entre le créole et le français, source d'emprunts. Une deuxième strate se rattache au contact établi entre le français dialectal et les apports étrangers, c'est-à-dire ceux de Madagascar et de l'Inde. Par « étranger », le *LPCR* entend le lexique d'origine non française mais bien constitutif du fonds créole. On comprend difficilement en effet comment les Malgaches et Indiens, Portugais de l'Inde – esclaves, libres et affranchis de première génération, auraient emprunté à leur propre idiome. C'est là que se retrouvent les *kari, rougay, bred* des créoles français de l'océan Indien. Ces derniers constituent un sous-ensemble à part et n'entrent pas dans la troisième strate illustrant la reconstruction du « vocabulaire des Isles » (t. 1. : 591-631). Celle-ci est qualitative puisque limitée à 63 items du vocabulaire créole fondamental. Ils se regroupent dans un espace diachronique inter-créole plus large puisque ce fonds lexical commun s'étend aux créoles français des Antilles. On apprend pour [âgazé] que « le système de l'engagement » a été créé lors des premiers temps de la colonisation des Antilles. À la Réunion, le terme *zangazé* – à forme phonique stable – désigne après l'abolition de l'esclavage (1848) les travailleurs des établissement sucriers amenés de l'Inde sous contrat d'engagement officiel à partir de 1860. Le terme s'appliquera aux Malgaches (zangazé malgash) et aux Comoriens (zangazé komor) au début du XXe siècle (Fuma). La traduction anglaise lève l'ambiguïté de l'homonymie du français.

> En français, le mot "engagé" crée une ambiguïté car il désigne aussi bien des travailleurs non-Européens (contract laborers) qu'on recrutera au XIXe siècle, en particulier pour remplacer les esclaves après l'abolition de l'esclavage, que des "engagés" français (indentured servants) qu'on tente d'utiliser, en particulier aux Antilles françaises au XVIIe siècle, avant même l'introduction d'esclaves africains. Ce système sera abandonné faute de candidats (Mufwene 2005 : 14, n. 3).

Pour rendre compte de cette différence, l'analyse linguistique doit dépasser le cadre neutralisé du signifié pour saisir la différence de valeur résultant d'opposition. Nous employons *valeur* dans le sens proposé depuis Saussure et repris par exemple dans la grammaire fonctionnelle du français (Martinet 1979 : 21). De ce point de vue, l'étude de la valeur dans une langue particulière revient à l'axiologie tandis que la sémantique étudie le sens d'une manière générale[5]. Dans une communauté créolophone, la valeur signifiée n'est pas détachée de l'interaction des différentes langues, variétés et variantes en présence, ni sans incidence sur l'organisation des paradigmes de signification. Ces caractéristiques compliquent l'usage de la notion d'emprunt *stricto sensu*. Les définitions proposées par les dictionnaires attirent l'attention, notamment pour la méthodologie de la linguistique historique, sur la distinction à opérer entre « emprunt » et « héritage » *:* ils marquent deux relations pouvant s'instaurer entre un mot *a* d'une époque *A* et un mot *b* d'une époque *B* (Ducrot/Todorov 1972 : 20-21). Il y a emprunt lorsque *b* est consciemment formé sur le modèle de *a* : *hôpital* a été fabriqué par imitation du latin *hospitale*. On parle d'héritage lorsque le passage de *a* à *b* est inconscient *:* *hôtel* est le produit d'une série de modifications successives subies par *hospitale* (Ducrot/Todorov 1972 : 20). Au vu de ces traces bien repérées du changement dans l'étude générale des langues, ces distinctions nous invitent à réfléchir à la notion d'emprunt. Elle peut en effet poser problème lorsqu'elle s'applique à un créole en général, car le critère de formation consciente d'un ensemble ou d'un sous-ensemble du lexique sur un modèle donné est difficile à vérifier. On dénombre plus de cent cinquante items commençant par *z-* dans le *LPCR* : *zavoka* 'des avocats', *le/in zavoka* 'l'/un avocat'. Bien sûr, le vocable vient du français. Cependant, ce type de changement de prononciation dans le passage du français au créole est complexe parce qu'il n'implique pas le seul argument phonétique. Certes, l'état dialectal du français ancien peut expliquer – dans le syntagme nominal par exemple – l'absence du marquage flexionnel pour les catégories syntaxiques de nombre et de définitude amalgamés dans l'article défini *les* et indéfini *des*. Mais, on note aussi l'usage d'un déterminant zéro à valeur pluriel et générique selon son emploi dans la phrase *zavoka i vann par ta* 'les avocats sont vendus par tas'. Ces modifications sont probablement le résultat d'une évolution plus longue dans le temps : ne peut-il pas s'agir de ces transformations progressives justement définitoires de l'héritage ?

---

[5] Bernard Pottier a récemment attiré mon attention sur le fait que, dans d'autres modèles théoriques, l'axiologie désigne actuellement l'étude des modaux. Sur la perspective axiologique dans les questions de sémantiques, on peut également se reporter au bilan historique retracé par Anne-Marie Houdebine, dans Feuillard (éd.), 2004 : 195-202.

Lexique et classement thématique

En choisissant de traiter le lexique créole par thèmes, la première partie du *LPCR* évite deux écueils : celui de l'exhaustivité relative qu'imposerait le caractère illimité de l'inventaire lexical, celui de la constance de la forme phonique des étymons français attestés dans le lexique créole. Pour pallier ces deux contraintes internes, la part belle est faite au critère de représentativité maximale des thèmes retenus. En effet, le lexique créole s'organise en neuf champs thématiques résumés dans les sous-titres rédigés, il est vrai, à l'aide de noms français : la nature (1), l'homme (2), l'économie domestique (3), la vie sociale (4), la vie économique (5), vie rurale (6), la canne à sucre (7), la pêche (8). Cette structuration du lexique par les thèmes n'est pas sans rappeler les atlas linguistiques orientés vers l'étude de l'homme et de son milieu. Elle répond au souci d'observer comment la société découpe l'univers et le monde. L'approche fondée sur l'évolution susceptible d'avoir conduit du lexique français au lexique créole s'en tient davantage à l'anthropologie qu'à la sémantique structurale d'un Greimas (1974 : 141). Chaudenson rappelle en effet la méthode préconisée par ce dernier en vue de « diviser l'univers sémantique en micro-univers pour y chercher des principes d'organisation » (*LPCR :* 896). L'un des objectifs formulés vise à appréhender les items « en situation » pour donner une idée de la vie et de l'activité créoles (*LPCR*, t. 1 : XLVII).

Concrètement, collecter des mots en situation revient à les saisir et noter dans leur emploi réel – lexème, lexie (syntagme, locution, phrase) – corpus inestimable pour la description linguistique. On aime à lire et à relire les innombrables exemples dans lesquels l'anthropomorphisation rééquilibre les limites du vocable technique : *la kan lé fay* 'la canne est malingre' (p. 240) ; *kank la ter lé meg, i antèr la pay* 'si la terre est pauvre, on enterre les feuilles' ; *la kan i ferm* 'tous les plants ont épaissi' (p. 239) ; *la tet kan* 'le sommet de la canne' (p. 237) ; *tyé le zyé* 'détruire le bourgeon'. On éclate de rire lorsque l'enquêteur masculin, recueille et note ces registres qu'une enquêtrice entendrait plus rarement (*li la lèv son fès avan son tèt* 'il s'est levé du pied gauche' ; *moin la kok/ moin la bez dé butey dodo* 'j'ai avalé deux bouteilles de bière'). Les thèmes possèdent un fort degré de rentabilité dans la structuration sémantique : on les retrouve au chapitre X où ils servent à classer des *Proverbes et expressions*, domaine de la langue très rattaché, on le sait, aux particularités culturelles (Benveniste 1966). Par ce choix de présentation, le *LPCR* de Robert Chaudenson renoue – pour la dépasser – avec la vieille tradition des amoureux de langue et culture régionales créoles : je pense concrètement à l'ouvrage de M. Kourio couronné en 1906 du prix de l'Académie de la Réunion[6]. Mêlant grammaire et lexique, l'essai déroule une trentaine de paragraphes regroupant les locutions, proverbes et tournures par rubriques thématiques. Le *lexique* de Nativel (1972) préfacé par Chaudenson, le glossaire de Jean Albany développeront avec délectation ce genre de publication pour grande diffusion, mais sans visée scientifique.

Les thèmes qui organisent et structurent le *LPCR* apportent également les éléments nécessaires à la construction des champs axiologiques – ou champs du signifié –, aux procédés lexicaux, mais aussi syntagmatiques. C'est la définition même

---

[6] *Cf.* Staudacher-Valliamee 1996, « Mots et Lettres créoles. La Réunion 1946-1996 », communication au séminaire de littérature de J.-Cl. C. Marimoutou et Michel Beniamino, UMR.

du champ linguistique proposé par Trier. La sélection des données montre la manière pertinente dont le locuteur créole traditionnel se situe par et dans son parler. L'enquêteur du *LPCR* ne se demande pas comment le locuteur créolophone dirait la nature. Il le laisse exprimer à sa manière sa situation insulaire. À l'intérieur de chaque rubrique, le découpage de la réalité décrite est rendu sur un mode parfaitement bilingue résultant de la traduction systématique par l'auteur de l'explication fournie par l'informateur, ce qui suffit à éclairer la sémantique de l'adjectif dans ce créole : *rèd, dir, vayan* 'robuste', *in visyé* 'un malin', *in vyé zèn zan* 'un vieux garçon' (p. 40), *li lé dé kèr* 'il est indécis', *li lé an dé* 'il est partagé' (p. 48). De manière contrastive, chaque chapitre met en relief un être au monde créole comme la langue peut le véhiculer à travers des prismes culturels qui lui sont propres tout en prenant sa part dans la catégorisation universelle pour situer son corps dans l'espace et le temps de l'affect : *dévid le kèr* 'se confier' (p. 48), *mon kèr lé gro* 'je souffre, j'ai du chagrin'. On remarque également, et ce point est précieux, que l'imaginaire local ne nomme pas l'île, mais le *péi* au sens de 'région, pays, localité' : *péi o van, péi sou l'van*. La tradition orale et écrite conservait toujours *péi Bourbon, péi Maskarin, péi brûlé, péi dehor* 'pays étranger'. *Péi* fonctionne donc comme nom commun, mais aussi comme formant de mot à valeur locative, puis qualificative : *kouvertïr-péhi* 'compagne', *zavoka péhi*. Plus fréquent que l'usage de points cardinaux apparaît l'antinomie *par Lého, par Léba*. Elle peut-être concurrencée par le doublet de la désignation métaphorique. Ex : *zot la tir amoin dan l'batan dé lam pou anway amoin dan l'somé dé montagn* 'ils m'ont fait quitter le bord de mer pour les montagnes'.

Le lecteur n'est pas surpris de lire que des problèmes spécifiques sont liés au traitement de la flore et de la faune au chapitre IX. Ils montrent avec pertinence la synonymie, la relation entre *lexème et référent* en réunionnais : l'oiseau appelé *fouké* désigne à la Réunion quatre espèces de pétrels et de puffins. On a donc un même signifiant pour quatre référents. A cela s'ajoute la question de la variation du signifiant, puisque des synonymes sont attestés : *makwa, fouké bordmer, fouké bor la mer*, sans oublier la désignation métonymique *zozo blan* (*LPCR* : 292). Un aspect intéressant apparaît avec l'identification de l'item lexical tributaire de celle des espèces qu'il désigne. *Zerb* est employé comme unité lexicale autonome, est polysémique : avec une valeur de quantitatif et de générique, il désigne les herbes folles comme son synonyme *zerb shëmin* (*LPCR* : 308), mais aussi le fourrage, les mauvaises herbes, les plantes médicinales. On l'identifie aussi comme formant de mot composé figé (ou lexie) où il sert à nommer différentes espèces : *zerb kalïmé* 'herbe calumet, *Hyparrhenia rufa* ...' Avec une morphologie stable, *zerb* forme des locutions sans être actualisé par la catégorie syntaxique de nombre (*lé an zerb* 'être mal entretenu', *tir le zerb* 'enlever les mauvaises herbes', *léskargo i koné son zerb* 'l'escargot connaît son herbe/sa nourriture').

Conclusions

En relisant le *LPCR*, j'ai en quelque sorte revécu les joies et les vicissitudes de la description linguistique d'un créole. Plusieurs questions se sont posées que j'ai tenté de soumettre à Robert Chaudenson parce que ses publications régulières entretiennent toujours le dialogue – houleux s'il le faut – avec la communauté scientifique (Chaudenson 2003, 2005). Son travail autour du vocabulaire fondamental créole a mis en œuvre une dynamique qu'il était possible d'explorer sous plusieurs angles :

l'autonomie du lexique, la rentabilité de certaines nervures thématiques. Beaucoup de termes créoles ne se prêtent pas à une traduction terme à terme en français, soulignant l'absence d'isomorphisme et la non-coïncidence morphologique, structurelle et sémantique pour certains ensembles de mots créoles et français. Ces indications sont précieuses et consolident probablement l'étude des noyaux sémantiques potentiels, connexions utiles à l'approfondissement des théories de la créolisation (Staudacher-Valliamee 2006).

Bibliographie

ARMAND, Alain, 1988, *Dictionnaire kréolrénioné-français*, Saint-André de La Réunion, Océan Éditions.

BAGGIONI, Daniel, 1987 (rééd. 1992), *Petit dictionnaire créole réunionnais-français*, Saint-Denis, Université de La Réunion.

BAISSAC, Charles, 1880, *Étude sur le patois créole mauricien*, Nancy, Imprimerie Berger-Levrault.

BENVENISTE, Émile, 1966 (1974), *Problèmes de linguistique générale*, Tomes 1 et 2, Paris, Gallimard.

BENTOLILA, Alain, 1970, *Créoles et langues africaines : comparaison des structures verbales*, Thèse de 3^è cycle, Paris.

BRÉAL, Michel, 1982 (rééd.), *Essai de sémantique, Science des significations*, Brionne, Monfort.

CARAYOL, Michel, 1985, *Particularités lexicales du français réunionnais*, Paris, Nathan.

CHAUDENSON, Robert, 2003, « Les créoles français des DOM sont-ils des langues régionales ? », in V. Castellotti et D. de Robillard, « France, pays de contacts de langues », *Cahiers de l'Institut de Linguistique de Louvain*, t. 2, pp. 71-87.

CHAUDENSON, Robert, 2005, compte rendu de C. Feuillard (éd.), *Créoles – Langages et Politiques linguistiques, Actes du 26e Colloque de la Société Internationale de Linguistique Fonctionnelle [Gosier (Guadeloupe) Réunion, 30 septembre-7 octobre 2002], Études Créoles* 28/1, pp. 225-236.

DUCROT, Oswald/TODOROV, Tzvetan, 1972, *Dictionnaire encyclopédique des sciences du langage*, Paris, Seuil.

KOURIO, Marcelle, 1921, « Locutions créoles », *Bulletin de l'Académie de La Réunion*.

MARTINET, André (éd.), 1979, *Grammaire fonctionnelle du français*, Paris, Didier, CREDIF.

NATIVEL, Rémy, 1972, *Le lexique de La Réunion*, Saint-Joseph de La Réunion, Ganowski, 91 p.

POTTIER, Bernard, 1992, *Sémantique générale*, Paris, PUF.

POTTIER, Bernard, 1974, *Linguistique générale, théorie et description*, Paris, Klincksieck.

GREIMAS, Algirdas, 1966, *Sémantique structurale*, Paris, Larousse.

GREIMAS, Algirdas, 1970, *Du sens*, Paris, Seuil.

HAGÈGE, Claude, 1986, *L'homme de paroles*, Paris, Fayard.

KLEIBER, Georges, 1980, *Problèmes de référence : descriptions définies et noms propres*, Paris, Klincksieck.

MARTIN, Robert, 1983, *Pour une logique du sens*, Paris, P.U.F.

MUFWENE, Salikoko S., 2005, *Créoles, écologie sociale, évolution linguistique*, Paris, L'Harmattan.

RASTIER, François, 1987, *Sémantique interprétative*, Paris, P.U.F.

TRIER, Jost, 1931, *Der deutsche Wortschatz im Sinnbezirk des Verstandes*, Heidelberg.

STAUDACHER-VALLIAMEE, Gillette, 1992, *Phonologie du créole réunionnais : unité et diversité*, Paris, Peeters Selaf.

STAUDACHER-VALLIAMEE, Gillette, 2004a, *Grammaire du créole réunionnais*, Paris, Sedes.

STAUDACHER-VALLIAMEE, Gillette, 2004b, Les créoles à l'épreuve de la classification : grammaire du créole réunionnais, in C. Feuillard (éd.), *Créoles – Langages et Politiques linguistiques, Actes du 26e Colloque de la Société Internationale de Linguistique Fonctionnelle*, Bern, Lang.

STAUDACHER-VALLIAMEE, Gillette, 2006, « Système de langue et système de croyances : pour une étude sémantique du créole réunionnais », in G. Staudacher-Valliamee (éd.) *Méthodes et problèmes de la collecte des données : tradition orale créole. Travaux et Documents* 7, Saint-Denis, Revue de la Faculté des lettres de l'université de la Réunion, pp. 89-122.

BIBLIOGRAPHIE DE ROBERT CHAUDENSON

1967 « L'apport lexical malgache au créole réunionnais », *Bulletin de l'Académie de la Réunion* 68, pp. 54-70.

1971 (avec Michel Carayol), « Bibliographie des études linguistiques sur les parlers créoles de l'océan Indien », *Cahiers du Centre Universitaire de la Réunion* 1, pp. 53-70.

1973 a. (avec Michel Carayol), « Aperçu sur la situation linguistique à la Réunion », *Cahiers du Centre Universitaire de la Réunion* 3, pp. 1-44.

b. « Pour une étude comparée des créoles et parlers français d'outre-mer : survivance et innovation », *Revue de Linguistique romane* 37, pp. 342-371.

c. (avec Annegret Bollée), « Deux contes populaires seychellois. Texte, traduction et notes », *Te Reo* 16, Auckland, Nouvelle-Zélande, pp. 60-68.

1974 a. *Le lexique du parler créole de la Réunion*, 2 vol., Paris, Champion, 1249 p. (comptes-rendus parus dans *Le français moderne, La revue des Sciences humaines, Archiv für das Studium der neueren Sprachen und Literaturen, Carribean Issues, Orbis, Bulletin de la Société de Linguistique de Paris, Romance Philology, Language Problems and Language Planning, The French Review*)

b. « Le blanc et le noir, essai sur la classification raciale dans les créoles de l'océan Indien », *Revue de Linguistique romane* 38, pp. 75-94.

1976 a. « "Z'histoires la caze" de Georges Fourcade ; introduction et glossaire », Marseille, Laffitte Reprints.

b. « La situation linguistique dans les archipels des Mascareignes et des Seychelles », *Annuaire de l'océan Indien*, 1977, pp. 153-182.

1977 « Les créoles à base lexicale française », in *Colloque du Centre mondial d'information sur l'éducation bilingue* (CMIEB), Pointe-à-Pitre, 1977, in *Rencontre sur le créole*, Washington D., US Government Printing Office, 1977.

1978 a. « Toward the reconstruction of the social matrix of creole language », in A. Valdman (éd.), *Pidgin and Creole Linguistics*, Bloomington, Indiana, pp. 259-276.

b. (avec Michel Carayol), *Les aventures de Petit Jean, contes créoles de l'océan Indien,* coll. « Fleuve et Flamme », textes et traductions, Paris, CILF.

c. Éditeur scientifique de *Langue française* 37 : « Les parlers créoles ».

d. « Créole et langage enfantin : phylogenèse et ontogenèse », *Langue française* 37, pp. 76-90.

e. (avec Michel Carayol), « A study of the implicational analysis of a linguistic continuum : French-Creole », *Journal of Creole Studies* 1/2, pp. 179-218.

f. « Lexicologie et lexicographie créoles », *Études créoles* 1/1, pp. 109-117.

1979 a. *Les créoles français*, Paris, Nathan, coll. « Langues en question », 173 p.

b. (avec M. Carayol), *Lièvre, Grand Diable et autres, Contes créoles de l'océan Indien*, Paris, CILF, coll. « Fleuve et Flamme » (textes et traduction), 165 p.

c. « Le français dans les archipels créolophones de l'océan Indien », in A. Valdman (éd.), *Le français hors de France*, Paris, Honoré Champion, pp. 543-617.

d. « À propos de la genèse du créole mauricien : le peuplement de l'Île de France de 1721 à 1735 », *Études Créoles* 2/1, pp. 43-57

e. « À propos d'un lexique des particularités du français de l'Île Maurice », *Cahiers du Centre Universitaire de la Réunion* 10, pp. 133-141.

f. « Les parlers créoles et l'enseignement du français », *Le français dans le monde* 146, pp. 12-17.

g. « Créoles français et langues africaines », in *Readings in Creole Studies* 1 Gand (Belgique), Hancock, pp. 217-238.

h. (avec Michel Carayol), « Essai d'analyse implicationnelle du continuum linguistique français-créole », in G. Manessy et P. Wald (éds.), *Plurilinguisme*, Paris, L'Harmattan, pp. 129-172.

i. (avec Christian Barat), « Chansons et musiques populaires des Seychelles » (texte et cassette), Paris, Échanges musicaux francophones, 27 p.

1980 Éditeur de l'*Encyclopédie de la Réunion*, 9 volumes (1980-82), Saint-Denis, Livres-Réunion.

1981 a. « Creole studies » in *Caribbean Cultures*, Proceedings of the meeting of experts held in Santo-Domingo, Dominican Republic, 18-22 sept. 1978, UNESCO, pp. 122-129.

b. « Continuum intralinguistique et interlinguistique », *Études Créoles* 4/1 [IIIe Colloque International des Études Créoles, Sainte-Lucie, mai 1981], pp. 19-46.

c. « Présentation et extraits de l'*Atlas linguistique et ethnographique de Rodrigues* », in *Études Créoles* 4/2, pp. 117-150.

d. (Avec Nicole Gueunier), « Problèmes posés par les méthodes d'analyse des continuums », communication au Colloque de sociolinguistique de Montpellier, [décembre 1981], 19 p.

e. *Textes anciens en créole réunionnais et mauricien : comparaison et essai d'analyse*, Hambourg, H. Buske, 272 p. (Comptes rendus de Ch. Corne dans *Études créoles* et d'A. Hull dans *French Review*).

1982 a. Compte rendu de D. Bickerton, *Roots of Language*, in *Studies in Second Language Acquisition* 5, pp. 82-102.

b. Compte rendu de A. Cheke, *Les noms créoles des oiseaux dans les Îles francophones de l'océan Indien (essai ethno-ornithologique)*, in *Études Créoles* 5/1-2, pp. 147-151.

c. Conception de la série *Séquences d'activités et d'éveil* (cycle primaire), réalisée par J. Lombard et G. Besson, Coll. « Encyclopédie de la Réunion », 6 vol.

1983 a. *Magie et sorcellerie à la Réunion*, Saint-Denis, Livres-Réunion, 134 p.

b. Éditeur des *Actualités Réunionnaises*, de 1976 à 1983 : 8 volumes, Saint-Denis, Livres-Réunion.

c. « Où l'on reparle de la genèse et de la structure des créoles de l'océan Indien », *Études Créoles*, 6/1-2, pp. 157-237.

d. (avec Albert Valdman et Marie-Christine Hazaël-Massieux), *Bibliographie des études créoles, langues et littératures*, Bloomington, Indiana University, ACCT-CIRELFA.

e. Compte rendu de M.-R. Simoni-Aurembou : *Parlers et jardins de la banlieue de Paris*, Klincksieck, in *Revue de Linguistique Romane* 47, pp. 219-224.

f. Compte rendu de A. Queffelec et F. Jouannet : *Inventaire des particularités lexicales du français du Mali*, in *Revue de Linguistique romane* 47, pp. 240-248.

1984 a. (avec Michel Carayol et Christian Barat), *Atlas linguistique et ethnographique de la Réunion*, Paris, CNRS, t. I.

b. (avec Michel Carayol) : « Essai de traitement et d'interprétation de quelques variantes phonétiques à partir de l'*ALR* », *Travaux de l'Institut de Linguistique et d'Anthropologie de l'Université de la Réunion* 4, 25 p.

c. (avec Pierre Vernet), *Le créole à l'école : étude comparée des réformes éducatives en Haïti et aux Seychelles*, Paris, ACCT, 162 p.

d. Éditeur de « Créole et éducation », *Études Créoles* 7/1-2, n° spécial.

e. « Vers une politique éducative dans les DOM français : positions et propositions », *Études Créoles* 7/1-2, n° spécial, pp. 126-141.

f. (avec Marie-Christine Hazaël-Massieux), « Créole et éducation : approche bibliographique », *Études Créoles* 7/1-2, n° spécial, pp. 201-236.

g. « La recherche sur l'océan Indien à l'université de la Réunion », *Recherche, Pédagogie et Culture* 67 : « Hommes, rivages et bateaux dans l'océan Indien occidental », pp. 75-78.

h. « Diglossie créole, diglossie coloniale », *Langues et Cultures. Mélanges offerts à Willy Bal*, t. 2, *Cahiers de l'Institut de Linguistique de Louvain* 9/3-4, pp. 19-29.

i. « Le système éducatif à la Réunion », *Antilla Magazine* 5, pp. 34-40 (également dans *Cahiers de l'Institut de Linguistique et d'Anthropologie de la Réunion*).

j. « Langues africaines et créoles de l'océan Indien », *Notre librairie* 72, pp. 15-19.

1985 a. (avec Christian Barat et Michel Carayol), *Rodrigues, la Cendrillon des Mascareignes*, Saint-Denis de la Réunion, 118 p.

b. « Les créoles », in Gérald Antoine et Robert Martin (dirs.), *Histoire de la Langue française, 1880-1914*, Paris, Éditions du CNRS, t. 14, pp. 415-420.

c. « Français avancé, "français zéro", créoles » in *Actes XVIIe Congrès de Linguistique et Philologie Romanes*, t. 5, Aix-en-Provence, Publications de l'Université de Provence, pp. 165-180.

d. *Français marginaux, "français zéro", créolisation*, Rapport, ATP du CNRS, polycopié, 122 p.

e. *La littérature orale créole : vers une étude de la créolisation culturelle*, Rapport, CORDET, polycopié, 265 p.

1986 a. *Voyage à l'Isle de France de Bernardin de Saint-Pierre, édition critique avec textes inédits, introduction, notes et index*, Île Maurice, Éditions de l'océan Indien, 473 p.

b. « Norme, variation, créolisation », in *Revue de l'Association Internationale de Linguistique Appliquée/AILA Review*, 1985/2, pp. 69-88.

c. « Genèse des sociétés, langues et cultures créoles », in *Qui Vive international*, sept. 1986, pp. 49-52.

d. « Évolution et genèse linguistiques : le cas des créoles », in *Travaux du CLAIX* 4, Université de Provence, pp. 81-100.

e. (avec André Valli et Daniel Véronique) : « The dynamics of linguistic systems and the acquisition of French as a second language », *Studies in Second Language Acquisition* 8, Cambridge University Press, pp. 277-292.

f. « And They had to Speak Any Way... Acquisition and Creolization of French », in J. Fishman (éd.),), *The Fergusonian Impact*, vol. 1 : *From Phonology to society*, Berlin, Mouton De Gruyter, pp. 69-82.

g. « *L'Histoire de Maurice* de Grant et le *Voyage à l'Île de France* de Bernardin de Saint Pierre », in J. M. Racault (éd.), *Études sur Paul et Virginia*, Paris, Didier, pp. 225-237.

h. « Pidginisation, créolisation, acquisition d'une langue étrangère », in A. Giacomi et D. Véronique (éds.), *Acquisition d'une langue étrangère. Perspectives et Recherches*, Aix-en-Provence, Université de Provence, GRAL, pp. 499-516.

i. « Unité et diversité des créoles de l'océan Indien », in *La Réunion dans l'océan Indien*, Paris, CHEAM, pp. 57-66.

j. Article « Creole » dans *Dictionnaire général de la Francophonie*, Paris, Letouzey, pp. 110-111.

1987 a Éditeur de *Langue et économie*, Actes du colloque international de la Baume-lès-Aix, Aix-en-Provence, Université de Provence, 182 p.

b. « Industries de la langue, éducation et développement », 36 p. et annexes, communication au Colloque International de la Baume-lès-Aix [25-27 mai 1987] « Économie et langue ».

c. « Pour un aménagement linguistique intégré : le cas de la graphie des créoles français » [communication au Ve Colloque des Études Créoles, la Réunion, 7-14 avril 1986], *Études Créoles* 10/2, pp. 143-157.

d. « Vers la création d'un réseau thématique francophone en sciences du langage », communication au Colloque de Marrakech, IXe Assemblée Générale de l'AUPELF [21-28 novembre], 15 p.

e. « Langue et économie », rapport d'étape Appel d'Offre MEN-MRT : « Économie des ressources humaines dans les pays en voie de développement », Ministère de la Recherche et de l'Enseignement Supérieur, Paris, janvier 1987.

1988 a. *Propositions pour une grille d'analyse des situations linguistiques de l'espace francophone*, ACCT-IECF, Aix-en-Provence, 48 p.

b. « Sciences et développement : sciences du langage, dans l'espace francophone », in *Mondes en développement* 64/16, pp. 201-214.

c. « Langues et économie dans les pays en voie de développement », in *La solidarité entre le français et les langues du Tiers-Monde pour le développement* [Paris, 9-10 décembre 1987], Paris, CILF, pp. 17-27.

d. « Le Dictionnaire du créole mauricien : où l'on reparle (à nouveau mais pour la dernière fois !) de la genèse des créoles de l'océan Indien », *Études Créoles*, 11/2, pp. 73-127.

e. Compte rendu de P. A. Roberts, *West Indians and their languages*, in *Études Créoles* 11/1, pp. 163-166.

f. Compte rendu d'A.-M. d'Ans, *Haïti, paysage et société*, in *Études Créoles* 11/1 pp. 137-143.

g. « Aménagement linguistique des créoles et droit à la langue », communication au 1er Colloque international de droit linguistique comparé, Montréal, avril 1988.

1989 a. *Vers une révolution francophone ?*, Paris, L'Harmattan, 224 p.

b. *Créoles et enseignement du français*, Paris, L'Harmattan, 1989, 198 p. (Compte rendu de Salikoko Mufwene, *JPCL* 1991/1, pp. 148-155).

c. (avec Michel Carayol et Christian Barat), *Atlas linguistique et ethnographique de la Réunion*, t. 2, 302 cartes + planches photos, éditions du CNRS, Paris.

d. (avec Didier de Robillard), *Langues, économie et développement*, Paris, Didier-Érudition, 257 p.

e. « Créolisation linguistique, créolisation culturelle », *Études Créoles* 12/1, pp. 53-73.

f. « "Mode d'emploi" de la grille d'analyse des situations linguistiques de l'espace francophone », in *Langues et développement*, janvier 1989, Aix-en-Provence, Université de Provence, IECF, pp. 5-14.

g. « L'apport d'une approche dialectologique à l'étude de la genèse des créoles de l'océan Indien », in *Espaces romans. Études de dialectologie et de géolinguistique offertes à Gaston Tuaillon* vol. II, Grenoble, ELLUG, pp. 305-319.

h. « À propos de deux dictionnaires du créole mauricien : éléments de "lexicographologie" créole », in R. Ludwig (éd.), *Les créoles français entre l'oral et l'écrit*, Tübingen, Narr, pp. 111-142.

i. Compte rendu de J. Holm, *Pidgins and Creoles*, in *Études Créoles* 12/1, pp. 145-162.

j. Compte rendu de *Africana Romanica. Mélanges Willy Bal*, in *Études Créoles* 12/1, pp. 166-167.

k. Appel d'offres international de recherche du CIRELFA « Étude et gestion du multilinguisme pour le développement dans l'espace francophone », *Langues et développement* 7, Université de Provence, IECF, 12 p.

1990 a. « Du mauvais usage du comparatisme : le cas des études créoles », in *Travaux du CLAIX* 8, Université de Provence, pp. 123-158.

b. « Réponse d'un créoliste à l'article de L.-J. Calvet : glossologues et glossographes », *Études Créoles* 13/1, pp. 75-83.

c. « Recherche, formation et créolistique », in *Revue québecoise de linguistique théorique et appliquée* 9/3, pp. 287-303.

d. Articles « Francophonie » et « Créoles », in *Encyclopédie Thema*, Paris, Larousse.

e. « Derecho a la lengua, a la educcion y a la communicacion en los paises en vias de desarollo del espacio francofono », in M. Siguan (éd.) *Les lenguas y la educacion para la paz*, Barcelona, IEC/Horgori, pp. 159-171.

f. Compte rendu de I. Neumann-Holszchuh, *Textes anciens en créole louisianais*, in *Études Créoles* 13/1, pp. 97-99.

g. Compte rendu de J.-M. Lipski, *The speech of the Negro Congos in Panama*, in *Études Créoles* 13/1, pp. 100-101.

h. Compte rendu de J. V. Singler (éd.), *Pidgin and Creole Tense/Mode/Aspect Systems*, in *Études Créoles* 13/1, pp. 117-120.

h Compte rendu de K. D. Jackson, *Sing without shame. Oral traditions in Indo-Portuguese Creole Verse*, in *Études Créoles* 13/2, pp. 157-161.

i. Rapport de l'URA 1041 (1986-1990), Université de Provence, IECF, polycopié, 127 p.

1991 a. *La francophonie : représentation, réalités et perspectives*, Paris, Didier-Érudition, 218 p.

b. « Plurilinguisme et développement en Afrique subsaharienne francophone : les problèmes de la communication », in J. Charmes (éd.) « Plurilinguisme et développement » *Cahiers des sciences humaines* 27/3-4, ORSTOM, pp. 305-313.

c. « De Dakar à Chaillot : quelques réflexions et propositions », *Langues et développement* 14, Université de Provence, IECF, pp. 1-4.

d. « Sida et francophonie », *Langues et développement* 16, Université de Provence, IECF, pp. 1-3.

e. « Mulâtres, métis, créoles », in Collectif, *Métissages. Linguistique et Anthropologie*, t. 2, Paris, L'Harmattan, pp. 23-37.

f. « From Botany to Creolistics. The contribution of the Lexicon on the flora to the Debate on Indian Ocean Creole Genesis », in F. Byrne et T. Huebner (éds.),

Development and Structures of Creole Languages, Amsterdam, John Benjamins pp. 91-100.

g. « Vulgarisation et développement rural dans les États du Sud de l'espace francophone », in L.-J. Calvet (éd.) *Langues et civilisations africaines*, Paris, ACCT, pp. 19-41.

h. Compte rendu de S. Romaine, *Pidgin and Creole Languages*, in *Études créoles* 14/2, pp. 175-182.

i. Appel d'offres international de recherche du CIRELFA « Transmission des savoirs, savoir-faire et savoir-être pour le développement dans l'espace francophone », *Langues et développement* 15, Université de Provence, IECF, 12 p.

1992 a. *Atlas linguistique et ethnographique de Rodrigues*, t. 3, Paris, ACCT, 324 p.

b. *Des îles, des hommes, des langues*, essai sur la créolisation linguistique et culturelles, Paris, L'Harmattan, 309 p.

c. « Les langues créoles », *La Recherche* 248, pp. 1248-1256.

d. « Langue, éducation et communication », [communication inaugurale du VIIe Colloque International des Études Créoles, Maurice, octobre 1992], *Études créoles* 15/11, pp. 37-53.

e. « Les oubliées du Cinq Centième Anniversaire : les langues et cultures créoles », in *Études créoles* 15/1, pp. 103-113.

f. « Vers une théorie de la créolisation linguistique », in *LALIES, Actes des sessions de linguistique et de littérature*, n° 10, Aussois, pp. 7-25.

g. « Problématique de la terminologie grammaticale des langues en voie d'aménagement dans les pays en développement de l'espace francophone », in J. et C. Delcourt (éds.), *ABLA Papers* 13 (Association belge de linguistique appliquée) « La terminologie grammaticale », pp. 19-31.

h. « Introduction », in A.-M. d'Ans *et al.* (éds.), *Langues et métiers modernes et modernisés : la forge et la santé au Mali*, Paris, ACCT-Didier, pp. 3-41.

i. « Postface. De Bamako à Niamey », in A.-M. d'Ans *et al.* (éds.), *Langues et métiers modernes ou modernises au Mali (Santé et travail du fer)*, Paris, ACCT, Diffusion Didier, pp. 187-212.

j. « Introduction », in D. Baggioni *et al.* (éds.), *Multilinguisme et développement dans l'espace francophone*, Paris, Didier-Érudition, pp. 3-38.

k. « Sida et francophonie », in D. Baggioni *et al.* (éds.), *Multilinguisme et développement dans l'espace francophone*, Paris, Didier-Érudition, pp. 39-42.

l. (avec Monique Slodzian), « Langues et santé », *Langues et développement* 17bis (numéro spécial), Université de Provence, IECF, 12 p.

m. « Les sciences du langage à l'ORSTOM », rapport adressé à la Commission des Sciences Sociales, 8 p.

n. « Cultures, communication et démocratie : place et rôle des femmes dans le développement social et humain », projet adressé à la Sous-Direction de la Recherche du Ministère de la Coopération, 13 p.

o. Rapport d'étape de l'*URA 1041*, Université de Provence, IECF, polycopié, 36 p.

1993 a. (avec Raymond Mougeon et Édouard Beniak), *Vers une approche panlectale de la variation du français*, Paris, Didier-Érudition, 144 p.

b. (dir.) *L'école du Sud*, Paris, Didier-Érudition, 153 p.

c. « Research, Politics and Ideology. The case of the Comité International des Études Créoles », *International Journal of the Sociology of Language* 102, pp. 15-25.

d. « De l'hypothèse aux exemples. Un cas de créolisation : la formation des systèmes de démonstratifs créoles », *Études créoles* 16/1, pp. 17-38.

e. « La littérature orale rodriguaise », *Notre librairie* 114 : « Littérature mauricienne », pp. 138-139.

f. « Avant-propos », in *Les enfants, les langues, l'école*, Paris, Didier-Érudition, pp. 3-7.

g. « Étude et gestion du multilinguisme pour le développement de l'espace francophone », in *Les enfants, les langues, l'école*, Paris, Didier-Érudition, pp. 8-14.

h. « La typologie des situations de francophonie », in D. de Robillard et M. Beniamino, *Le français dans l'espace francophone*, Paris, Champion, pp. 357-369.

i. « Francophonie, "français zéro" et français régional », in D. de Robillard et M. Beniamino, *Le français dans l'espace francophone*, Paris, Champion, pp. 384-405.

j. « Français et créoles dans les aires créolophones », in D. de Robillard et M. Beniamino, *Le français dans l'espace francophone*, Paris, Champion, pp. 419-429.

1994 a. (avec Monique Slodzian), *Comprendre pour communiquer et soigner : informatique et santé oculaire en Afrique*, Paris, Didier-Érudition, 160 p.

b. « Les français d'Amérique ou le français d'Amérique : genèse et comparaison », in *Revue québécoise de linguistique théorique et apppliquée* 12 « Le français des Amériques », pp. 1-17.

c. « Linguistique et sociolinguistique : les africanismes. À propos de *Africanisms in Afro-American Language Varieties*, Salikoko Mufwene (éd.) », *Études créoles* 17/1, pp. 109-127.

d. « À propos de D. de Robillard, *Contribution à l'inventaire des particularités lexicales du français de l'Île Maurice* », *Études créoles* 17/2, pp. 118-126.

e. « À propos de Sabine Ehrhart, *Le créole français de Saint-Louis (le tayo) en Nouvelle Calédonie* », in *Études créoles* 17/1, pp. 128-142.

f. « Emprunt et variation : le cas des créoles français », in *Travaux XII*, Cercle linguistique d'Aix-en-Provence, Publications de l'Université de Provence, pp. 39-53.

g. (avec Hubert Joly), « Francophonie 94 », in *La Revue Générale* 12, décembre 1993, pp. 7-11.

h. « Les créoles français sont-ils des formes simplifiées du français ? », in F. Lapeyre (éd.), *Simple – Simplification, Cahiers du français contemporain*, décembre 1994/1, Paris, Didier-Érudition, pp. 41-54.

i. « Français d'Amérique du Nord et créoles français : le français parlé par les immigrants du XVIIe siècle », in R. Mougeon et É. Beniak (éd.), *Les origines du français québécois*, Sainte-Foy (Québec), PUL, pp. 169-180.

j. « Les industries de la langue. Chronique d'une mort annoncée », in P. Martel et J. Maurais (éd.), *Langues et sociétés en contact*, Tübingen, Niemeyer, coll. *Canadiana Romanica* 8, pp. 187-194.

k. « Créolisation et appropriation linguistique ; de la théorie aux exemples », in D. Véronique (éd.) *Créolisation et acquisition des langues*, Aix-en-Provence, Presses de l'Université de Provence, pp. 171-190.

l. « Typologie des situations de francophonie : finalités et applications », in S. Abou (éd.) *La francophonie différentielle*, Paris, L'Harmattan, pp. 19-37.

m. Compte rendu de F. Byrne et J. Holm (éds.), *Atlantic meets Pacific : a Global View of Pidginization and Creolization*, in *Études créoles* 17/1, pp. 167-177.

n. Compte rendu de S. Michaelis, *Temps et aspect en créole seychellois : valeurs et interférences*, in *Études créoles* 17/2, pp. 106-110.

o. Compte rendu de A. Bollée, *Dictionnaire étymologique des créoles français de l'océan Indien*, in *Revue de linguistique romane* 58, pp. 231-243.

1995 a. *Les créoles*, Paris, PUF, coll. « Que sais-je ? » n° 2970, 128 p.

b. (dir.) *Vers un outil d'évaluation des compétences linguistiques en français dans l'espace francophone*, Paris, Didier-Érudition, 267 p.

c. « L'école africaine : « Nouvelle frontière » ou Tonneau des Danaïdes ? », in *Langues et développement* 29, Université de Provence, IECF, pp. 1-4.

d. « Les français d'Amérique ou le français des Amériques », in Le français des Amériques, *Revue québécoise de linguistique théorique et appliquée*, n° spécial, pp. 1-18.

e. « Les créoles » in G. Antoine et R. Martin, *Histoire de la langue française 1914-1945*, Paris, CNRS-Éditions, pp. 861-870.

f. « L'évaluation des compétences linguistiques dans l'espace francophone », in R. Chaudenson (dir.), pp. 1-28.

g. « Problèmes de mise au point des tests d'évaluation », in R. Chaudenson (dir.), pp. 169-263.

h. « Le monde créole », in *Les trésors du patrimoine créole*, Paris, Édition de l'Arsenal, pp. 11-41.

i. « Origines communes, mais peuples distincts », *Geo* 200, n° spécial « océan indien », pp. 117-118.

j. Compte rendu de D. Adone, *The Acquisition of Mauritian Creole*, 1994, in *Études créoles* 18/1, pp. 118-123.

k. Compte rendu de D. Adone et I. Plag (éds), *Creolization and Language Change*, in *Études créoles* 18/2, pp. 85-96.

l. Compte rendu de « *De la Vendée aux Caraïbes. Le Journal d'André Massé publié par D. et P. Rézeau* », *Études créoles* 18/2, pp. 97-110.

m. Compte rendu de F. Pourcelet (éd.) *Galega 1827-1839. Poivre, Desroches, Saint-Joseph, 1842-1851, Mémoire d'A. Le Duc, planteur dans l'océan Indien*, in *Études créoles* 18/2, pp. 111-115.

1996 a. (avec Michel Carayol et Christian Barat), *Atlas linguistique et ethnographique de la Réunion*, t. 3, Paris, CNRS-Éditions.

b. *Situation et évolution des curricula dans l'éducation de base dans les pays francophones du Sud*, Paris, CIRELFA-ACCT, ACCT, 72 p.

c. (dir.) *Test d'évaluation des compétences linguistiques en français*. Paris, Didier-Érudition, 206 p.

d. « Démystification de la relexification », *Études créoles* 19/1, pp. 93-109.

e. « Une nouvelle introduction à la créolistique : *Pidgins and Creoles, an Introduction* de J. Arends, P. Muysken et N. Smith », *Études créoles* 19/2, pp. 118-133.

f. Hommage à Guy Hazaël-Massieux, in G. Hazaël-Massieux, *Les créoles. Problèmes de genèse et de description*, Aix-en-Provence, Publications de l'Université de Provence, pp. 5-10.

g. « Petit sottisier glané dans les recherches sur l'origine des systèmes grammaticaux créoles », in D. Véronique (éd.), *Matériaux pour l'étude des classes grammaticales dans les langues créoles*, Aix-en-Provence, Publications de l'Université de Provence, pp. 17-37.

h. « La politique francophone : y-a-t-il un pilote dans l'avion ? », in M. Gontard et M. Bray (éds), *Plurial 6* « Regards sur la francophonie », Rennes, Presses universitaires de Rennes, pp. 39-51.

i. « "Tondre", "mango", "zalimèt", et "briké" ou comment on allumait son feu dans les créoles de l'océan Indien », in *Travaux et documents* de la Faculté des lettres et sciences humaines de l'Université de la Réunion, n° 7 « Mélanges de linguistique et de littérature offerts à Michel Carayol », pp. 27-35.

j. « Créolisation et francophonie », in *Grenz Gänge* 5, Leipzig, Leipziger Universitätsverlag, 1996.

1997 a. *L'évaluation des compétences linguistiques en français. Le test d'Abidjan*, Paris, Didier-Érudition, 206 p.

b. (avec Louis-Jean Calvet), *Vers un Atlas linguistique de l'Afrique*, Agence de la Francophonie-CIRELFA, 90 p.

c. « Un parler exogène en situation d'endogénéité : le créole portugais de Korlai (Inde) », in *Études créoles* 20/1, pp. 117-129.

d. « Quelques considérations géopolitiques et géolinguistiques », *Langues et développement* 37, Université de Provence, IECF, pp. 1-5.

e. « Diffusion du français et gestion du multilinguisme dans l'espace francophone du Sud », in S. Abou et K. Haddad (éds.) *La diversité linguistique et culturelle et les enjeux du développement*, Beyrouth, Université Saint-Joseph, AUPELF-UREF, pp. 307-324.

f. « Politique et aménagement linguistiques. Des concepts revisités à la lumière de quelques expériences », in C. Juillard et L.-J. Calvet (éds.) *Les politiques linguistiques, mythes et réalités*, Beyrouth, FMA, AUPELF-UREF, pp. 115-126.

g. Articles « acrolecte », « basilecte », « créole », « français marginaux », « langue zéro », « mésolecte », « monogenèse », « pidgin », in M.-L. Moreau (éd.) *Sociolinguistique. Les concepts de base*, Liège, Mardaga.

1998 a. « Le programme DYLAN et le coopération linguistique à l'ACCT. Étude, bilan et propositions », Paris, ACCT-CIRELFA, 106 p.

b (avec Louis-Jean Calvet), *Saint-Barthélemy : une énigme linguistique*, Paris, Didier-Érudition, 206 p.

c. « Insularité et créolité : de l'usage de quelques métaphores », in, *Plurilinguismes* 15 « Des îles et des langues », pp. 1-26.

d. « La réforme des systèmes éducatifs dans le monde créole », *Études créoles* 21/2, pp. 59-92.

e. « Français et langues régionales : le cas des créoles », *Études créoles* 21/1, pp. 11-25.

f. « Variation, koïnèisation, créolisation : français d'Amérique et créoles », in P. Brasseur (éd.) *Français d'Amérique. Variation, créolisation, normalisation*, Avignon, CECAV, pp. 163-179.

1999 a. (avec Raymond Renard), *Langues et développement*, Paris, Didier Érudition, 216 p.

b. « Politiques française et francophone : la diffusion du français », *Langues et développement* 44, Université de Provence, IECF, 12 p.

c. « Langues et développement en Afrique subsaharienne », n° spécial « Libreville », Université de Provence, IECF, 12 p.

d. « Créolisation, autorégulation et appropriation linguistiques », *Études créoles* 22/1, pp. 56-80.

e. « Les français d'outre-mer », in J. Chaurand (éd.), *Nouvelle histoire de la langue française*, Paris, Seuil, pp. 347-375.

f. « La gestion de las situaciones lingüísticas », in *Políticas Lingüísticas para América Latina, Actas del Congreso internacional* [Buenos-Aires 26-29 novembre 1997], Instituto de lingüística de la Universidad de Buenos Aires, t. 1, pp. 93-101.

g. « Conclusion », in *Apprendre à communiquer en maternelle : une observation des pratiques en petite section à la Réunion*, Académie de la Réunion, pp. 221-227.

2000 a. *Mondialisation : la langue française a-t-elle encore un avenir ?*, Paris, Didier-Érudition, 237 p.

b. *Grille d'analyse des situations linguistiques*, Paris, Didier-Érudition, 58 p.

c. « L'audiovisuel, au service d'une politique francophone », *Cahiers de l'ASDIFLE* 12, pp. 64-68.

d. « Situation et avenir du français : quelques aperçus non conformistes », *L'année francophone internationale, an 2000*, pp. 321-324.

e. « Peut-on décrire un créole sans référence à sa genèse ? Pronoms et adjectifs dans les créoles français », in G. D. Véronique (dir.), *Langages* 138, « Syntaxe des langues créoles », pp. 22-35.

f. « Francopolyphonie et francocacophonie : problématique de la coexistence des langues », in P. Dumont et C. Santodomingo (éds.), *La coexistence des langues dans l'espace francophone, approche macrosociolinguistique*, Paris, AUPELF-UREF, pp. 189-197.

g. « Rapport de synthèse de l'atelier Contacts de langues », in P. Dumont et C. Santodomingo (éds.), *La coexistence des langues dans l'espace francophone, approche macrosociolinguistique*, Paris, AUPELF-UREF, pp. 353-358.

h. « Appropriation, évolution et fonctionnement linguistiques : une approche sociolinguistique », in D. Coste et D. Véronique *La notion de progression*, Paris, ENS-Paris 3, pp. 21-42.

i. « Créolisation du français et francisation du créole. Les cas de Saint-Barthélemy et de la Réunion », in I. Neumann-Holzschuh et E. Schneider (éds.) *Degrees of Restructuring in Creole Languages*, Amsterdam/Philadelphie, John Benjamins, pp. 361-381.

j. « La diffusion du français dans le Sud de la France et dans les colonies françaises », in C. Dubois, J.-M. Kasbarian, et A. Queffelec (éds.), *L'expansion du français dans les Suds (XVe-XXe siècles)*, Aix-en-Provence, Publications de l'Université de Provence, pp. 167-180.

2001 a. *Creolization of Language and Culture*, Londres/New-York, Routledge, 340 p.

b. *Les créoles* (Paris, PUF, 1995), Traduction japonaise.

c. (éd., avec U. Ammon, R. Phillipson, C. Piron et M. Perez), *L'Europe parlera-t-elle anglais demain ?*, Paris, L'Harmattan, Paris, 178 p.

d. (éd., avec Louis-Jean Calvet), *Les langues dans l'espace francophone : de la coexistence au partenariat*, Paris, L'Harmattan, 192 p.

e. « Créoles français et variétés de français», *L'information grammaticale* 89, pp 32-37.

f. « Le CAPES de créole(s) : approche linguistique et historique », *Études créoles* 24/1, pp. 37-79.

g. « Focus on creolist : Salikoko S. Mufwene », in *Carrier Pidgin* 29, pp. 1-3 (traduit par Michel DeGraff).

g. « Dernier entretien avec Gabriel Manessy », in R. Nicolaï (éd.), *Leçons d'Afrique. Filiation, ruptures et reconstitution de langues*, Louvain, Peeters, pp. 421-430.

2002 a. « Une théorie de la créolisation : le cas des créoles français », *Études créoles* 25/1, « La créolisation : à chacun sa vérité », pp. 25-42.

b. « Le cas des créoles », *Hérodote* 105 « Langues et territoires », pp. 60-72.

c. « To Write a Creole, to Write in Creole », in *Creolité and Creolization, Platform* 3, *Documenta* 11, Hatje Kantz, pp. 215-223.

d. « Les littératures orales de l'océan Indien », in P. Carile (éd.), *Sur la route des Indes Orientales. Aspects de la Francophonie dans l'océan Indien*, t. 2, Ferrare, Université de Ferrare, pp. 57-68.

e. « Femmes et langues dans la société bourbonnaise d'habitation. La Réunion » in G. Staudacher-Valliamee (éd.), *La femme dans les sociétés pluriculturelles de l'océan Indien*, Paris, SEDES, pp. 119-206.

f. « École et langues dans l'océan Indien », in R. Tirvassen (éd.), *École et plurilinguisme dans le Sud-Ouest de l'océan Indien*, Paris, Didier-Érudition, pp. 11-23.

2003 a. *La créolisation : théorie, applications, implications*, Paris, L'Harmattan, 480 p. (Compte rendus dans *Revue de Linguistique et de Philologie Romane* et *French Review*).

b. « Les marques de pluriel dans les créoles français », *Études créoles* 26/2, pp. 107-125.

c. « Les créoles à base française », in B. Cerquiglini (dir.), *Les langues de France*, Paris, PUF, pp. 257-268.

d. « Les créoles français des DOM sont-ils des langues régionales ? », in V. Castellotti et D. de Robillard, « France, pays de contacts de langues », *Cahiers de l'Institut de Linguistique de Louvain*, t. 2, pp. 71-87.

e. « Langues et numérisation : français, créoles, langues africaines », in N. E Nziem (éd.), *Les langues africaines et créoles face à leur avenir*, Paris, L'Harmattan, pp. 131-152.

f. « Creolistics and sociolinguistic theories », in A. Tabouret-Keller et F. Gadet (éds.), *Sociolinguistics in France : Theoretical Trends at the Turn of the Century »*, *International Journal of the Sociology of Language* 160, Mouton De Gruyter, pp. 123-146.

g. Note de lecture : N. Smith et T. Veenstra, *Creolization and contact*, Benjamins, 2001, in *Études créoles* 26/2, pp. 129-153.

2004 a. (coord., avec Dorothée Rakotomalala), *Situations linguistiques de la Francophonie. État des lieux*, Paris, AUF, Réseau ODFLN, 324 p.

b. « *Dofé sous la pay kann. Roman réunionnais* de G. Leveneur », *Études créoles* 27/1-2, pp. 217-242.

c. « Le cas de la galaxie francophone », *Ponti/Ponts* 4 « Astres et désastres », Milan, pp. 57-69.

d. « De Ouagadougou (1988) à Ouagadougou (2004) en passant par Libreville (2003) », in *Penser la Francophonie. Concepts, actions et outils linguistiques*, Paris, AUF, Éditions des archives contemporaines, pp. 211-221.

e. « Le français en questions : l'Afrique », in *La bataille pour le français* (atelier organisé par le MAE en juillet 2002), publication ADPF, MAE, pp. 44-51.

d. « La diffusion de la langue française et le principe de Frère Jean des Entommeures », in N. Rossi-Gensane (éd.), *Mélanges en l'honneur de Nicole Gueunier*, Tours, Université François Rabelais, pp. 243-256.

2005 a. « Description et graphisation : le cas des créoles français », in D. Fattier (éd.) « les créoles : des langues comme les autres », *Revue française de linguistique appliquée* 10/1, pp. 91-102.

b. « Le français de Saint-Barthélemy », in A. Valdman, J. Auger et D. Piston-Hatlen (éds.), *Le français en Amérique du Nord. État présent*, Sainte-Foy (Québec), Presses de l'Université Laval, pp. 229-240.

c. « Français d'Amérique et créoles français : origines et structures », in A. Valdman, J. Auger et D. Piston-Hatlen (éds.), *Le français en Amérique du Nord. État présent*, Sainte-Foy (Québec), Presses de l'Université Laval, pp. 505-516.

d. « Français marginaux et théorie de la créolisation : le cas des marques personnelles », in P. Brasseur et A. Falkert (éds.), *Français d'Amérique : approches morphosyntaxiques*, Paris, L'Harmattan, pp. 15-25.

e. « Madagascar and the Comoros » et « The Indian Ocean », in U. Ammon, N. Dittmar, K. L. Mattheier, P. Trudgill (éds.), *Sociolinguistics*, Berlin/New York, W. de Gruyter, pp. 1987-1988 et pp. 1989-1990.

f. Note de lecture : C. Feuillard « *Créoles. Langages et politiques linguistiques* », Peter Lang, 2004 », *Études créoles* 28/1, pp. 225-235.

2006 a. *Vers une autre idée et pour une autre politique de la langue française*, Paris, L'Harmattan, 211 p.

b. *Éducation et langues. Français, créoles, langues africaines*, Paris, L'Harmattan, 238 p.

L'HARMATTAN, ITALIA
Via Degli Artisti 15 ; 10124 Torino

L'HARMATTAN HONGRIE
Könyvesbolt ; Kossuth L. u. 14-16
1053 Budapest

L'HARMATTAN BURKINA FASO
Rue 15.167 Route du Pô Patte d'oie
12 BP 226
Ouagadougou 12
(00226) 50 37 54 36

ESPACE L'HARMATTAN KINSHASA
Faculté des Sciences Sociales,
Politiques et Administratives
BP243, KIN XI ; Université de Kinshasa

L'HARMATTAN GUINEE
Almamya Rue KA 028
En face du restaurant le cèdre
OKB agency BP 3470 Conakry
(00224) 60 20 85 08
harmattanguinee@yahoo.fr

L'HARMATTAN COTE D'IVOIRE
M. Etien N'dah Ahmon
Résidence Karl / cité des arts
Abidjan-Cocody 03 BP 1588 Abidjan 03
(00225) 05 77 87 31

L'HARMATTAN MAURITANIE
Espace El Kettab du livre francophone
N° 472 avenue Palais des Congrès
BP 316 Nouakchott
(00222) 63 25 980

L'HARMATTAN CAMEROUN
BP 11486
(00237) 458 67 00
(00237) 976 61 66
harmattancam@yahoo.fr

596774 - Février 2015
Achevé d'imprimer par